U0529796

[意]阿尔贝托·西廖蒂 著
陈小红 译

古埃及
ANCIENT EGYPT

中国友谊出版公司

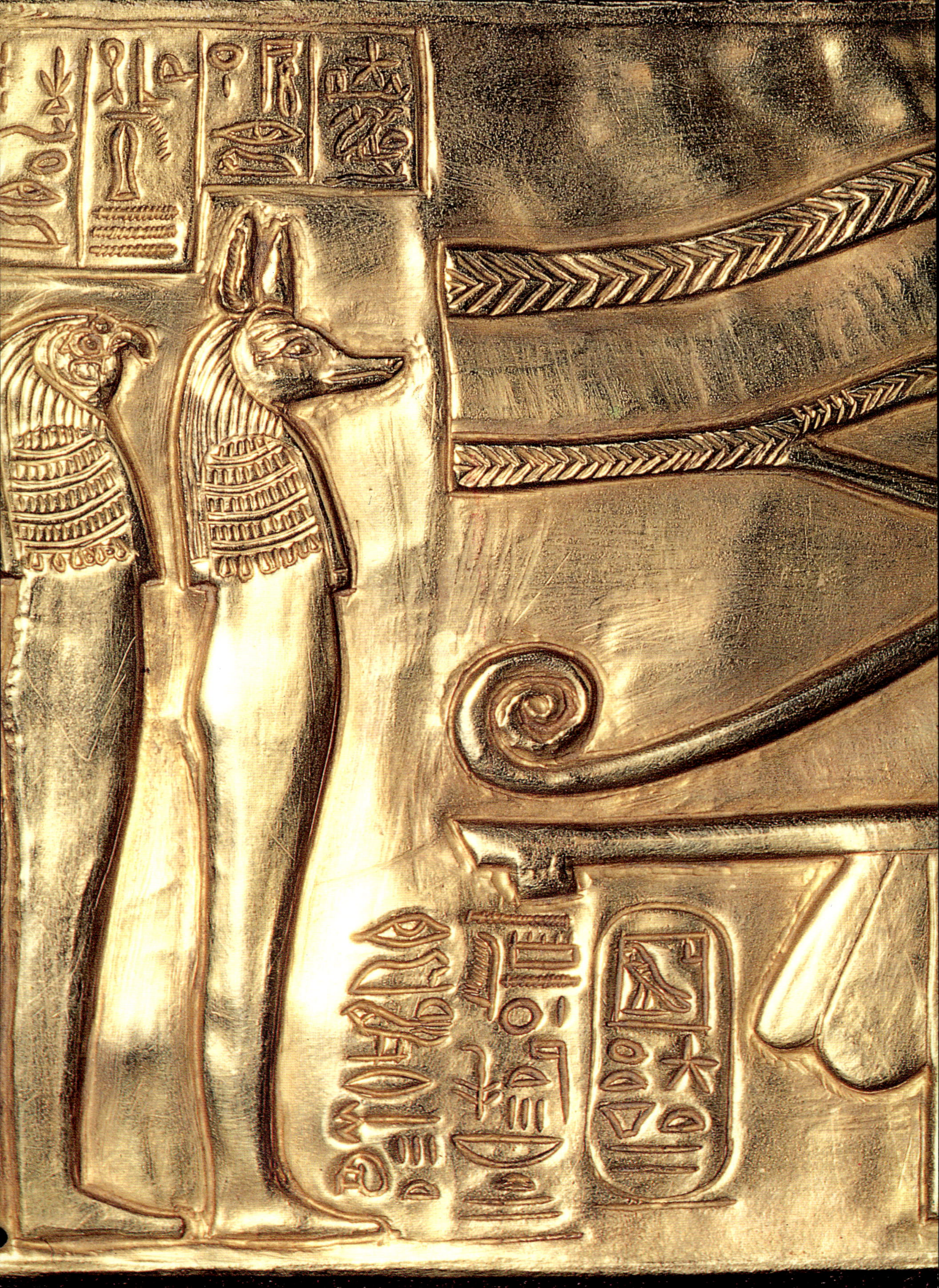

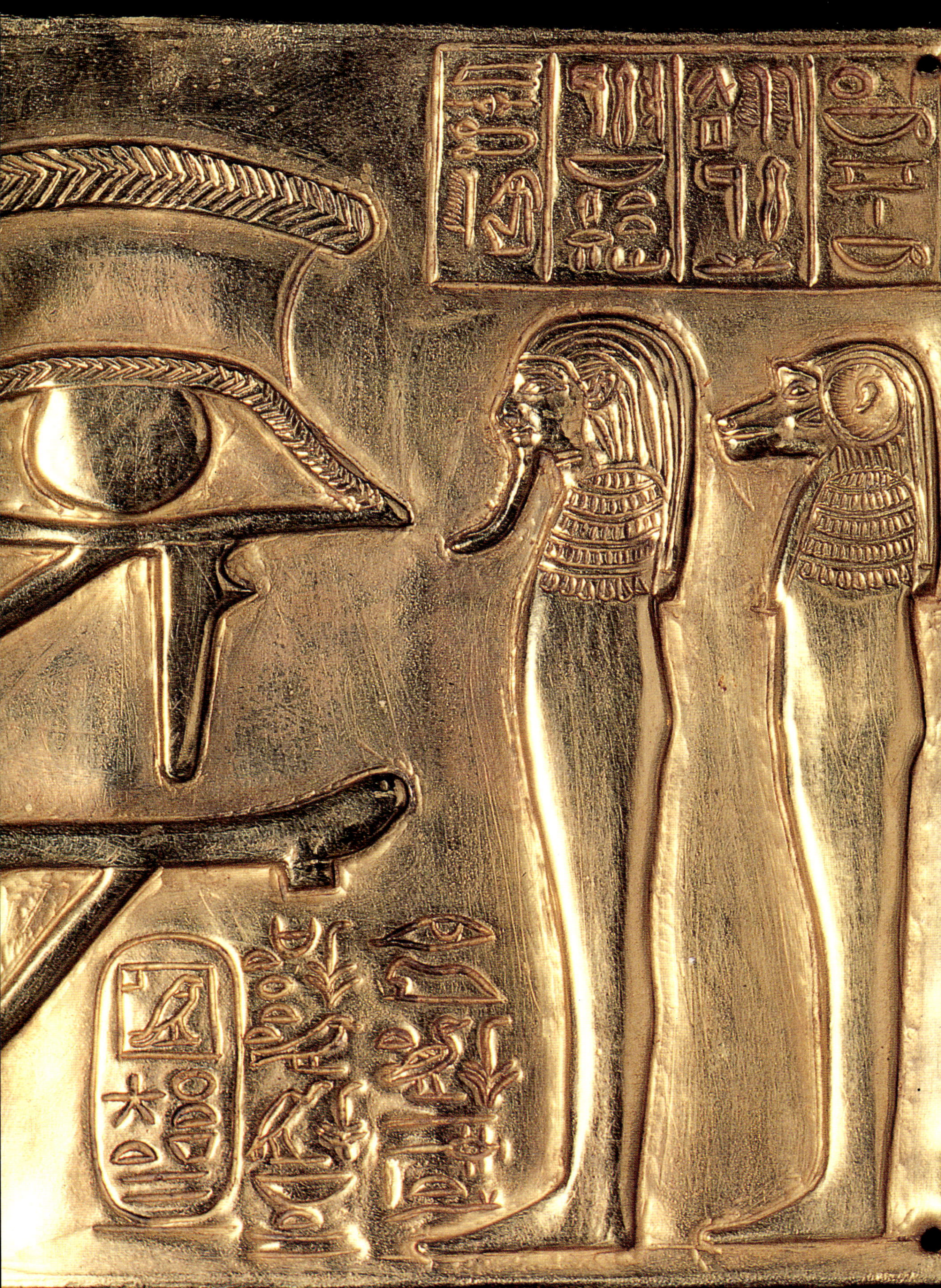

扉页图　伊鲁内费尔（Irinefer）墓的天花板上描绘的四个星神，他们是"真理之地的仆人"。（位于底比斯西部代尔麦地那〔Deir el-Medina〕，底比斯墓地290号墓）

本跨页图　金色和蓝色**彩陶（faience）**胸饰，发现于舍顺克二世墓中，曾属于舍顺克一世（均属第二十二王朝）。首饰的中心是太阳船承载着日轮在原始海洋中航行。（开罗博物馆）（编者注：黑体加粗的词条可按原文首字母顺序在术语表中查找解释。）

上一跨页图 **法老（pharaoh）**普苏森尼斯一世（第二十一王朝，约前 1000）的母亲荷努特塔威王后的淡金箔饰牌。像这样带有保护性**乌加特眼**（*udjat*，**荷鲁斯之眼**）的饰牌被置于死者腹部的防腐切口上，以便在木乃伊化期间提取内脏。（开罗博物馆）（编者注：本书斜体字除了表示书名，其他均为未归化为英文的词汇，大多是用拉丁字母转写的古埃及语、阿拉伯语与古希腊语。）

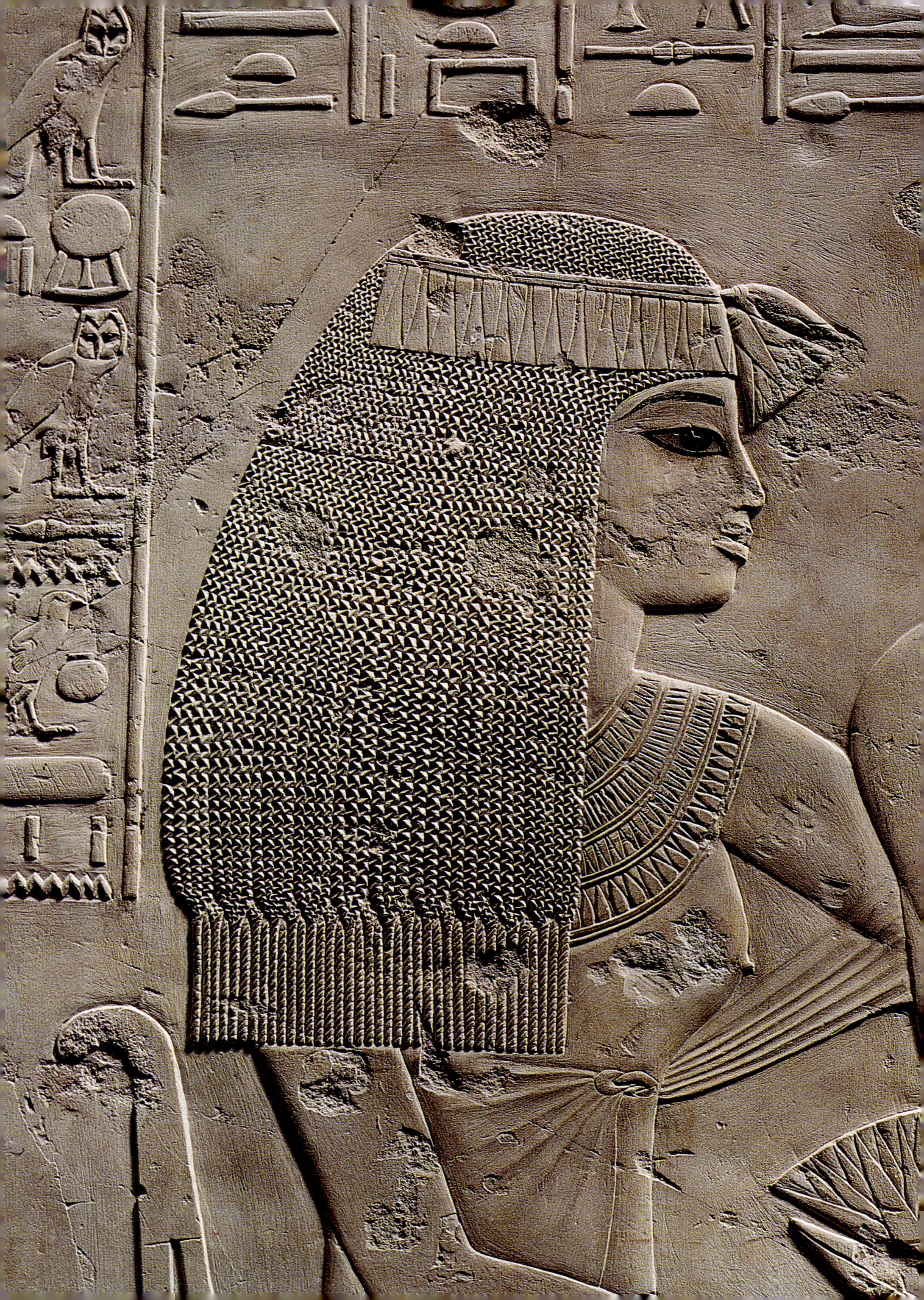

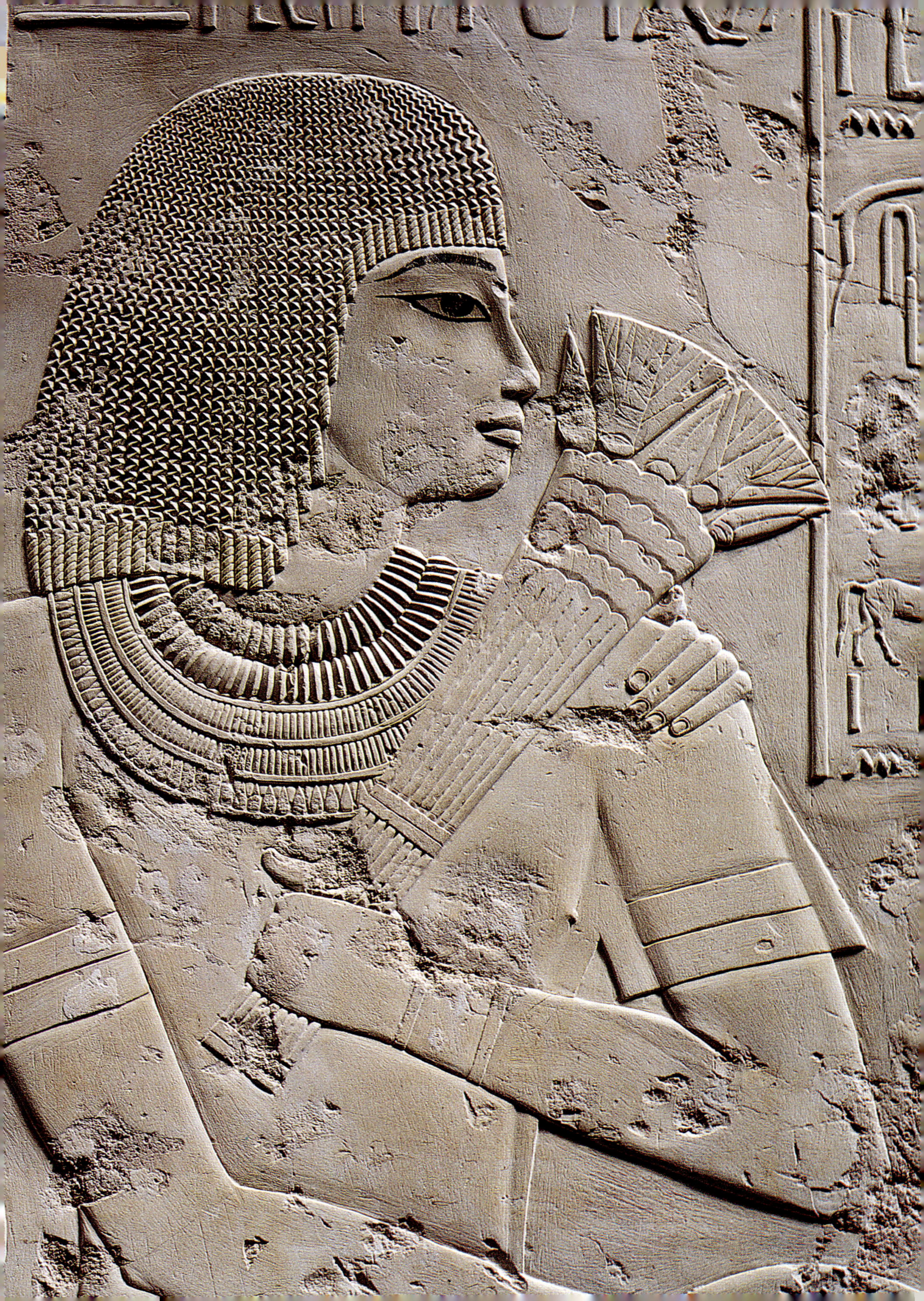

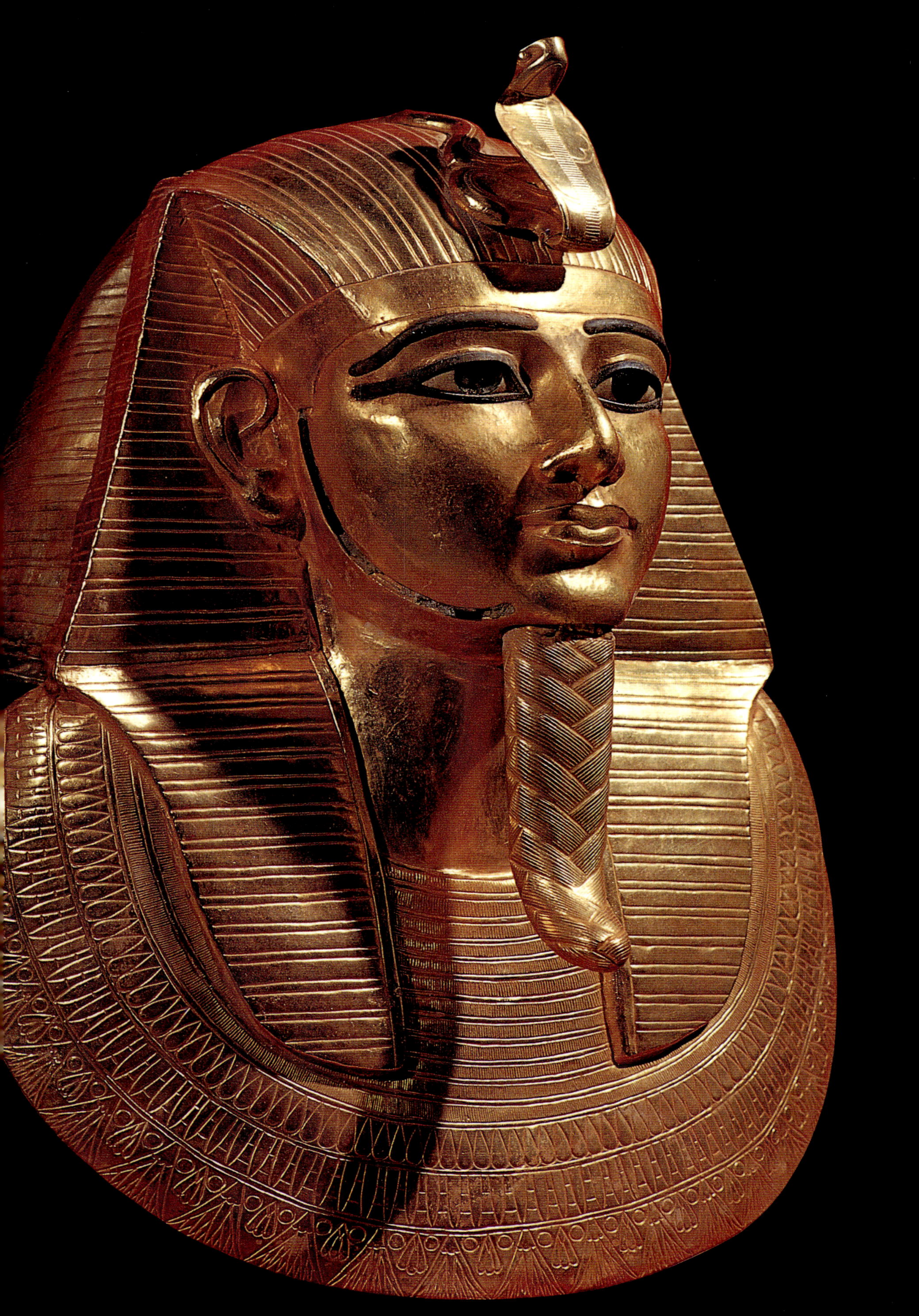

目录 | CONTENTS

前言	10
黑土地凯麦特	16
五千年历史	38
旅行与旅行者	76
法老之地的神庙和陵墓	130
术语表	305
主要统治者译名对照	316
参考文献	318

上一跨页图　阿蒙诺菲斯四世统治时期的**维齐尔 (vizier)** 拉莫斯（Ramose）的陵墓（位于底比斯西部的谢赫·阿卜杜勒·库尔纳〔Sheikh Abd el-Qurna〕，底比斯墓地55号墓）中的这块浮雕展示了两位宴会上的客人。这些描绘愉快场景的画像是第十八王朝艺术的最佳典范。

上页图　1939年皮埃尔·蒙特（Pierre Montet）在塔尼斯发现的普苏森尼斯一世纯金陪葬面具，是开罗博物馆最珍贵的文物之一，可与图坦卡蒙的面具相媲美。

本页图　鹰神**荷鲁斯（Horus）**的头颅。这件古王国时期的金匠艺术杰作发现于前王朝时期上埃及的第一个首都希拉孔波利斯的遗址。（开罗博物馆）

左图 尼斐尔泰丽·梅里穆特（Nefertari Meri-en-Mut）王后的**王名圈(cartouche)**，其名字的意思是"被穆特所钟爱的美丽之人"。

下页图 尼斐尔泰丽王后（第十九王朝拉美西斯二世的妻子）这幅美丽的肖像画在她王后谷陵墓的一面墙上。从技术和风格上来说，尼斐尔泰丽王后墓中的画作是埃及艺术中最精美的作品。

前言 | PREFACE

几个世纪以来，古埃及文明一直激发着人们的想象力，人们用各种能想到的方式对其进行了大量研究。

因此，提供另一种研究方式乍一看似乎没有必要，甚至有些冒昧。然而，仔细研究大量与古埃及有关的书籍，很快就会发现，没有一本书真正将图片用作可视化资料——照片色彩丰富且十分华丽，是展示埃及宝藏和古迹的理想媒介。

本书中，丰富且高质量的照片为读者再现了一场激动人心而又波澜壮阔的尼罗河畔之旅，探寻埃及考古与地理。这些图像既令人回味又引人入胜，而且最重要的是能够增长见闻。随图提供了注释，帮助引导读者看懂插图，补充必要的背景知识，而对埃及复杂历史简单明了的总结则将建筑物和文物置于其历史背景中，帮助理解其历史意义。

主要考古遗址通过照片和平面图展示出来。本书也对每个遗址发现的文物进行说明，因此读者可以在它们原有的环境中欣赏艺术作品，而不仅仅是作为博物馆展品参观。

带插图的术语表解释了一些最重要的专业术语，涉及古埃及神话和宗教各个方面。因为如果不理解古埃及生活的这些细节，即使面对最美丽的历史遗迹照片也只能看到其建筑结构，看不出所以然来。

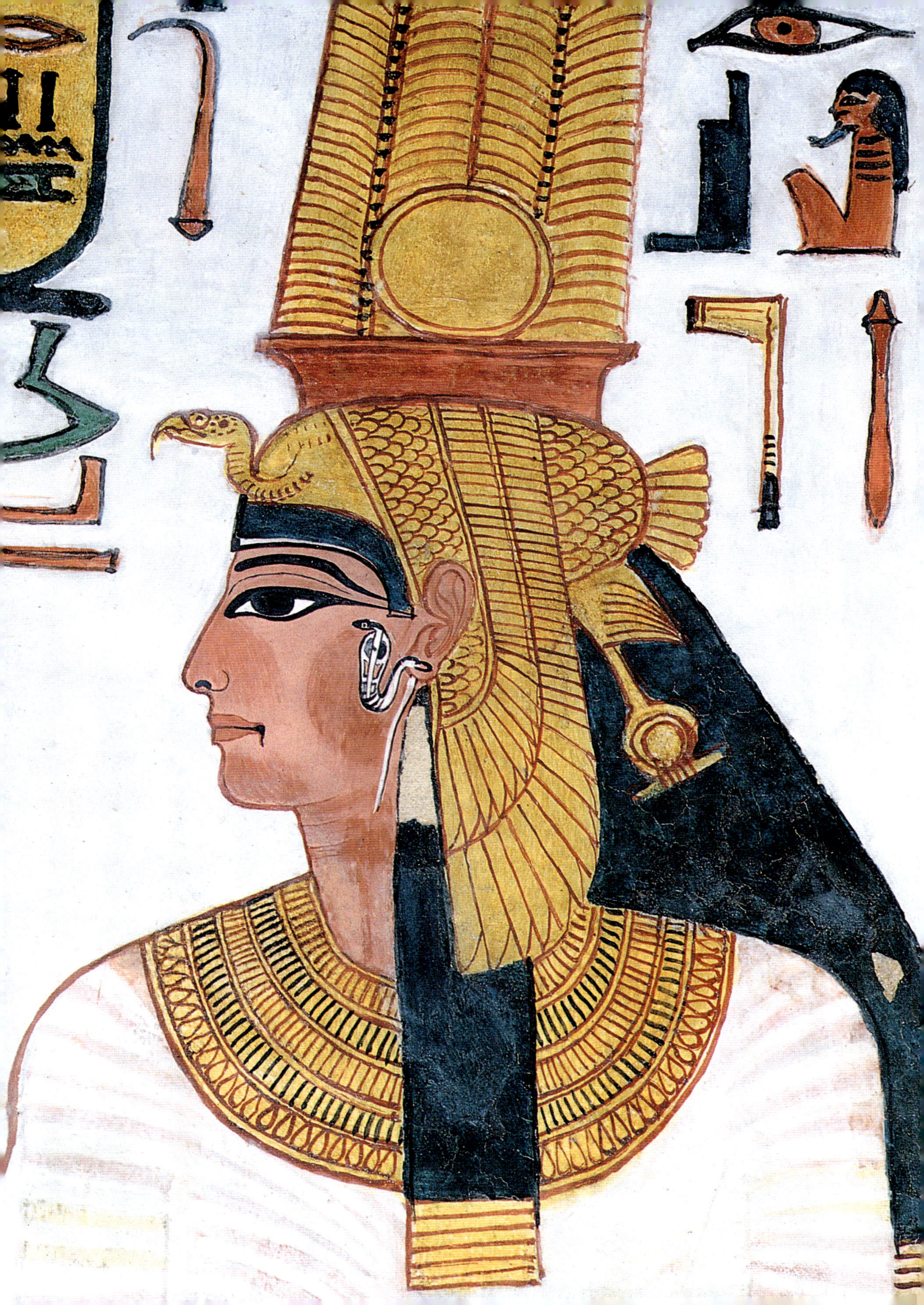

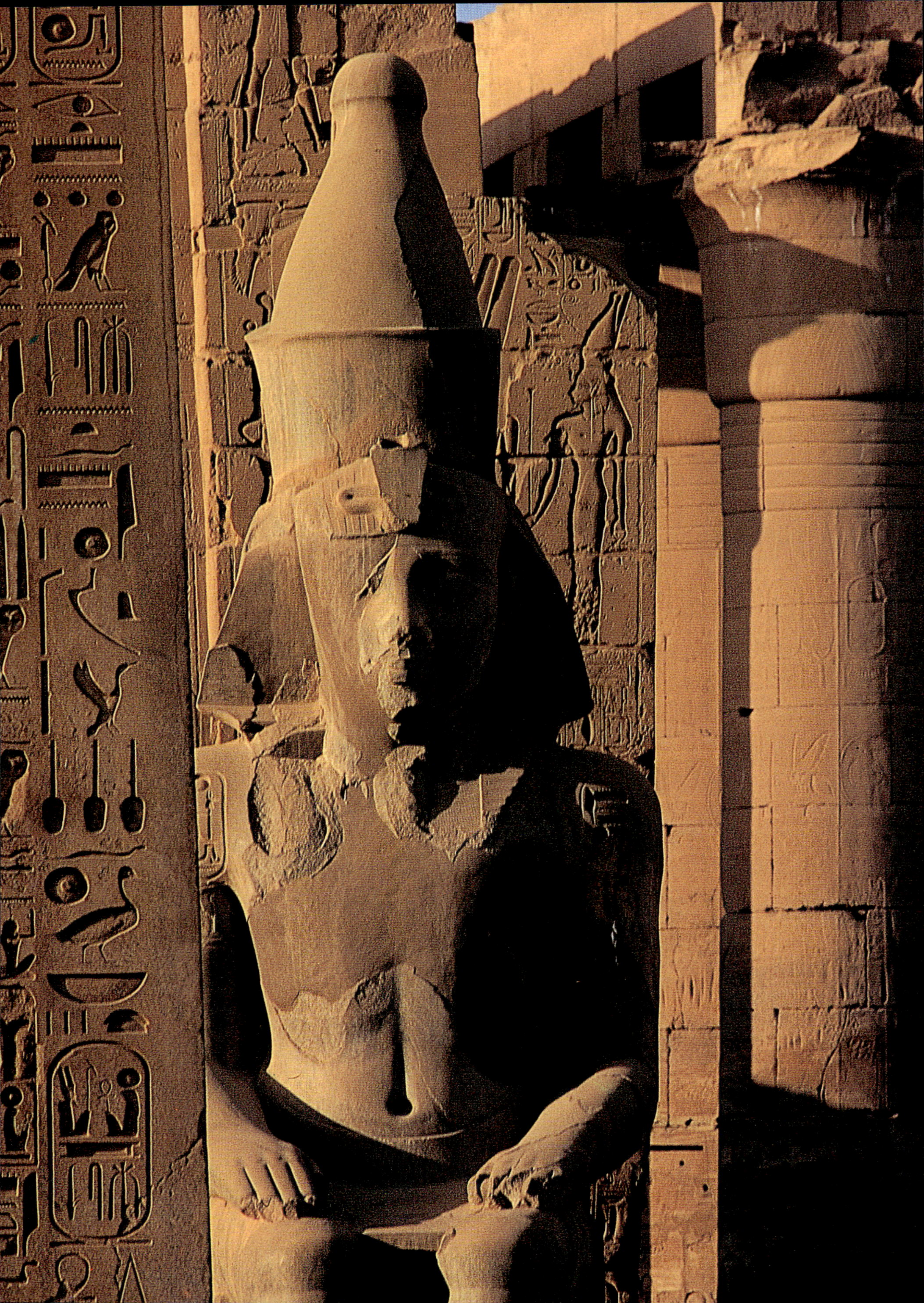

拉美西斯二世的两尊坐像守护着卢克索神庙的入口。最初矗立在雕像前的两座**方尖碑**（obelisk）于 1831 年由穆罕默德·阿里帕夏赠予法国。法国人将其中一座运往巴黎，并于 1836 年将其矗立在协和广场至今；另一个仍在原来的位置。

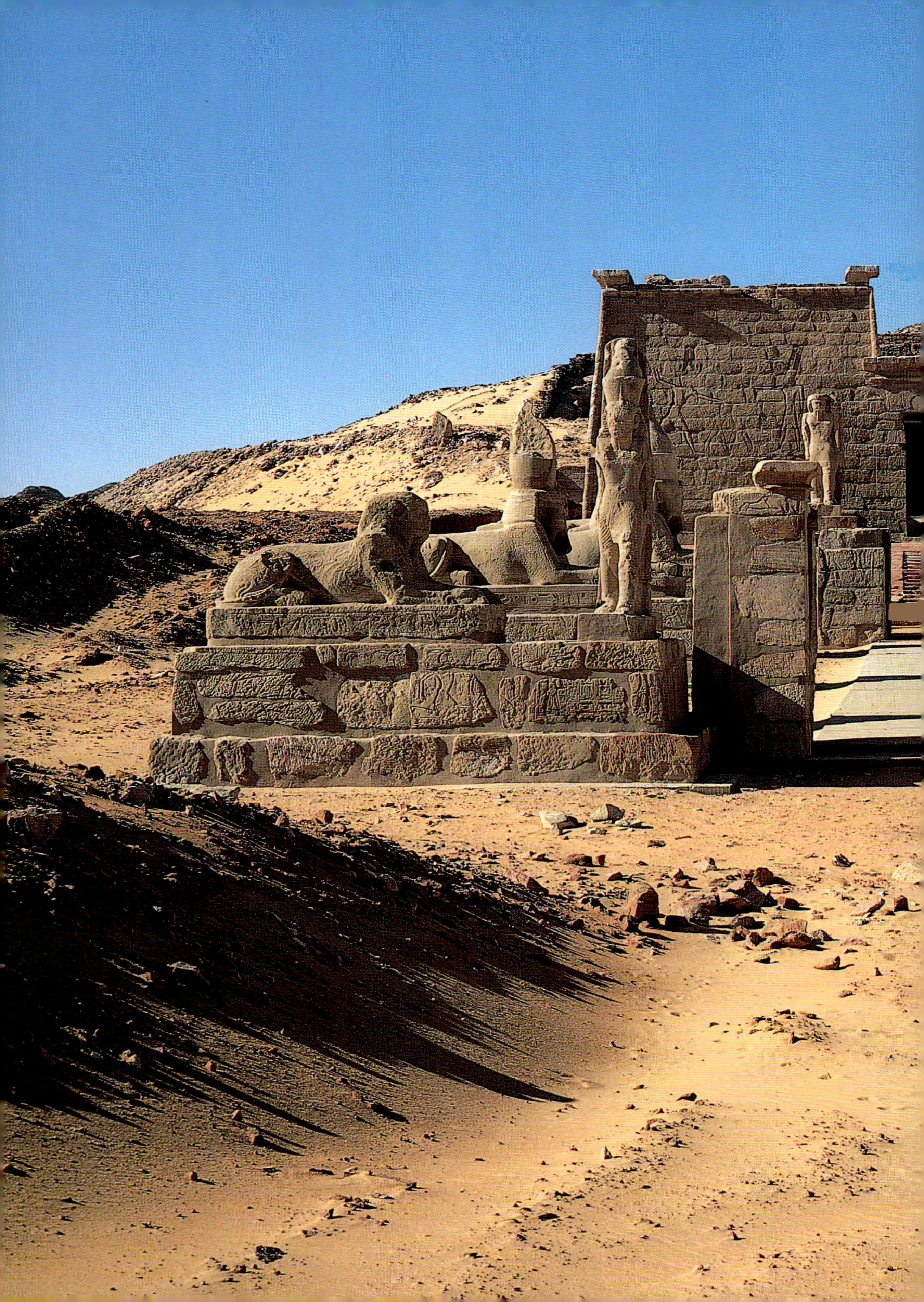

阿斯旺高坝修建后，位于瓦迪塞布阿（又译瓦蒂塞布阿）的努比亚拉美西斯二世神庙受到尼罗河水位上涨的威胁。联合国教科文组织的一场国际救援活动将这座神庙和许多其他神庙一起拯救了出来，该活动拆解了这些建筑物，然后在数千米外的更高地点将它们重新组装起来。

黑土地凯麦特

古埃及人称他们的家园为凯麦特（*kemet*），即"黑土地"，以区别于周围的沙漠，沙漠被称为戴什瑞特（*deshret*），意为"红土地"。他们称自己为雷米特-恩-凯麦特（*remet-en-kemet*），即"黑土地上的人民"。黑土地是狭长的耕地，是尼罗河每年泛滥时沉积的肥沃淤泥，黑土地覆盖的范围与尼罗河每年泛滥的范围一致。第三纪（大约4500万年前），埃及完全被特提斯洋覆盖。第三纪末期时，地球大陆板块造山运动剧烈，导致喜马拉雅山脉和阿尔卑斯山脉形成，巨大的古海海域下降，形成了地中海盆地，如今称为埃及和撒哈拉的土地出现了。

在第四纪初期，一个庞大的赤道湖泊系统形成，气候变化导致了如今称为尼罗河的河流形成。尼罗河实际上由两条大河白尼罗河和青尼罗河汇合产生，它们在苏丹的现代城市喀土穆附近汇合。

白尼罗河发源于几个大湖泊——维多利亚湖、爱德华湖和乔治湖，其全年的水位和流速变化不大。青尼罗河与阿特巴拉河一起从埃塞俄比亚的山上喷涌而下，季风降雨使水流量高涨，导致它在暮春时水位特别高。这种机制是尼罗河及其泛滥的根源，从而对文明的发展产生了相应的影响。沿着尼罗河的河道，河水穿过软石灰岩，这里曾经是特提斯洋的海底，因此形成了一个宽阔的河谷。这条古老的河流流入大海的过

o/shai 是阿拉伯语，意思是茶，饮茶的同时抽水烟（sisha，源自奥斯曼帝国时期的水烟）是上埃及人民和尼罗河东西岸沙漠居民的流行习俗。

程中遇到了许多突出的坚硬岩石，这些岩石由古老大陆板块的花岗岩构成。这些花岗岩障碍物形成了六道瀑布（cataract，源自希腊语），成为尼罗河航道的标志物。接近地中海时，尼罗河分成许多较小的溪流，呈扇形散开。希腊人将其称为三角洲（Delta），因为它与希腊字母表中的第四个字母（Δ，即 delta）相似。尼罗河东岸和西岸分别是东部沙漠或称阿拉伯沙漠（多山）——延伸至红海，和西部沙漠或称利比亚沙漠（沙地）——形成撒哈拉沙漠的东部边缘。西部沙漠在距离尼罗河约 160 千米处被一系列与河流大致平行的圆弧状浅坑所阻断：这些浅坑就是绿洲。

如果没有尼罗河，埃及将只是一片沙漠，许多游牧部落可能会在这里生息甚至繁荣发展起来——就像在撒哈拉沙漠里一样，但是不会出现持续的文明。大约 1 万年前，尼罗河汹涌地流淌着，它的水拍打着所谓"绿色撒哈拉"的边缘。由于当时气候更加潮湿（与第四纪的大冰川有关），现在是沙漠的土地当时是一片广阔的稀树草原，到处都是水牛、羚羊、大象和斑马。这条河每年的汛期都是破坏性的，但当水位下降时，无数的湖泊、池塘和沼泽重新出现在阳光下，散布在整个草原中。在这片水域生活着鳄鱼和河马，以及各种鱼类和鸟类。这里环境宜人，成群结队的狩猎采集者在这里徜徉，他们从事原始的畜牧业和农业：狩猎，采集水果和浆果，放牧和种植农作物。气

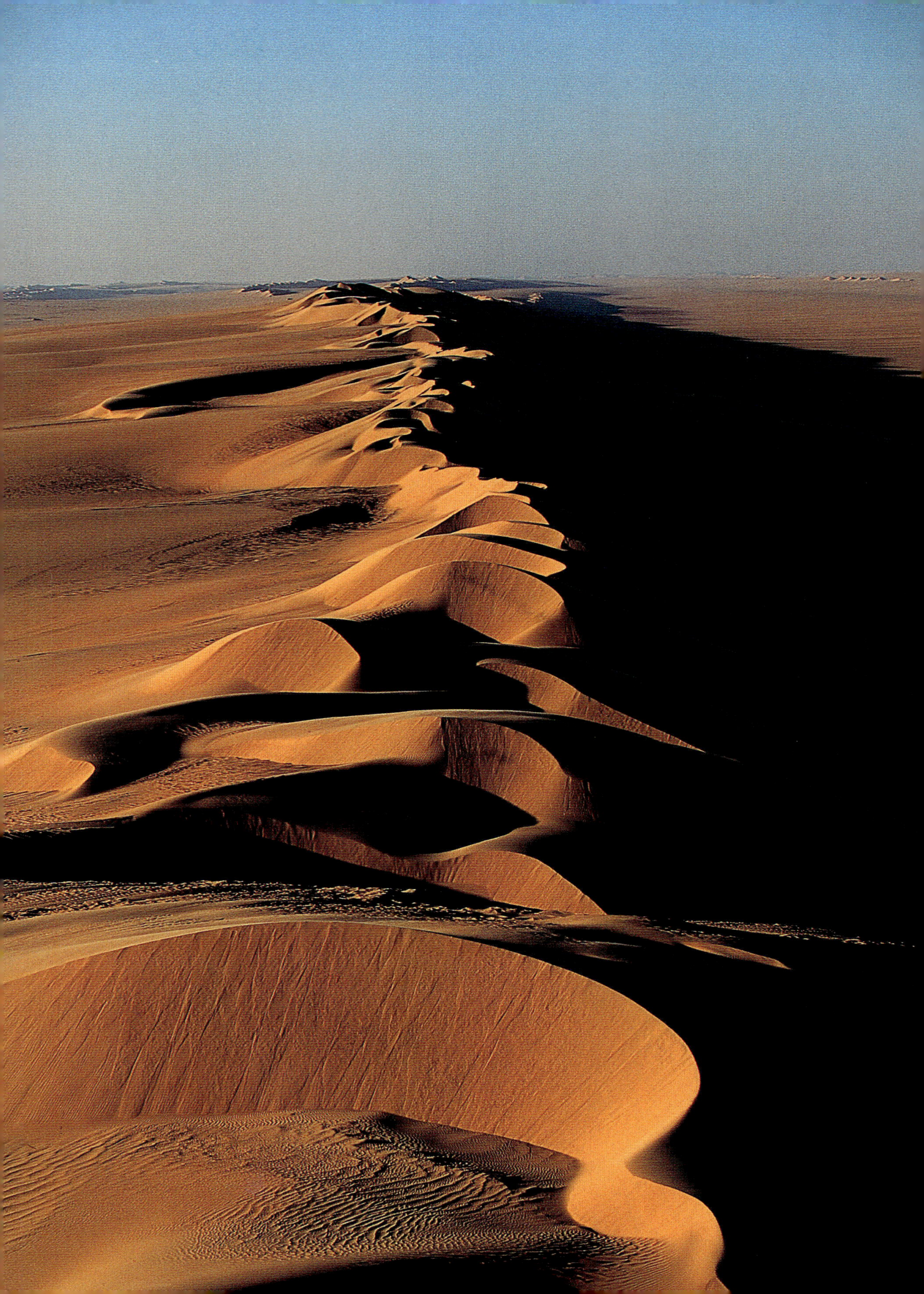

上页图　一排沙丘在西部沙漠（也被称为利比亚沙漠）中向远处延伸，仿佛一道漫长的封锁线；这是撒哈拉沙漠在埃及的一小部分边缘。

下一跨页图　上埃及沙漠中的一支骆驼队缓慢从容地往市场的方向前进着。与普遍的看法相反，单峰骆驼完全不为法老时期的古埃及人所知，可能是在更晚的时期引入埃及的。

候和自然环境都有利于旅行，无论是穿过后来成为沙漠而变得不可逾越的地方，还是沿着河流旅行：原材料和思想交流同样频繁。到公元前5000年，气候开始变得干旱，并逐渐发展成今天的气候，当地人民为了生存，沿着尼罗河谷寻求庇护所，那里生活条件更加宜居。因此，第一个原始城市聚居地开始发展，并延伸至两个不同的地区——北部和南部。

在南部，聚居地往往集中在希拉孔波利斯（Hierakonpolis）附近将来的底比斯市下游地区，而在北部，人们定居在尼罗河三角洲的西岸和加龙湖周围的植被茂盛地区法尤姆。这两处的群体以不同的方式独立发展，各自在埃及留下自己的印记，埃及也因此被称为"双重土地"或"两地"。这种双重性质反映在上埃及和下埃及的划分上。

这些最早的聚居地建立不久就需要一种更复杂的社会组织形式，酋长一角应运而生，他最终会成为国王——只要他确保了臣民的生存，组织了人民的劳动并保护他们免受外敌的侵害。确立国王和中央集权是埃及发展成为王朝国家的关键步骤。

尼罗河是奠定了国家根基的核心，它提供了源源不断的生命之水，不像雨一样需要从天而降，它的泛滥规律帮助古埃及人判断季节，并决定他们劳作的顺序。七月中旬，当索提斯（天狼星）再次在晨光中闪烁时，公羊神克奴姆便会打开他位于第一瀑布底部的巨大洞穴的大门，让水流奔涌而出。这标志着持续到九月底的阿赫特季（*akhet*，"洪水"）开始。然后，当水位开始下降，河水回到河床时，佩雷特季（*peret*），即种植和生长的季节开始（十一月至次年三月），随后是谷物成熟和收获的季节，即四月、五月和六月的舍姆季（*shemu*）[1]。

在埃及种植最广泛的小麦和大麦两种谷物不足以满足人们的营养需求，但种植蔬菜和豆类需要更稳定的供水，而尼罗河的汛期经常不稳定。因此，有必要驯服尼罗河。

---

[1] 阿赫特季即漫灌季、洪涝季，佩雷特季即春种季、农耕季，舍姆季即夏收季、收割季。——译者注

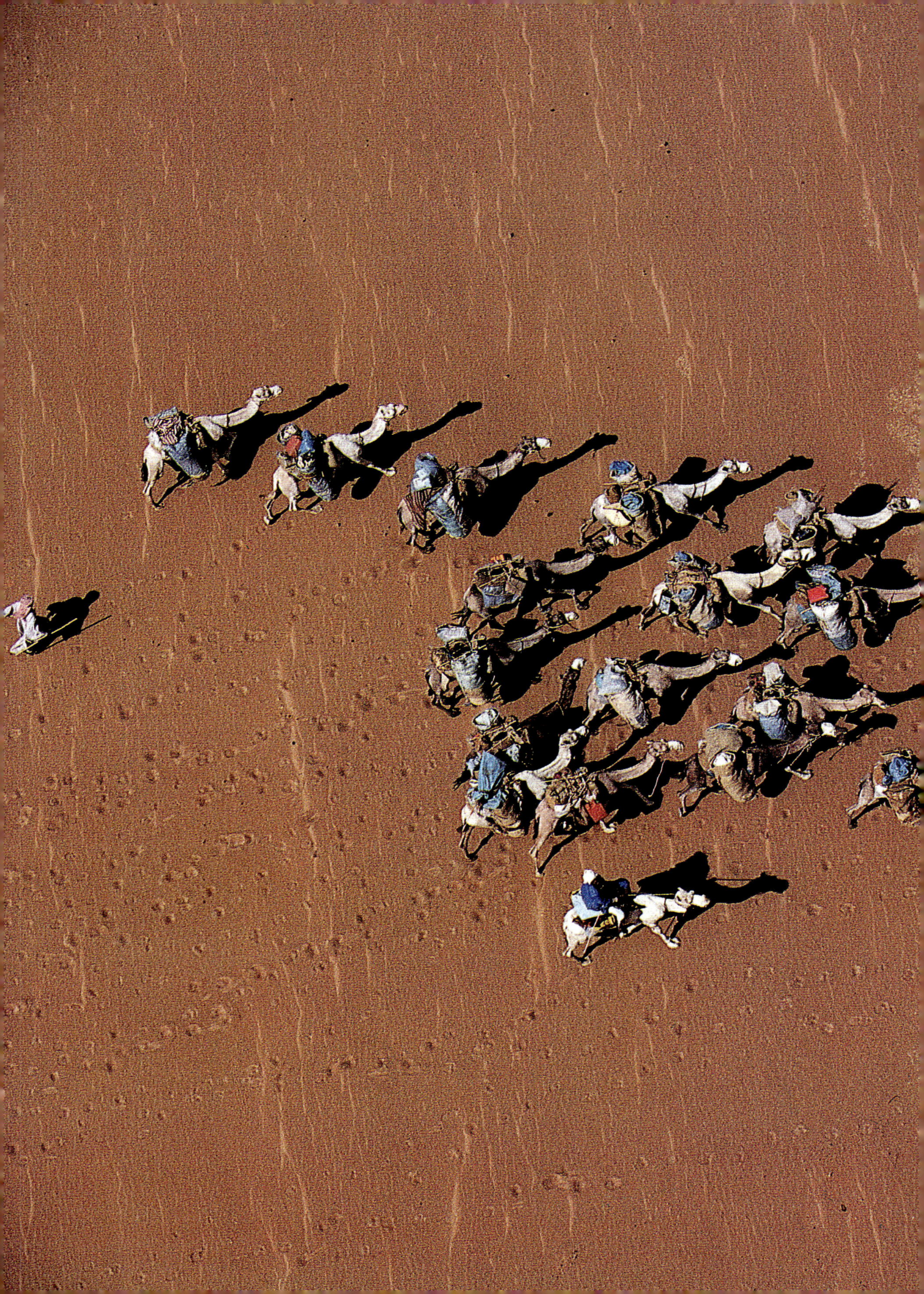

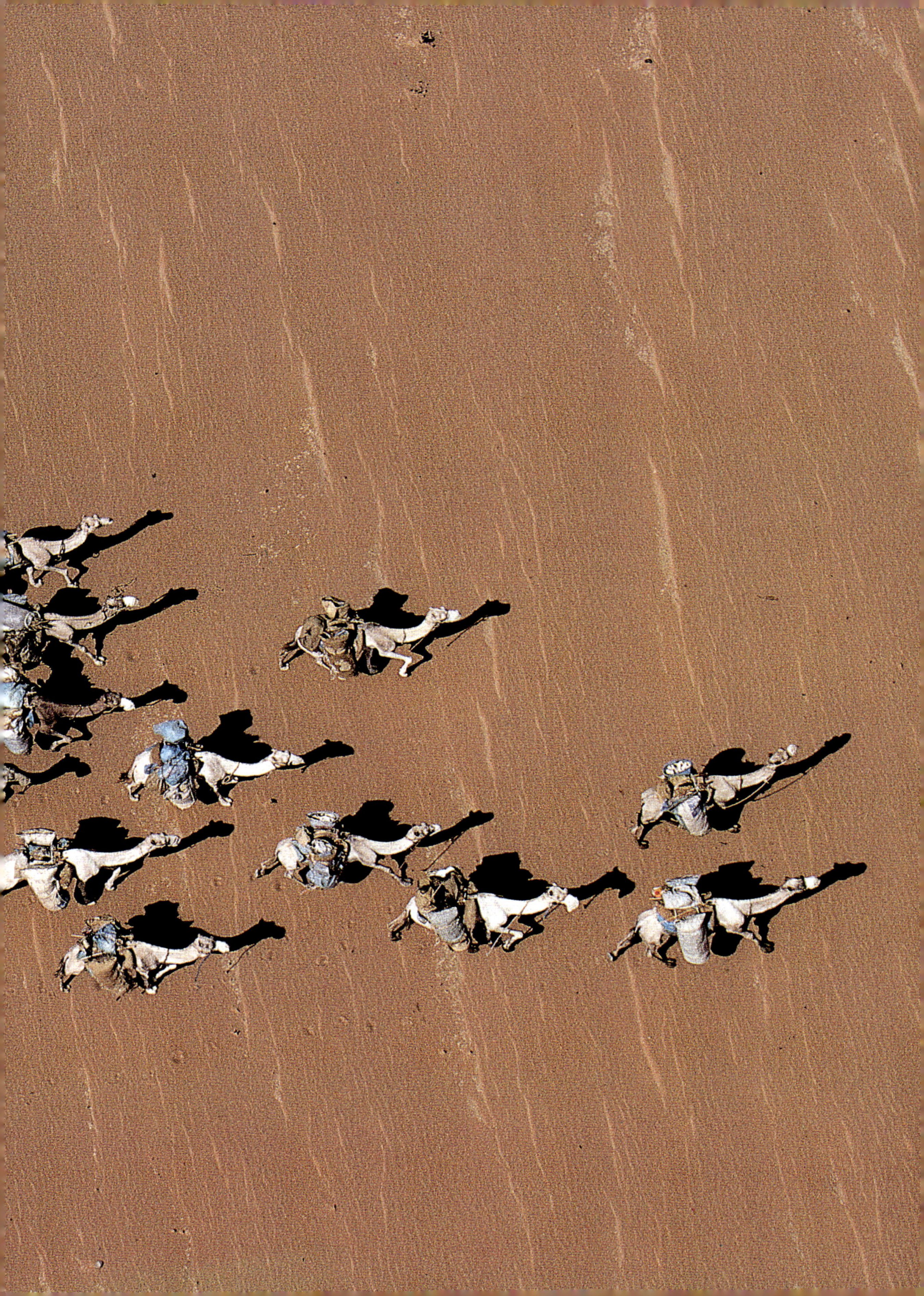

夕阳的光辉勾勒出阿斯旺附近河流上穿梭的费卢卡的精致轮廓。费卢卡（*felucca*）是典型的尼罗河船：它配备巨大的帆，即使在最小的微风中也能航行。直到 19 世纪，河船都是运送人员和货物的主要手段，陆上交通在这个国家几乎不存在。

下页图 沙漠的金色沙子浸浴在阿斯旺（古称赛伊尼）的尼罗河水域中。这座城市是个古老的贸易中心，赤道非洲的丰富物产在这里集散流通。它标志着**努比亚**（**Nubia**）地区的边界。

如果将蝎王权标头上的浮雕解读为一个男人专心挖掘运河河床的场景，那么埃及人可能早在前王朝时期就设计并建造了船闸和运河。同时，为了保存食物，粮仓和仓库建立了起来。这是一个复杂的系统，需要中央权威（国王）和有效的行政机构才能正常运作。

当然，在河岸、池塘和广阔的沼泽中进行的以狩猎、捕鱼和采集为基础的早期经济活动也从未被完全抛弃，依然是尼罗河谷沿岸居民赖以生存的重要手段。而且，这

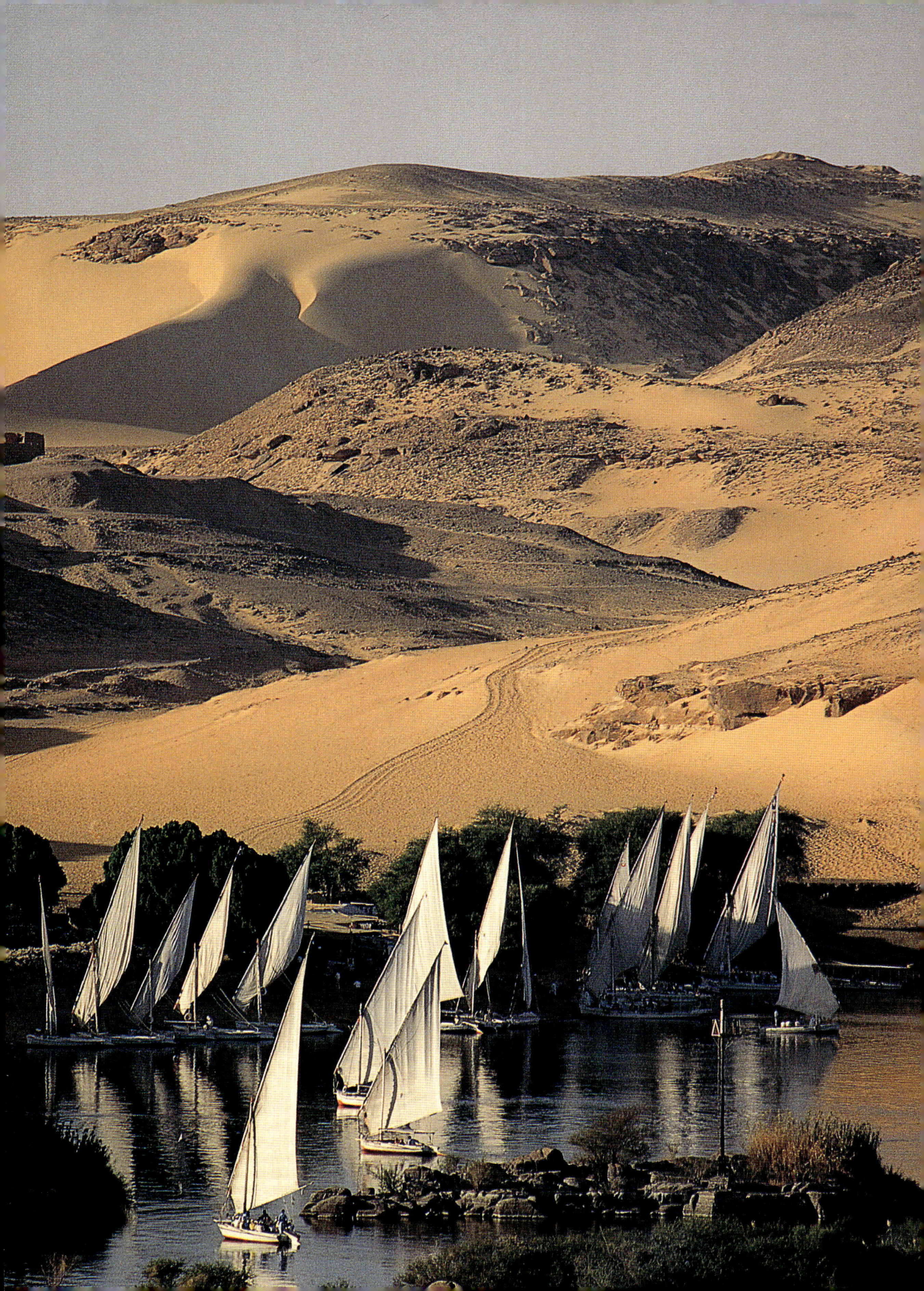

圣安东尼修道院是埃及最古老的修道院之一，由圣安东尼的门徒于7世纪在他隐居的石窟附近建立。修道院在13世纪最为繁荣。其巨大的外墙让人联想到圣凯瑟琳修道院的外墙，它将主教堂和许多小教堂以及一个村庄围起来，使修道士完全不受外界影响。

条仁慈的河流为埃及人民提供的不仅仅是食物。在沙漠中，人们只能在尼罗河沿岸的一条狭窄地带生存，因此河流也是唯一的交通渠道。

前王朝涅伽达文化二期（以阿比多斯地区的一个遗址命名）的陶器皿上的彩绘中描绘了船只，其中一些带有桨和船舱。从一个地方到另一个地方自然就意味着乘船航行，在顺流即向北航行时，水流助力，而在逆流即向南航行时，则有盛行风助力。有趣的是，在圣书字（又称圣书体、象形文字）中，根据方向以两种不同的方式描绘旅行：圣书字 ⛵，一面帆，表示向南行驶，而带桨的船 🚣 则表示在水流的帮助下向北行驶。依靠尼罗河主流、运河网络以及尼罗河分出的支流，特别是在三角洲附近，埃及人享有便利的交通条件。这些途径十分高效可靠，因此古埃及有史以来建造的道路都在城市内部，而不在城市之间。这一交通系统无疑是大一统的重

跨页图 科普特修道院安巴比绍伊（Amba Bishai）修道院，位于开罗和亚历山大港之间的瓦迪纳特伦（Wadi Natrun，wadi 在阿拉伯语中指干河道、旱谷）。纳特伦（Natrun）这个名字与泡碱（natron）有关，泡碱是一种矿物盐，即水合碳酸钠，天然存在于散布在该地区的微小盐湖中。在古代，在防腐过程中，以及制造玻璃时，泡碱被广泛用作干燥剂。这片绿洲迅速成为埃及大修道院中心之一，大量修道院在此建立，其中有四个至今仍然存在并有人居住。

要因素，促进了统一国家的形成。同时，它也是敌人的障碍，因为没有东西向的交通，他们无法从沙漠入侵，因为尼罗河三角洲的沼泽和湿地，他们也无法从北方入侵。从最久远的史前时代开始，尼罗河谷就像一条连接遥远民族和文化的宽阔走廊，一条连接赤道非洲和地中海的纵向交通要道。从哲学和宗教方面而言，埃及人认为世界是按照他们的河谷的样子创造的：世界起源于水，是一块南北走向的土地，就像天和地是从**努恩(Nun)**这片原始海洋中产生的一样。这个世界的另一个基本元素是太阳——它可以使大地干燥、牧

左图　用沙杜夫汲水。代尔麦地那伊普伊（I puy）墓中的一幅画作，可追溯到拉美西斯二世时代。将这幅画与下页所示的现代版本进行比较就可以看出，几个世纪以来，这种传统的灌溉方法几乎没有改变。（底比斯墓地217号墓）

跨页图　农民用驴运送甘蔗。即使在今天，驴仍然是埃及费拉（fellah，"农民"的阿拉伯语）最常见的短途交通工具之一。由于其耐力非凡、性格温顺，驴是法老时代穿越沙漠的商队中使用最广泛的动物。

下页下图　萨基亚（saqya，即波斯轮，一种由动物驱动的水车）和桔槔（shadoof，一种使用人力的汲水工具）是从尼罗河或其他灌溉渠道汲水浇灌田地、果园和小花园的两种方式。然而，这些古埃及人使用的古老方式如今正迅速被越来越多的机械泵所取代。

下一跨页图　十月收获海枣（椰枣）是利比亚沙漠绿洲和上埃及海枣林的一大盛事。当枣子摊开在阳光下熟成晒干时，就变成一张张令人眼花缭乱的彩色地毯。

27

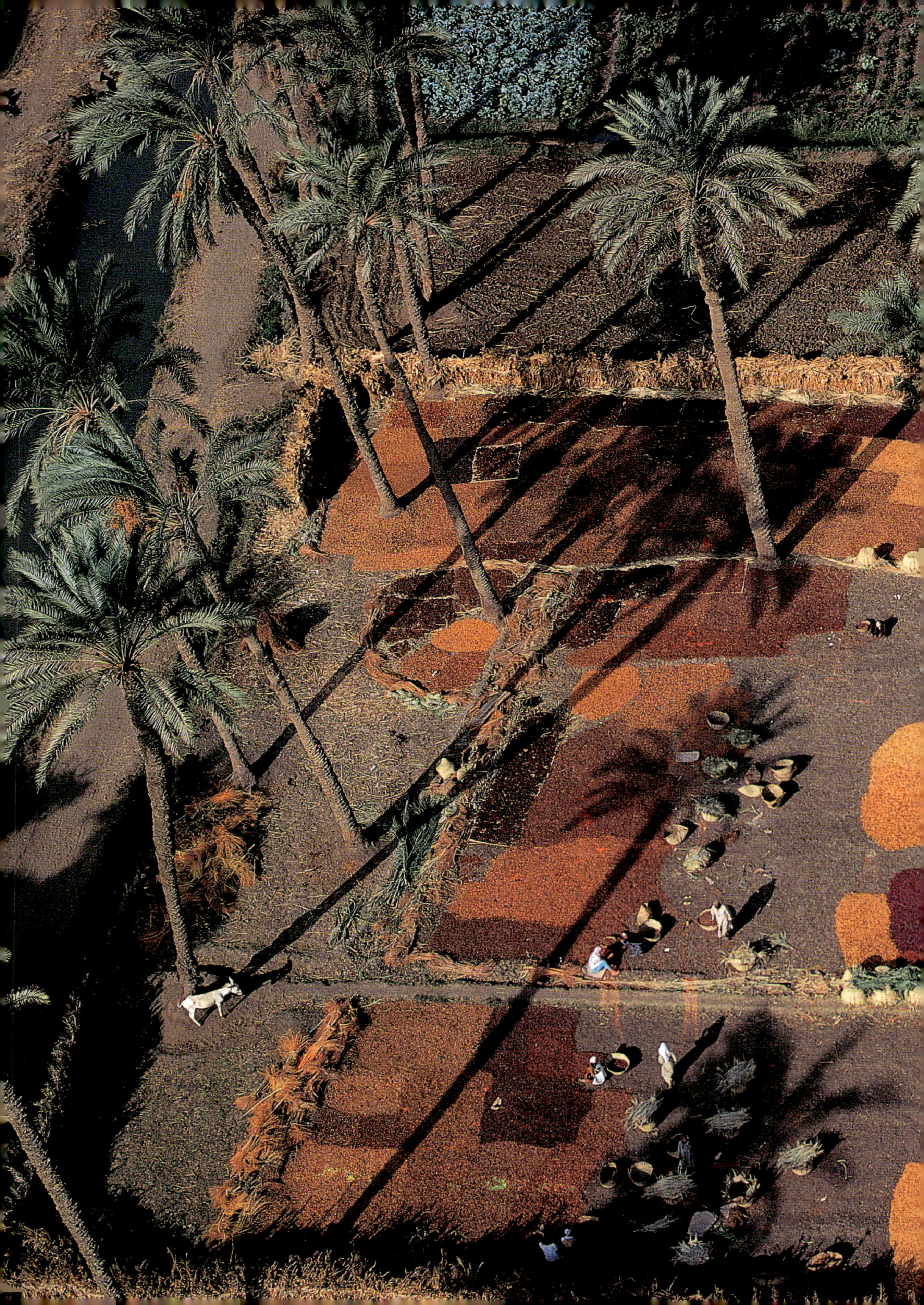

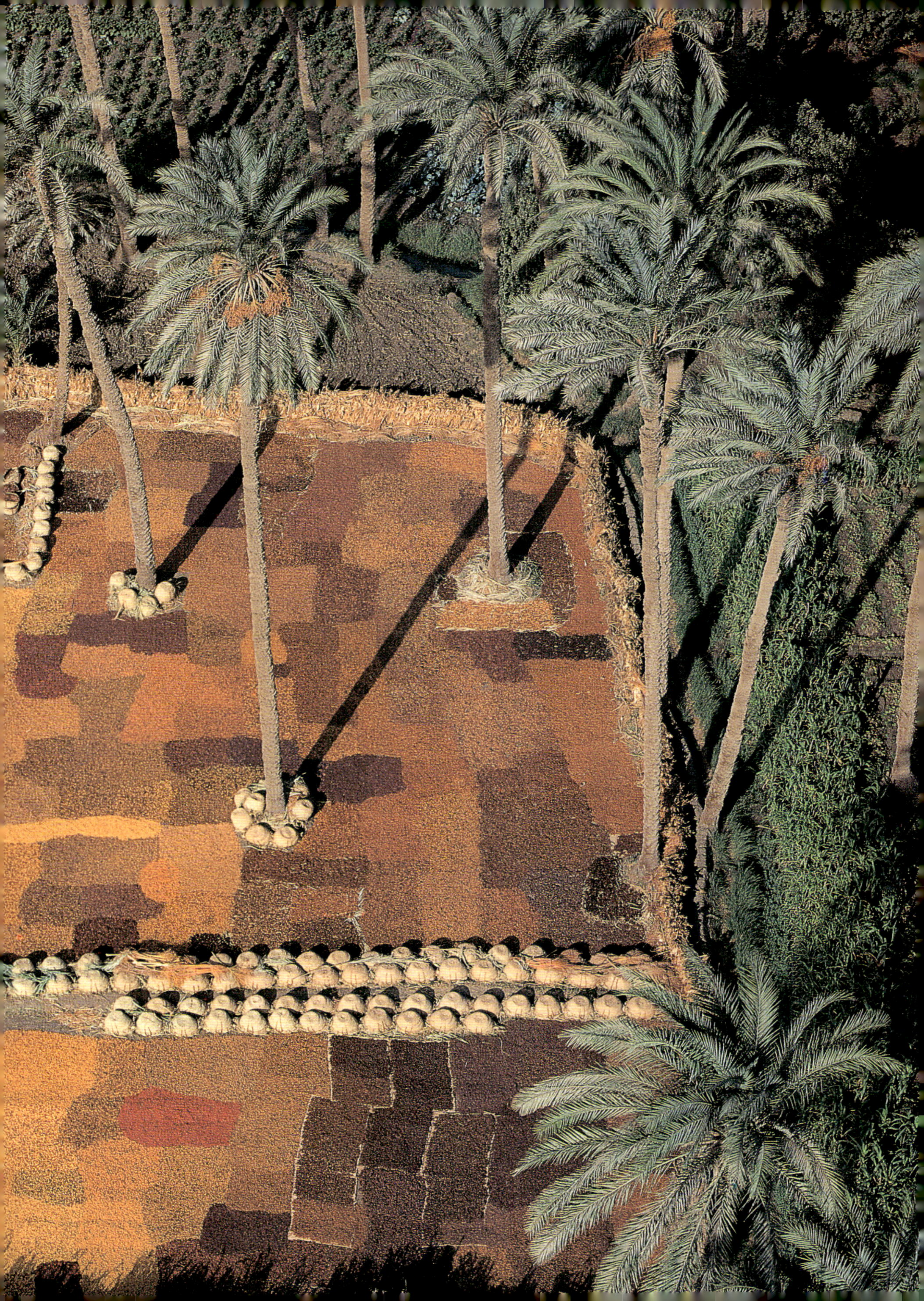

尼罗河是世界第二长河，全长约6500千米，它一直是整个埃及的交通要道。在河岸边，埃及人建造了**金字塔 (pyramid)**、庙宇、墓地、城市和村庄。希腊历史学家希罗多德公元前450年左右访问埃及，他深知尼罗河对埃及土地和人民的生存的重要性，因此说埃及是尼罗河的馈赠。从最遥远的古代直到今天，这条河在埃及主要的农业经济中发挥了关键作用，它的季节性泛滥在农田里沉积了一层厚厚的腐殖质，为埃及的土地提供肥力，从而使农业丰产成为可能。

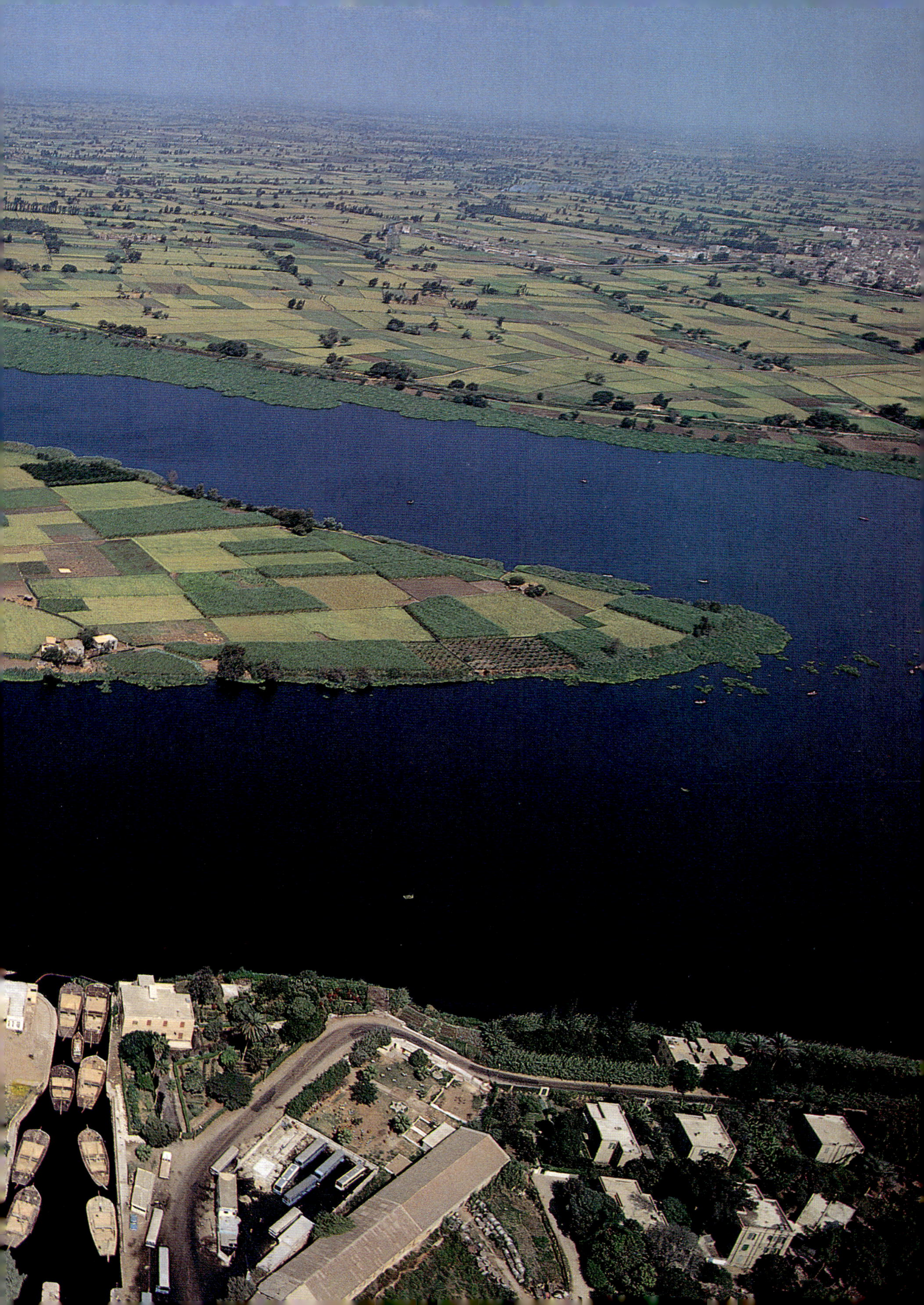

草枯萎、庄稼毁坏，但同时也带来了生命、光明和温暖。埃及人民观察到这个火热的天体与从南流向北的尼罗河水不同，它沿着与河流相交的方向运动，从东到西，从东方（Orient）到**西方 (Occident)**。

每天傍晚，太阳消失在西方，仿佛被苍穹吞没。但到了晚上，它重新聚集力量获得新生，第二天又出现在东方的地平线上。

基于这些对自然的观察，埃及人构想并发展出他们的世界观，成为其宗教信仰的基础。这个世界观与宇宙的轴心，即地球的南北轴和天体的东西轴紧密相连。尽管尼罗河是埃及人存在的根本，尽管它可能在他们形成世界观的过程中发挥了重要作用，但他们从未给这条河起过名字。事实上，我们无从确切得知尼罗（Nile）是如何变成这条河

上图　西奈半岛中心高耸的群山山顶岩石耸立，塞拉比特卡迪姆（Serabit el-Khadim）神庙就建在这样一座山顶上，其中供奉着"绿松石女神"**哈索尔(Hathor)**。古王国时期，绿松石这种半宝石和铜一起在这个地区被大量开采。

下图　穆萨山（Gebel Mousa，*gebel* 在阿拉伯语中意为山）或称摩西山，也即《圣经》中的西奈山，在其海拔 2132 米的山顶上有一座建于 1934 年的小教堂。这座教堂重新利用了一座建于 6 世纪中叶查士丁尼统治时期的教堂废墟中的石块。

跨页图　圣凯瑟琳修道院位于摩西山脚下的山谷中，海拔 1660 米，由海伦娜王后首次于 4 世纪修建。修道院被坚固的围墙包围，在随后的日子里多次扩建，包括一座大教堂、一座建于 10 世纪的清真寺、一座藏有 3500 多份手稿的著名图书馆和燃烧荆棘教堂（Chapel of the Burning Bush）——根据传说，摩西在那个地方看到了熊熊燃烧但没有被火焰吞噬的荆棘。

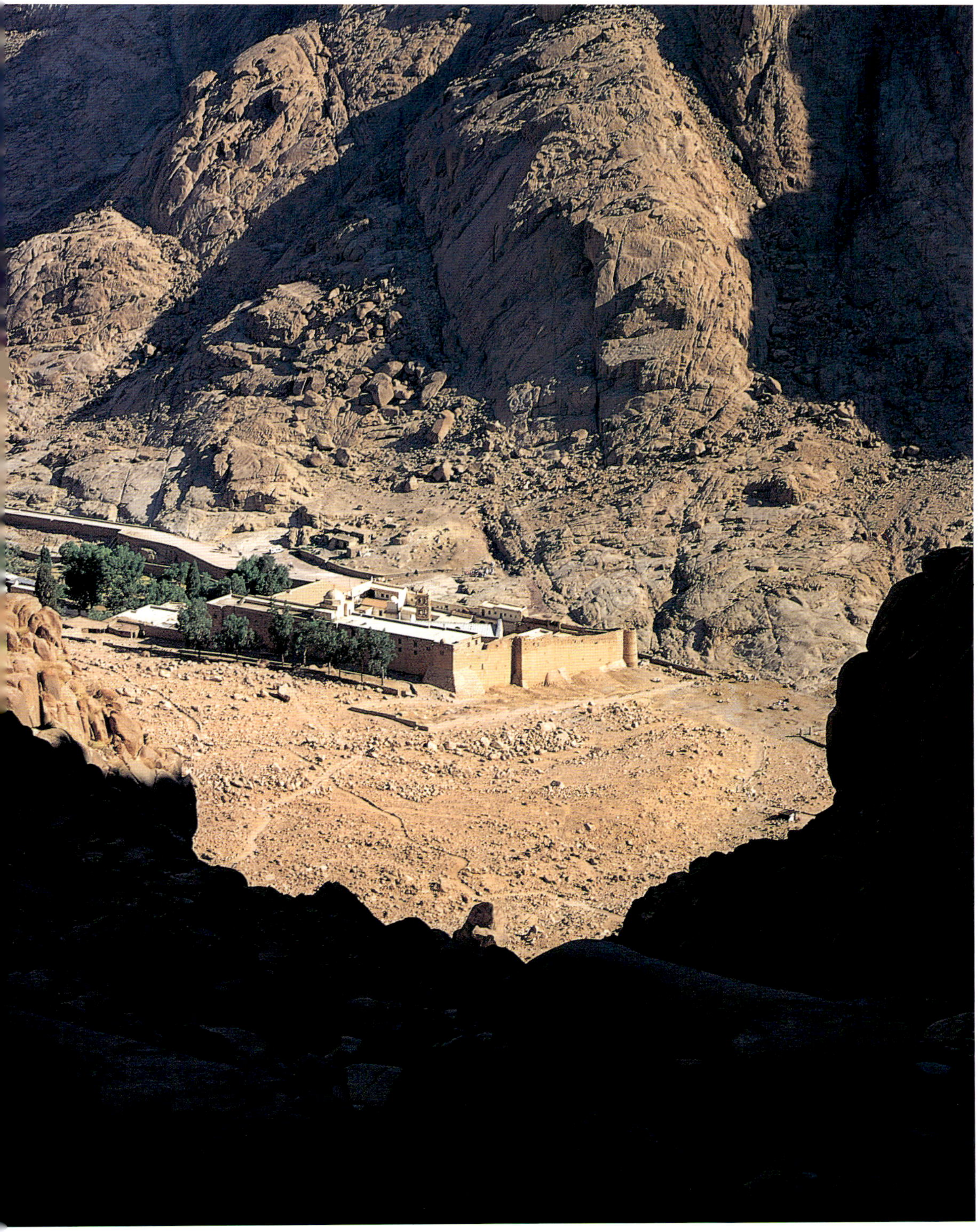

的名字的——它来自希腊人称呼这条河的 *Neilos* 一词，也有可能来源于 *na-iteru* 的变体，*na-iteru* 表示"河流"，埃及人用这个词来表示尼罗河在三角洲的各个分支。

同样，埃及人从未将尼罗河奉为神明，尽管他们将尼罗河的各种影响与不同的神明联系在一起。正是这样，他们将尼罗河的泛滥现象归因于与丰盈相关的哈匹神（**参见哈匹－尼罗〔HAPY-NILE〕**）。而尼罗河水使土地重获新生和滋养土地的能力则与**奥西里斯 (Osiris)** 复活的神话有关。

这就是死亡崇拜、神圣复活和大地滋养之间联系的根源，这个概念在前王朝时期就已经发展起来了。

跨页图 西奈半岛的贝都因人保留了许多古老的习俗，但旅游业的快速发展促使半岛居民开始改变。

右上图 西奈沙漠高地的奇异景观。这些岩石被风侵蚀，随着光线变化而显现出美丽的画面。

右下图 尽管汽车越来越多，但骆驼仍然是西奈南部山区贝都因人最常见的交通工具。

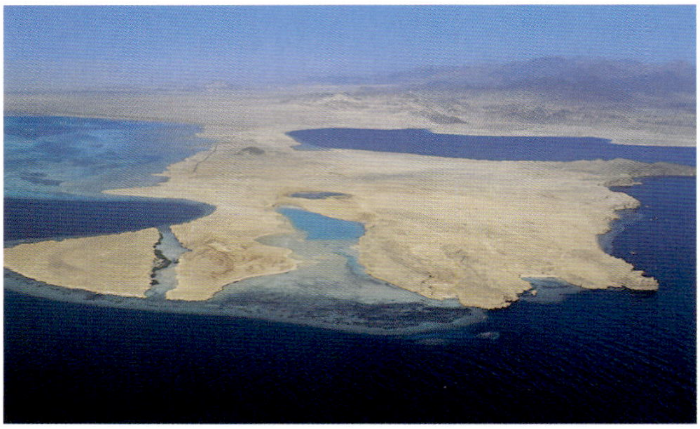

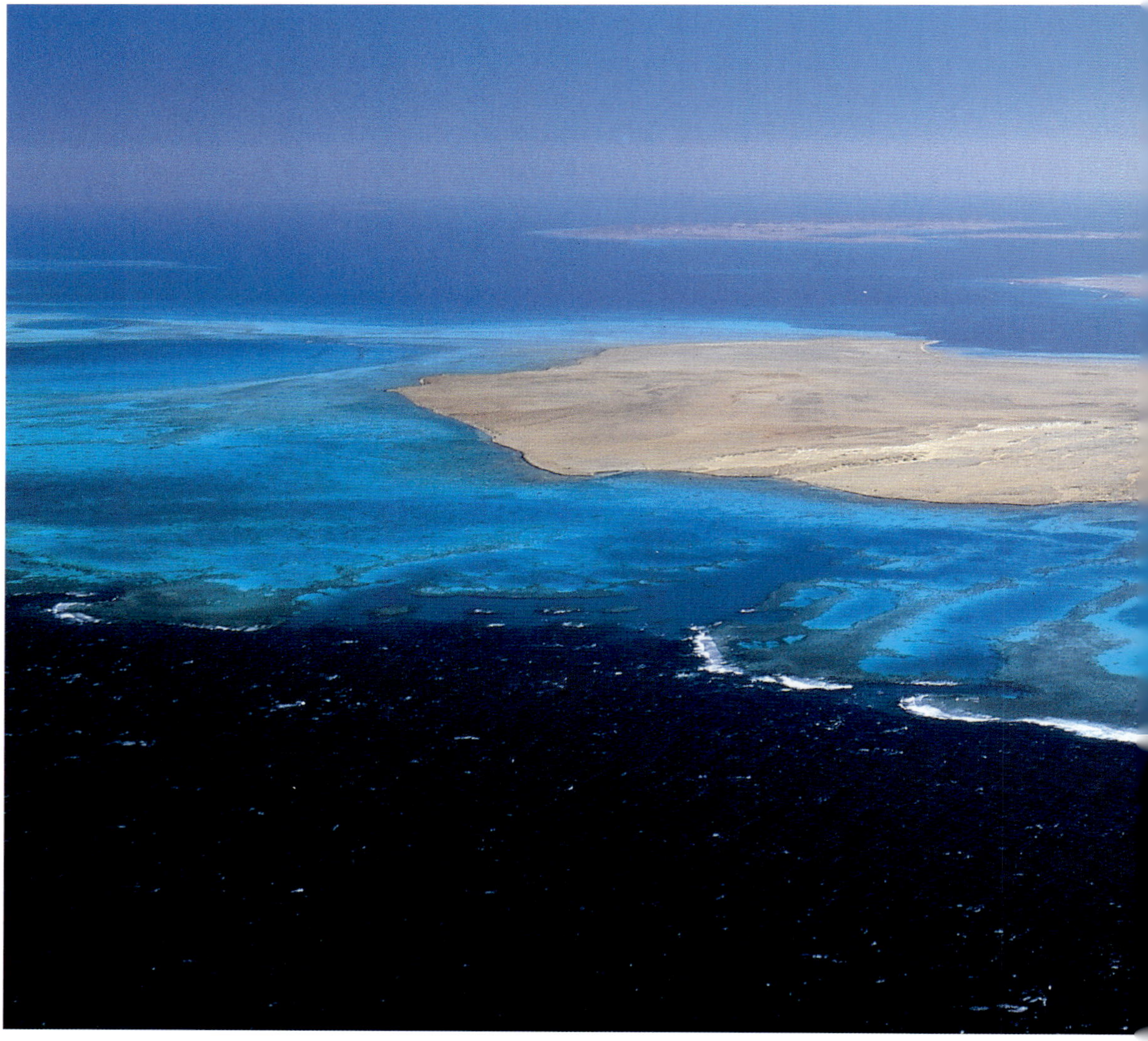

上页上图　拉斯穆罕默德（Ras Mohammad，ras 在阿拉伯语和波斯语中意为角、峰）是西奈半岛的最南端。整个拉斯穆罕默德地区在 1983 年被划定为国家公园，为了保护红海这一最美丽、最原始的景观，开发受到严格限制。拉斯穆罕默德的海岸周围环绕着珊瑚丛，珊瑚丛中生活着丰富的水生生物，珊瑚礁和外海鱼类都在这里繁衍生息。

跨页图　蒂朗海峡是亚喀巴湾的最南端，西奈半岛和阿拉伯半岛的海岸在这相互靠拢，两个半岛彼此相距不到两千米。蒂朗岛（如图）和塞纳菲尔（Sanafir）岛是两个具有重大战略意义的岛屿，原属于沙特阿拉伯国土，但出于行政管理的考量转让给埃及，该地区由在西奈半岛巡逻的多国部队控制。蒂朗岛附近的海域是最受水肺潜水员欢迎的地点之一。蒂朗岛和塞纳菲尔岛也是许多鸟类迁徙路线的中途停留地，岛上的沙滩则为海龟提供了繁殖地。1983 年，这两个岛屿被宣布为自然保护区，并入拉斯穆罕默德国家公园。

五千年历史

在阿布辛贝神庙（又译阿布·辛拜勒神庙）**门廊 (pronaos)** 的其中一面墙上，拉美西斯二世戴着仪式时用的**蓝冠 (Khepresh)**，正象征性地将埃塞俄比亚和努比亚的囚犯献给底比斯三柱神的其中两位：太阳神阿蒙－拉和他的妻子**穆特 (Mut)**。两个神之间是拉美西斯二世本人，它被神化并被视为太阳神。（伊波利托·罗塞里尼〔Ippolito Rosellini〕，《历史遗迹》〔*Monumenti Storici*〕）

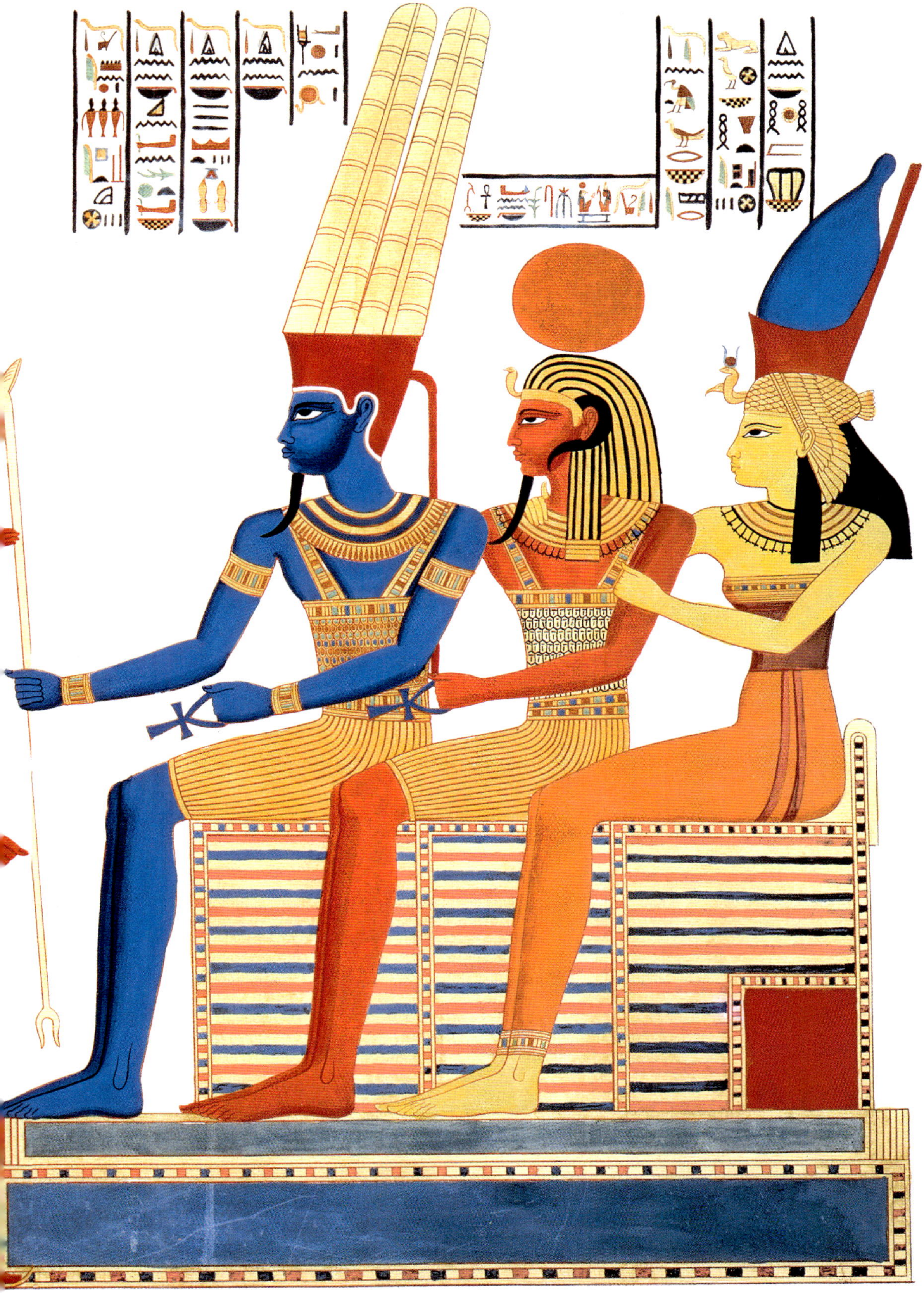

前王朝时期

约前3300—前2925

尼罗河谷的人民开始在两个主要地区聚集：北部（下埃及）人民在尼罗河三角洲地区聚集，而南部（上埃及）人民在希拉孔波利斯聚集。这些最早的原始城市中心很快就需要某种中央集权，这种中央集权以国王这个形象展示出来。在希拉孔波利斯发现了一些国王存在的证据，例如蝎王（Scorpion）和那尔迈（Narmer）。正是那尔迈这位前王朝时期的最后一位国王征服了下埃及并统一了埃及。

早王朝时期

约前2925—前2658

荷鲁斯·阿哈，或许他将自己取名为美尼斯，接替了那尔迈，建立了第一王朝；他将孟菲斯定为首都，以确保对这个刚刚统一的国家的控制。前两个王朝的国王都是提斯（This）当地人，虽然提斯遗址的地点还未确定，但一定在上埃及的阿比多斯地区，而且这些国王的陵墓都在阿比多斯的王室墓地中。

第一王朝
（约前2925—前2715）
主要统治者
阿哈（美尼斯）、哲尔、
杰特（蛇王）、卡

第二王朝
（约前2715—前2658）
主要统治者
霍特普塞海姆威、伯里布森、
卡塞凯姆威

古王国时期

约前2658—前2150

左塞尔在塞加拉建造了埃及历史上第一座金字塔。这座金字塔由建筑师伊姆霍特普设计，他后来被尊为神。第四王朝创始人斯尼夫鲁在美杜姆和代赫舒尔建造了第一批真正的金字塔。乌瑟卡夫建立了第五王朝，在此期间他加强了对太阳神的崇拜。阿布西尔金字塔和太阳神庙建造起来。乌尼斯在塞加拉建造了他的金字塔，著名的金字塔铭文第一次被雕刻在金字塔内部。随着第六王朝结束，王权开始减弱，独立的趋势越来越强。

第三王朝
（约前2658—前2584）
主要统治者
萨那赫特、左塞尔、塞汉赫特

第四王朝
（约前2584—前2465）
主要统治者
斯尼夫鲁、奇阿普斯、齐夫林、
美塞里努斯

第五王朝
（约前2465—前2322）
主要统治者
乌瑟卡夫、萨胡拉、内弗尔卡拉、
纽塞拉、伊塞西、乌尼斯

第六王朝
（约前2322—前2150）
主要统治者
特提、佩皮一世、莫润尔、佩皮二世

第一中间期

约前2150—前2100

这时期中央集权衰弱。第九和第十王朝在赫拉克利奥波利斯（Heracleopolis）建立。许多国王短命。

中王国时期

约前2100—前1750

随着第十一王朝到来，大繁荣时期开始。底比斯的王族重新掌握王朝大权。第十一王朝期间，法老孟图霍特普（Mentuhotep）在代尔巴哈里（Deir el-Bahri）建造了一座宏大的祭庙。阿蒙涅姆赫特一世在利施特（el-Lisht）以北建造了他的金字塔。塞索斯特利斯一世征服了努比亚，并在利施特以南建造了他的金字塔。阿蒙涅姆赫特二世在代赫舒尔建造了一座金字塔，塞索斯特利斯二世在拉罕建造了一座金字塔，塞索斯特利斯三世也在代赫舒尔建造了一座金字塔。阿蒙涅姆赫特三世在哈瓦拉建造了一座金字塔，旁边有一座大型祭庙，这个金字塔建筑群也被称为迷宫。

第十一王朝
（约前2100—前1955）

第十二王朝
（约前1955—前1750）
主要统治者
阿蒙涅姆赫特一世
塞索斯特利斯一世
阿蒙涅姆赫特三世

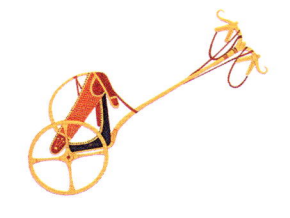

第二中间期

约前1750—前1550

王权衰落，努比亚独立。一个新王朝（不再由底比斯国王的后裔建立）在三角洲西部建立了首都。喜克索斯人控制了埃及北部，在尼罗河三角洲阿瓦里斯建立了首都。大约在公元前1550年，阿摩西斯驱逐了占领者。

第十三王朝
大约70位统治者

第十四王朝
众多独立君主，可能都与第十三王朝或第十五王朝同时代

第十五王朝
（喜克索斯人）

第十六王朝

第十七王朝
许多底比斯国王

新王国时期

约前1550—前1076

图特摩斯一世征服了上努比亚。法老哈特谢普苏特建造了宏伟的代尔巴哈里墓葬神庙。图特摩斯三世征服了叙利亚,将影响力扩展到了近东。图特摩斯四世将吉萨大狮身人面像从吞没它的沙子中解放出来。阿蒙诺菲斯三世与巴比伦、叙利亚和米坦尼的国王建立了外交关系。阿蒙诺菲斯四世独尊阿吞神(日轮崇拜),以取代旧宗教,并将自己的名字改为埃赫那吞。他将首都迁至泰勒阿玛纳(Tell el-Amarna,即埃赫塔吞)。他死后,新宗教被废除。图坦卡蒙将首都迁回孟菲斯。阿伊取代了图坦卡蒙。塞索斯一世与利比亚人、叙利亚人和赫梯人战斗;拉美西斯二世继续与赫梯人作战,在卡迭石战役(前1274)之后,他与他们签订了和平条约。

第十八王朝
(约前1550—前1295)
主要统治者
阿摩西斯、图特摩斯一世、图特摩斯三世、哈特谢普苏特、
阿蒙诺菲斯二世、阿蒙诺菲斯三世、图特摩斯四世、
阿蒙诺菲斯四世/埃赫那吞、图坦卡蒙、
阿伊、霍朗赫布

第十九王朝
(约前1295—前1188)
主要统治者
拉美西斯一世、塞索斯一世、拉美西斯二世、麦伦普塔赫

第二十王朝
(约前1188—前1076)
主要统治者
拉美西斯三世、拉美西斯四世、拉美西斯九世、
拉美西斯十世、拉美西斯十一世

第三中间期

约前1076—前712

在三角洲的王室住所塔尼斯,一个与底比斯大祭司共享权力的新王朝诞生了。努比亚独立,埃及失去了对巴勒斯坦的控制。三角洲东部涌现出许多利比亚血统的国王,他们的力量逐渐强大,并在塔尼斯和布巴斯提斯(Bubastis)建造建筑。底比斯重要性下降。埃及分裂为许多小国。**库施(Kush)** 王国的努比亚血统的统治者控制了上埃及,也征服了孟菲斯。

第二十一王朝
(约前1076—前945)
主要统治者
斯门代斯、普苏森尼斯一世、普苏森尼斯二世

第二十二王朝
(约前945—前712)
主要统治者
舍顺克一世、奥索尔孔一世、舍顺克二世

第二十三王朝
(约前828—前712)
在底比斯、赫尔莫波利斯、赫拉克利奥波利斯、利安托波利斯和塔尼斯同时有几个势力称王建国,至今学界对其秩序和领土仍莫衷一是。

第二十四王朝
(塞易斯王朝)
(约前724—前712)
主要统治者
特弗纳赫特、波克霍利斯

晚王国时期

约前712—前332

尽管战争不断,但这是个社会繁荣、文化发展的时代。在努比亚人统治之后,埃及短暂地落入亚述人的控制之中。努比亚库施王国最终彻底与埃及分离。第二十六王朝迎来了新的繁荣时期;贸易蓬勃发展,主要是与希腊人之间的贸易。从尼罗河到红海的运河开始建设,但该项目后来被放弃。公元前525年,法老普萨美提克一世被波斯国王冈比西斯击败,埃及成为波斯的一个行省。第三十王朝是最后一个本土王朝。法老内克塔内布一世在菲莱和哈布城(Medinet Habu)建造了神庙,并在卡纳克神庙前建造了一座雄伟的塔门。

第二十五王朝
(约前712—前657)
主要统治者
努比亚与底比斯:
卡施塔、皮耶
努比亚与埃及:
沙巴卡、塔哈尔卡

第二十六王朝
(约前664—前525)
主要统治者
尼科一世、普萨美提克一世、
尼科二世、阿普里斯、
阿摩西斯、普萨美提克三世

第二十七王朝
(第一段阿契美尼德王朝统治时期)
(约前525—前405)
主要统治者
冈比西斯、大流士一世、
薛西斯一世、
阿尔塔薛西斯一世、
大流士二世

第二十八王朝
(约前405—前399)

第二十九王朝
(约前399—前380)

第三十王朝
(约前380—前343)
主要统治者
内克塔内布一世
内克塔内布二世

第二段阿契美尼德王朝统治时期
(约前343—前332)

希腊-罗马时期

前332—公元395

公元前332年,亚历山大大帝占领了整个埃及。亚历山大死后,埃及总督马其顿将军托勒密自立为法老,称"救主"托勒密一世。公元前163年,罗马的影响力开始扩展到埃及。公元前48年,尤利乌斯·恺撒登陆埃及,保卫被兄弟托勒密十三世·菲洛帕托废黜的克利奥帕特拉七世。

公元前31年,屋大维(奥古斯都)抵达埃及与马克·安东尼战斗,马克·安东尼当时已经被罗马元老院宣布为罗马人民的敌人。屋大维在亚克兴战役中击败了马克·安东尼,并征服了亚历山大港。埃及成为罗马的一个行省,并于395年成为东罗马帝国的一部分。

马其顿王朝
(约前332—前304)
主要统治者
亚历山大大帝、腓力·阿里达乌斯(腓力三世)、
亚历山大四世

托勒密王朝
(约前304—前30)

立柱上的一段长文，描述了公元前 1274 年在奥龙特斯河（叙利亚）上的卡迭石战役；这段文字出自《潘道尔之歌》（*Poem of Pentaur*），是拉美西斯二世刻在许多庙宇中的祝词。在文字下方，法老的随从和一群士兵准备好了法老的战斗装备：他的盔甲和一辆双马牵引的战车。（伊波利托·罗塞里尼，《历史遗迹》）

拉美西斯二世在位第五年的卡迭石战役前夕,他与他的军官讨论对赫梯人的进攻计划。下面是一排埃及士兵(右)和加入法老军队的外国雇佣兵(左)——后者可以从他们的圆形盾牌和角盔分辨出来。(伊波利托·罗塞里尼,《历史遗迹》)

ABU SIMBEL 阿布辛贝

EL-SEBUA 瓦迪塞布阿（瓦蒂塞布阿）

QASR IBRIM 伊布里姆堡

EL-MAHARRAQA 马哈拉卡

EL-DAKKA 达卡

DENDUR 丹铎

KALABSHA 卡拉布萨

DABOD 达博

ELEPHANTINE ISLAND 象岛

PHILAE 菲莱

UNFINISHED OBELISK 未完成的方尖碑

ASWAN 阿斯旺
Syene 赛伊尼
（仅首字母大写的为古地名或别名）

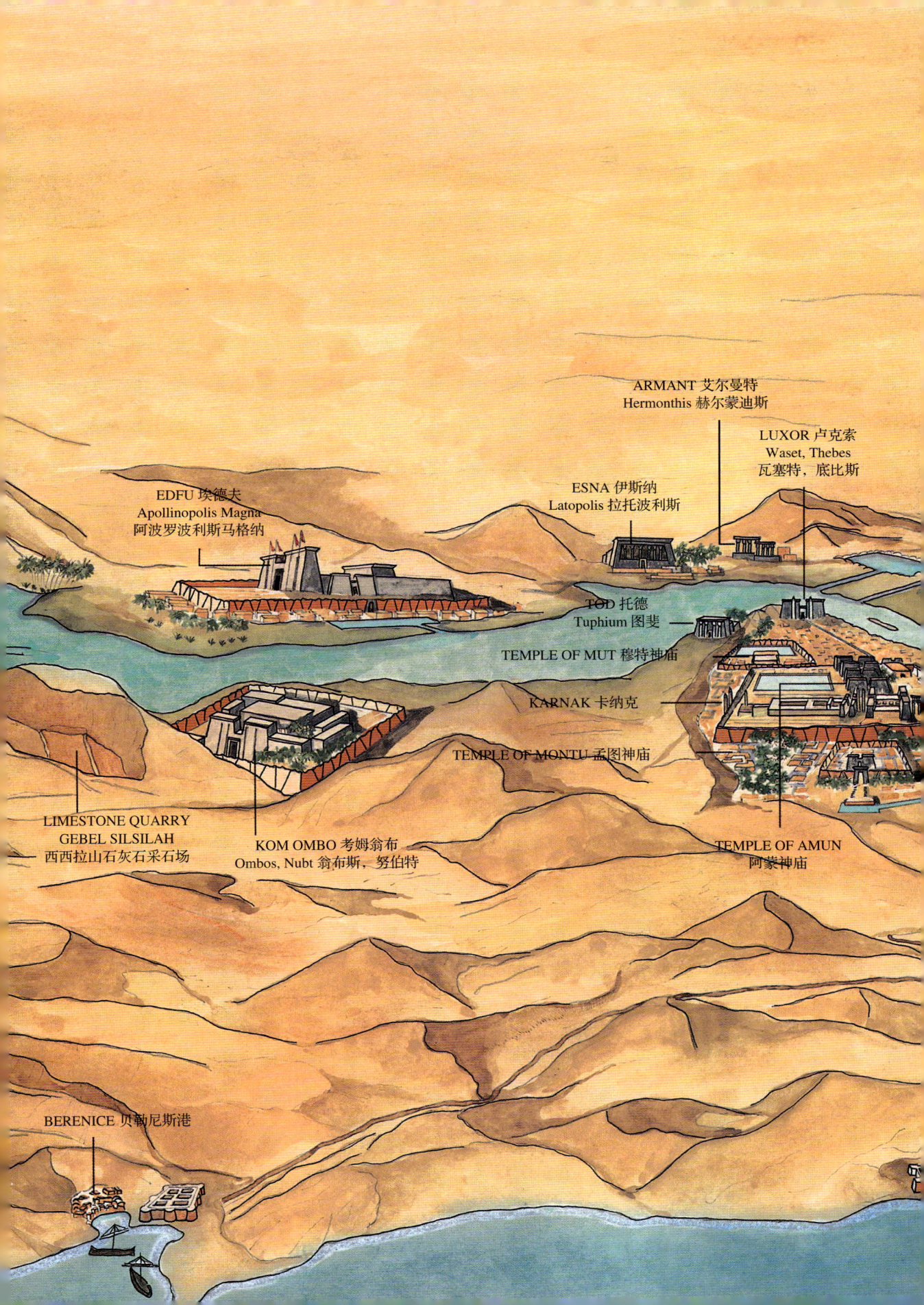

ARMANT 艾尔曼特
Hermonthis 赫尔蒙迪斯

LUXOR 卢克索
Waset, Thebes
瓦塞特，底比斯

EDFU 埃德夫
Apollinopolis Magna
阿波罗波利斯马格纳

ESNA 伊斯纳
Latopolis 拉托波利斯

TOD 托德
Tuphium 图斐

TEMPLE OF MUT 穆特神庙

KARNAK 卡纳克

TEMPLE OF MONTU 孟图神庙

LIMESTONE QUARRY
GEBEL SILSILAH
西西拉山石灰石采石场

KOM OMBO 考姆翁布
Ombos, Nubt 翁布斯，努伯特

TEMPLE OF AMUN
阿蒙神庙

BERENICE 贝勒尼斯港

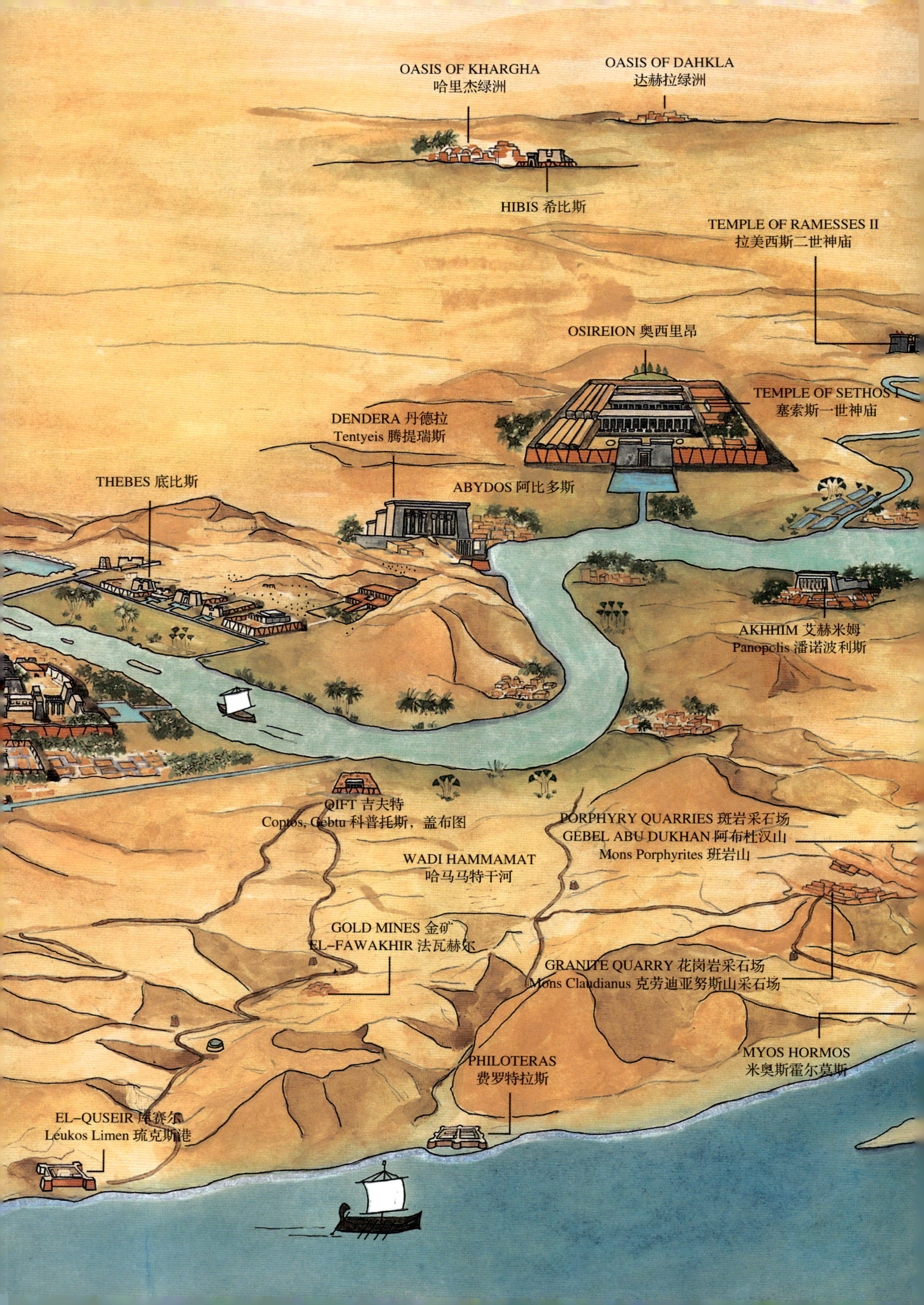
OASIS OF KHARGHA 哈里杰绿洲
OASIS OF DAHKLA 达赫拉绿洲
HIBIS 希比斯
TEMPLE OF RAMESSES II 拉美西斯二世神庙
OSIREION 奥西里昂
TEMPLE OF SETHOS I 塞索斯一世神庙
DENDERA 丹德拉
Tentyeis 腾提瑞斯
THEBES 底比斯
ABYDOS 阿比多斯
AKHHIM 艾赫米姆
Panopolis 潘诺波利斯
QIFT 吉夫特
Coptos, Gebtu 科普托斯，盖布图
PORPHYRY QUARRIES 斑岩采石场
GEBEL ABU DUKHAN 阿布杜汉山
Mons Porphyrites 斑岩山
WADI HAMMAMAT
哈马马特干河
GOLD MINES 金矿
EL-FAWAKHIR 法瓦赫尔
GRANITE QUARRY 花岗岩采石场
Mons Claudianus 克劳迪亚努斯山采石场
MYOS HORMOS
米奥斯霍尔莫斯
PHILOTERAS
费罗特拉斯
EL-QUSEIR 库赛尔
Leukos Limen 琉克斯港

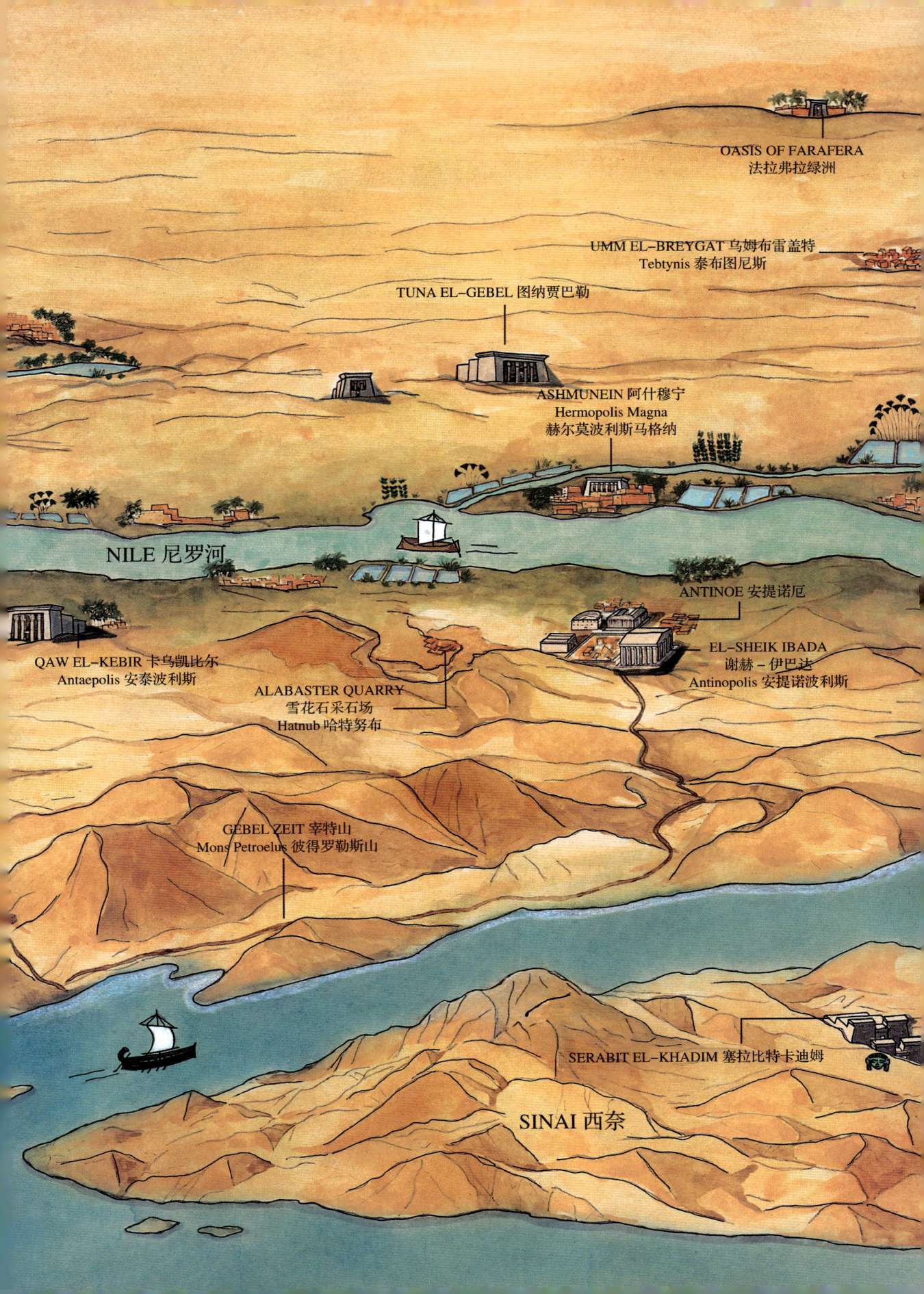

OASIS OF FARAFERA 法拉弗拉绿洲

UMM EL-BREYGAT 乌姆布雷盖特
Tebtynis 泰布图尼斯

TUNA EL-GEBEL 图纳贾巴勒

ASHMUNEIN 阿什穆宁
Hermopolis Magna
赫尔莫波利斯马格纳

NILE 尼罗河

ANTINOE 安提诺厄

EL-SHEIK IBADA
谢赫－伊巴达
Antinopolis 安提诺波利斯

QAW EL-KEBIR 卡乌凯比尔
Antaepolis 安泰波利斯

ALABASTER QUARRY
雪花石采石场
Hatnub 哈特努布

GEBEL ZEIT 宰特山
Mons Petroelus 彼得罗勒斯山

SERABIT EL-KHADIM 塞拉比特卡迪姆

SINAI 西奈

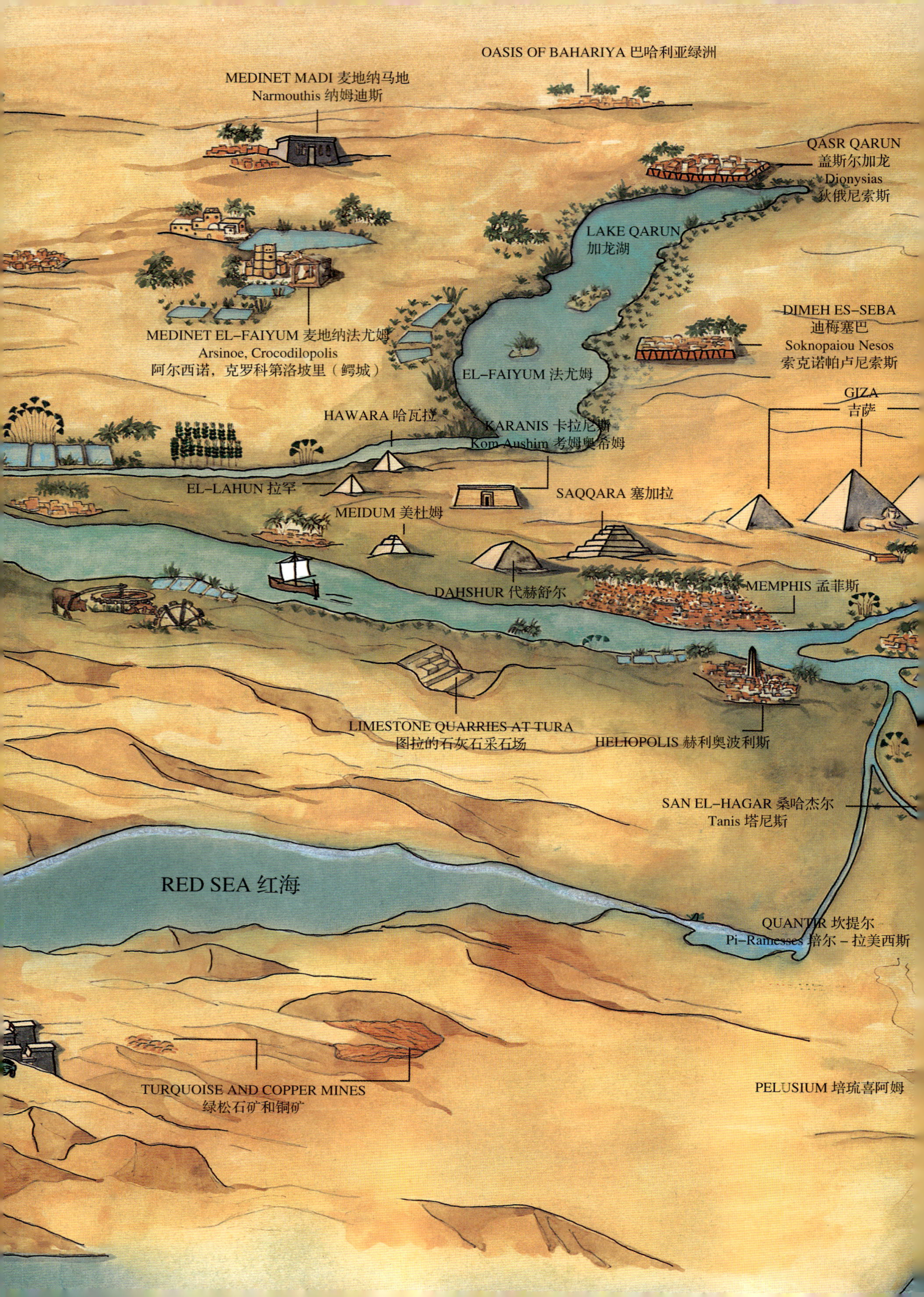
OASIS OF BAHARIYA 巴哈利亚绿洲
MEDINET MADI 麦地纳马地
Narmouthis 纳姆迪斯
QASR QARUN
盖斯尔加龙
Dionysias
狄俄尼索斯
LAKE QARUN
加龙湖
MEDINET EL-FAIYUM 麦地纳法尤姆
Arsinoe, Crocodilopolis
阿尔西诺，克罗科第洛坡里（鳄城）
DIMEH ES-SEBA
迪梅塞巴
Soknopaiou Nesos
索克诺帕卢尼索斯
EL-FAIYUM 法尤姆
GIZA
吉萨
HAWARA 哈瓦拉
KARANIS 卡拉尼斯
Kom Aushim 考姆奥希姆
EL-LAHUN 拉罕
SAQQARA 塞加拉
MEIDUM 美杜姆
DAHSHUR 代赫舒尔
MEMPHIS 孟菲斯
LIMESTONE QUARRIES AT TURA
图拉的石灰石采石场
HELIOPOLIS 赫利奥波利斯
SAN EL-HAGAR 桑哈杰尔
Tanis 塔尼斯
RED SEA 红海
QUANTIR 坎提尔
Pi-Ramesses 培尔－拉美西斯
TURQUOISE AND COPPER MINES
绿松石矿和铜矿
PELUSIUM 培琉喜阿姆

ABUSIR 阿布西尔

ALEXANDRIA 亚历山大港

EL-NIQRASH 尼克拉什
Naukratis 瑙克拉提斯

SA EL-HAGAR 萨哈杰尔
Sais 塞易斯

BEHBEIT EL-HAGAR 拜赫贝特哈杰尔
Hebyt 哈比特

SAMANNUD 萨曼努德
Sebennytos 塞本尼托斯

MEDITERRANEAN SEA
地中海

北

法老出现之前的埃及

在底比斯地区发现的燧石工具，可追溯到旧石器时代晚期。在埃及发现的最早的石器可以追溯到 20 万年前，即旧石器时代早期，但直到旧石器时代晚期（大约 3 万年前），才出现了第一批使用相当复杂的技术制造的石片工具。

很难说人类是什么时候第一次出现在尼罗河谷的，但在那里发现的最早的石器可以追溯到大约 20 万年前的旧石器时代。在很久以后的新石器时代，人们成群生活在利比亚沙漠、尼罗河三角洲、法尤姆和上埃及，形成以放牧和其他早期农业活动为基础的经济结构。

气候变得更加干旱，这些居民不得不在尼罗河沿岸寻求庇护，他们在这里建立了最早的原始城市聚居地。埃及历史上的这个时期被称为前王朝时期。人口开始集中在两个中心——一个在北部的尼罗河三角洲地区，另一个在南部的希拉孔波利斯。在调色板[1]和权标头（武器顶端部分）上的浮雕记载了南方的一些国王，例如蝎王和那尔迈。正是那尔迈这位前王朝时期最后一位国王征服了下埃及并首次统一了这个国家。他的继任者荷鲁斯·阿哈（可能与国王美尼斯为同一人）建立了第一王朝。

前两个王朝也被称为"提尼特"（Thinite），因为根据将埃及统治者划分为 30 个王朝的希腊历史学家曼涅托的说法，它们的国王都是提斯城当地人，这个城市的遗址一直未发现，但肯定位于阿比多斯地区。

美尼斯国王继位标志着早王朝时期的开始，该时期将持续大约 3 个世纪，从公元前 3 千纪初到公元前 2658 年。

---

1 用于调制化妆品的中间凹注的石板。——编者注

美尼斯统治期间在北部建立了第二个首都，以确保有效控制扩张后的领土，在南部城市希拉孔波利斯无法做到这一点。因此，"白墙城"建立起来（"白墙"这个名字可能是指为阻挡尼罗河泛滥而建造的大坝），即后来的孟菲斯，古王国时期的首都。加冕仪式在孟菲斯举行，仪式很快变得相当复杂，着重强调国王身上统一上下埃及的力量。根据美尼斯统治时期的极少量信息来看，他似乎对邻近领土的人民——努比亚人和利比亚人——发动了战争，并且与邻近中东的地区建立了良好的贸易关系。美尼斯被埋葬在阿比多斯，第一王朝的所有国王和第二王朝的两位国王都被埋葬在那里。他的继位者是哲尔，哲尔的继位者是杰特——根据他名字的图画文字，杰特也被称为蛇王。

卡是第一王朝最后一位国王。随后是个混乱的时期，内乱严重，直到霍特普塞海姆威继位。他是第二王朝的创始人，第二王朝的国王可能都是尼罗河三角洲当地人。与第一王朝的国王不同，第二王朝的国王无法保持两地的统一，埃及国家分裂，重新回到由两个国王统治的状态，直到某位叫作卡塞凯姆的人登上了希拉孔波利斯的王位，重新统一国家并将自己的名字改为卡塞凯姆威。他是第二王朝的最后一位国王；他的妻子被认为是第三王朝第二任统治者左塞尔的母亲。随着左塞尔重新将孟菲斯定为首都，埃及结束早王朝时期，进入古王国时期：金字塔时代。

人头塑像，用赤陶塑形然后上色。它可能具有宗教功能，是埃及生产的最早的雕塑之一，或可追溯到公元前5千纪末。它是在三角洲边缘的新石器时代遗址梅里姆达·贝尼·萨拉马（Merimda Beni Salama）发现的，那里曾居住着一群狩猎采集者。（开罗博物馆）

著名的那尔迈调色板，于 19 世纪末在希拉孔波利斯发现。这件非凡的文物可以追溯到大约公元前 3000 年，它记载了那尔迈国王的事迹，可能就是他统一了上下埃及。这面调色板上的这位法老戴着上埃及的**白冠 (Hedjet)**，制服了来自下埃及的敌人。（开罗博物馆）

古王国时期和金字塔时代
（前 2658—前 2150）

第一中间期
（前 2150—前 2100）

左塞尔将首都迁至孟菲斯，并在塞加拉建造了埃及第一座金字塔。金字塔由一系列叠加的**马斯塔巴**（*mastaba,* 阿拉伯语"长凳"）组成，呈阶梯状排列，看起来像是通向天空的楼梯，法老可以通过它升天。

第四王朝初期，法老斯尼夫鲁建造了第一座真正几何意义上的金字塔。他最初在前任胡尼于美杜姆建造的金字塔阶梯上加了平滑的外壳，然后在代赫舒尔建造了两座真正的金字塔，就在塞加拉以南。

公元前 3 千纪后半叶，法老奇阿普斯（胡夫）、齐夫林（哈夫拉）和美塞里努斯（孟卡拉）在吉萨建造了三座大金字塔。公元前 2465 年，乌瑟卡夫建立了第五王朝，在此期间对太阳神**拉 (Re)** 的崇拜变得越来越重要，法老获得了太阳神的尘世之子的地位。法老萨胡拉、内弗尔卡拉和纽塞拉在吉萨和塞加拉之间的阿布西尔建造了他们的金字塔。

第五王朝的最后一位法老乌尼斯在塞加拉建造了他的金字塔，并且第一次在金字塔内部的墓室中雕刻了铭文。这些铭文就是**金字塔铭文 (Pyramid Texts)**，后来发展成**棺文 (Coffin**

在阿比多斯发现的小象牙雕像，这是目前已知的建造了埃及最大金字塔的法老的唯一一个雕像。胡夫统治时间是公元前 2560 到公元前 2537 年，他也常被称为奇阿普斯——这个名字是流传下来的叫法，希罗多德的著述也是这样称呼他的。（开罗博物馆）

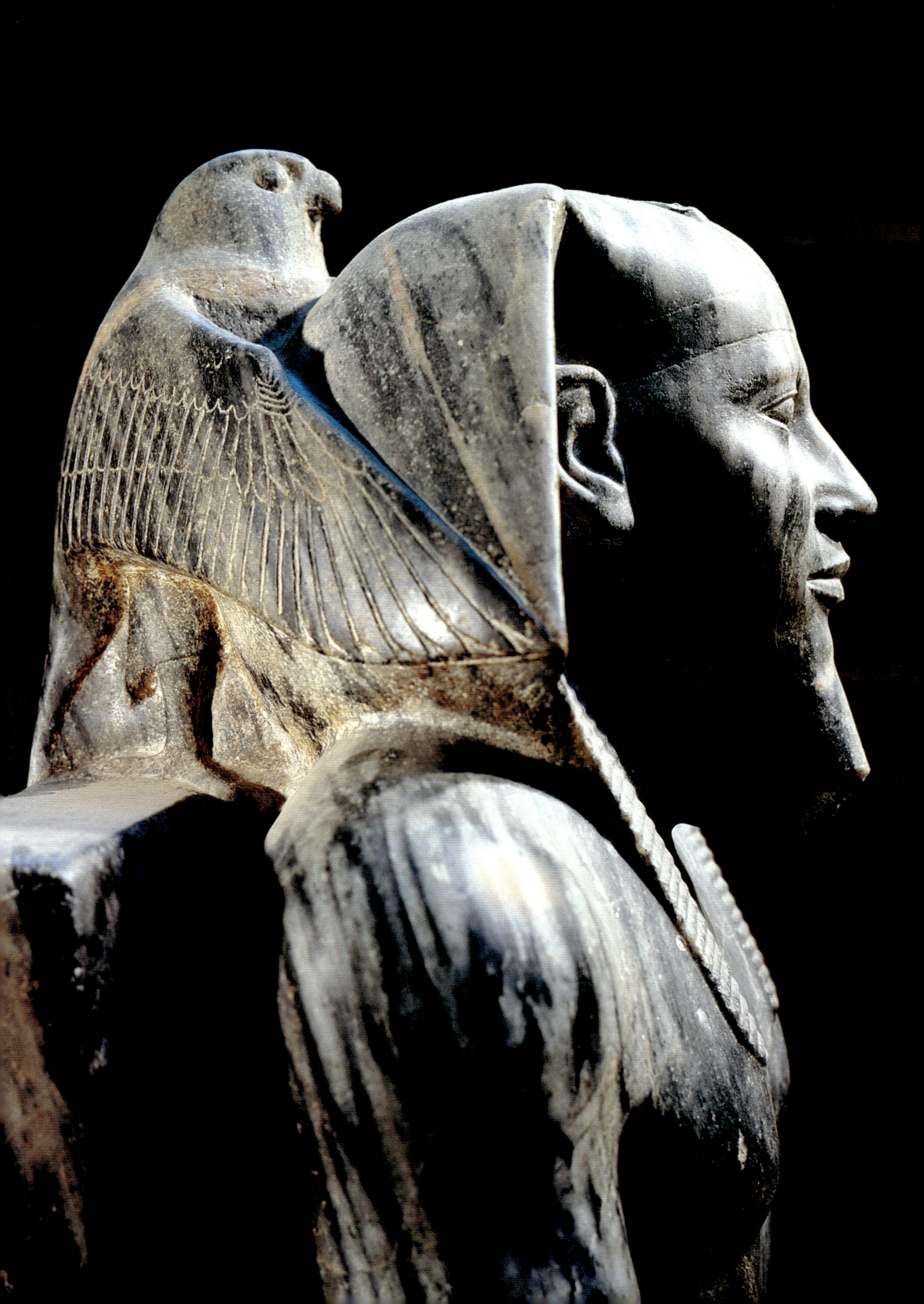

Texts），然后在新王国时期发展成《**亡灵书**》(Book of The Dead)。

第六王朝时（约前2322—前2150），法老权力减弱，而各省官员权力则加强。这一时期的统治者（特提、佩皮一世、莫润尔和佩皮二世）在塞加拉建造了他们的金字塔。佩皮二世统治之后是第一中间期（约前2150—前2100；第七至第十王朝），在此期间中央集权明显减弱。

第九和第十王朝的君王在赫拉克利奥俄波利斯定居，而底比斯则由当地的因特夫王朝（the Intefs，包括因特夫一世、二世和三世）掌权。

这尊壮观的齐夫林闪长岩雕像是1860年法国考古学家奥古斯特·马里埃特（Auguste Mariette）在吉萨齐夫林金字塔的河谷神庙中发现的。齐夫林是奇阿普斯的儿子和继任者，这尊雕像中的他坐在王位上，身着被称为申迪特（*scendyt*）的典型褶裥裙，头戴**内梅什巾冠**（*nemes*）——一种垂至胸前的头巾。一只鹰张开翅膀，呈保护姿态将齐夫林的头部包裹在怀中。这只鹰是保护法老的鹰神荷鲁斯的象征，法老是荷鲁斯的世俗化身。（开罗博物馆）

中王国时期
（前 2100—前 1750）

第二中间期
（前 1750—前 1550）

　　底比斯的王族重新建立了中央政权并统一了国家。随着尼布赫帕特拉·孟图霍特普（Nebhepetre Mentuhotep）的统治开启了中王国时期，一段繁荣的时期开始了。第十二王朝的法老（包括阿蒙涅姆赫特一世、塞索斯特利斯一世、阿蒙涅姆赫特二世、塞索斯特利斯二世、塞索斯特利斯三世、阿蒙涅姆赫特三世）继续由孟图霍特普开始的征服努比亚的任务，并建造了南部的利施特金字塔、两座位于代赫舒尔的金字塔和法尤姆南端（拉罕和哈瓦拉）的金字塔。他们在法尤姆进行了土地复垦工作，并在利施特建立了一个新的王室住所。

在公元前 1750 年左右的第十二王朝末期，国内叛乱导致王权衰落，努比亚成为一个独立的国家。与此同时，一个敌对王朝（不是底比斯国王的后裔）在三角洲西部建立首都，埃及由此进入第二中间期，一直持续到公元前 1550 年。这是个混乱的时期，国家被外国统治者喜克索斯人（Hyksos，由埃及语 *heqau-khasut* 派生出的希腊语词，意思是"外国统治者"）接管。喜克索斯人在一定程度上吸收了埃及文化，但他们也引入了重大的技术发展，包括在战争中使用马拉战车。新的统治者在三角洲建立了阿瓦里斯城（Avaris，今泰勒达巴〔Tell el-Daba〕）作为他们的首都。公元前 1550 年左右，底比斯王族法老阿摩西斯成功驱逐了入侵者，重新征服了努比亚领土，重组了国家；他是第十八王朝的创始人，这标志着新王国时期的开始。

上页图　一个由 40 名彩绘木制努比亚弓箭手组成的连队，出自艾斯尤特地区（Assiut）的王族梅塞蒂之墓（Mesehti，约公元前 2000 年，第十一王朝，中王国时期）。他们的深色皮肤清楚地表明他们的努比亚血统。像这样的外国军队无疑是为了增援当地军队而招募的。这个时期缺乏强大的中央集权，许多地方自治政权发展起来，在这样政治不稳定的时期，军队尤其重要。（开罗博物馆）

下图　艾斯尤特的长矛兵带着皮盾和长矛气势汹汹地前进。他们的浅色皮肤表明这些是当地军队。与努比亚弓箭手（上页）在同一个墓穴中发现，两件物品都证明了将微型彩绘模型放置在墓穴中的做法在中王国早期时就已出现。这些模型或者有特定主题，或者描绘死者日常生活中的特定时刻。（开罗博物馆）

新王国时期和底比斯时代
（前 1550—前 1076）

上图 阿蒙诺菲斯三世也被称为"太阳法老"，他在位时间是公元前 1391—前 1353 年，当时正值第十八王朝鼎盛时期。这是一个因卓越的建筑进步和创新的雕塑风格而与众不同的时代，这种创新风格是受到东方影响的结果，可以看出这一时期雕塑更加灵活和自由。

下页图 这尊华丽的雕像是法老图特摩斯三世（第十八王朝，前 1479—前 1425 年在位），被认为是新王国时期雕像的杰作之一。1904 年，它在卡纳克神庙第七道**塔门**(pylon) 前庭院发现的秘窖中出土。图特摩斯三世是一名伟大的将领，他带领军队在叙利亚接连取得胜利，还扩展了埃及在南方的势力。他在南方的那帕塔建立了第二个首都，距第四瀑布不远。（卢克索博物馆）

随着阿摩西斯建立第十八王朝（约前 1550—前 1295 年），瓦塞特（Waset，其希腊名底比斯更为人所知）成为埃及的首都。正是在这一时期，卢克索神庙、卡纳克神庙以及王室墓地帝王谷和王后谷建造起来。在图特摩斯一世统治期间，埃及领土范围最大：北至幼发拉底河，南至第四瀑布。图特摩斯三世是埃及最伟大的统治者之一，他征战叙利亚（当时米坦尼王国在那里变得强大），但被迫割让幼发拉底河的部分领土。

图特摩斯还进攻努比亚，在那帕塔（Napata）建立首府。阿蒙诺菲斯二世继续与米坦尼王国作战，这场战争一直持续到图特摩斯四世统治时期——这位法老将吉萨大狮身人面像从吞没它的沙子中解放出来。阿蒙诺菲斯三世成功与巴比伦、叙利亚和米坦尼国王建立了外交关系。在他的统治下，艺术和建筑蓬勃发展起来。现在，他在尼罗河西岸底比斯的宏伟墓葬神庙已不复存在，只剩下两尊巨大的雕像，被称为曼农巨像。阿蒙诺菲斯四世将自己改名为埃赫那吞，他将传统宗教改为对单一神阿吞（"日轮"）的崇拜；还将首都从底比斯迁至他在埃及中部建立的新城市泰勒阿玛纳（即埃赫塔吞），并迎娶纳芙蒂蒂，将她立为王后。

埃赫那吞的儿子、年轻的法老图坦卡蒙七岁左右即位，十年后去世。在他统治期间，旧宗教

重新建立，首都迁到北方的孟菲斯——至今仍是埃及最重要的城市。在此期间，真正掌权的是祭司阿伊和霍朗赫布将军，阿伊在图坦卡蒙死后即位并统治了四年，霍朗赫布随后继承了阿伊的王位。霍朗赫布是第十八王朝的最后一位统治者；拉美西斯一世是第十九王朝的第一位法老。第十九王朝持续了大约一个世纪，从公元前1295年到公元前1188年。拉美西斯一世的儿子塞索斯一世对利比亚人、叙利亚人和赫梯人发动了战争。在塞索斯一世统治末期，他与儿子拉美西斯共治，拉美西斯后来成为法老拉美西斯二世。他继位后继续与赫梯人作战，并在叙利亚奥龙特斯河畔的卡迭石战役（前

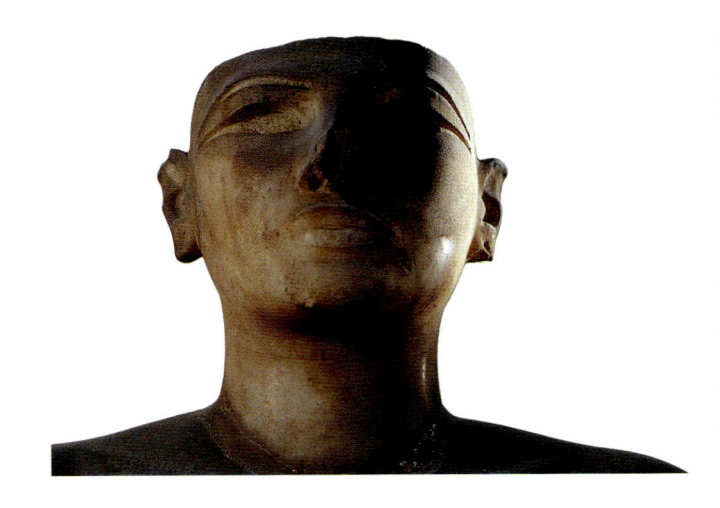

左图 拉美西斯二世的父亲,塞索斯一世继续致力于由法老霍朗赫布开始的复兴阿蒙崇拜的努力,因为阿蒙崇拜在阿玛纳时期短暂中断了。他还对叙利亚的赫梯人发动了一系列战争,并修建了许多宗教建筑,包括卡纳克神庙柱式大厅的一部分。(开罗博物馆)

下页图 阿布辛贝神庙前四个拉美西斯二世巨像之一的特写。他戴着仪式用的**神圣胡须 (divine beard)**,围着典型的内梅什巾冠。在他前额上的圣蛇**乌赖乌斯 (*uraeus*)** 是保护神,也是王室的象征。

1274)后与赫梯人签订了和平条约。拉美西斯在兴修土木方面成果颇丰。在他杰出的67年统治中,除了建造了数百尊雕像外,还建造了许多神庙(阿布辛贝神庙、孟菲斯神庙、布巴斯提斯神庙、阿比多斯神庙),扩建修缮了其他神庙(阿比多斯神庙、卡纳克神庙、卢克索神庙)。此外,拉美西斯还在三角洲喜克索斯人的前首都阿瓦里斯建立了一个新的首都,并将其命名为培尔 - 拉美西斯(Pi-Ramesses)。在他众多的配偶中,有两个最引人注目:一个是尼斐尔泰丽,她以在王后谷的陵墓和在阿布辛贝供奉她的神庙而闻名;另一个是伊塞 - 诺弗列特(Isis-Nofret),正是她生下了拉美西斯的继任者麦伦普塔赫,她的墓地地点不详。塞索斯二世继承了麦伦普塔赫的王位,接下来由一位女性统治了两年:塔乌斯里(Tawosre),塞索斯二世的遗孀。第二十王朝(约前1188年—前1076)由法老塞特纳赫特的短暂统治开始,接着就是拉美西斯三世的统治。而在他之后继任的法老都采用拉美西斯的本名,到拉美西斯十一世结束。拉美西斯三世建造了重要的神庙,包括哈布城的神庙,还成功地对利比亚人和"海上民族"发动了战争。

第二十王朝末期,中央权力减弱,卡纳克神庙的**阿蒙(Amun)**大祭司成为这片土地上最强大的人物之一。大祭司赫里霍尔(Herihor)甚至短暂掌握过王权。

63

第三中间期
（前1076—前712）

第二十王朝结束后是漫长且状况极其复杂的第三中间期，在此期间的某些时段有几个不同的王朝同时统治着这个国家。在距离历任拉美西斯法老首都不远的三角洲城市塔尼斯出现了一个新的塔尼斯王朝，即第二十一王朝，与底比斯的大祭司共享权力。埃及实际上再次分裂为两个王国，并失去对巴勒斯坦的控制，与此同时努比亚独立。

随后，一些利比亚血统的国王在三角洲东部建立了自己的势力（第二十二王朝），并变得非常强大。底比斯的重要性下降，埃及分裂为许多小国，任何地方军阀都可以自立为王，得到人民的拥护。

在第二十五王朝之前，各个王朝同时统治着埃及的不同地区。公元前724年至前712年间，地方的王族特弗纳赫特和波克霍利斯在西三角洲的塞易斯（今萨哈杰尔）实施统治（第二十四王朝或塞易斯王朝）。

此前，大约在公元前770年左右，库施王朝的国王卡施塔被公认为统治者，领地至少北至阿斯旺。他的继任者皮耶创建了第二十五王朝（努比亚王朝），接受了塞易斯的统治者的臣服。

法老时代的黄昏：晚王国时期
（前712—前332）

尽管战争不断，但这是个社会繁荣、文化发展的时代。新国王认为自己是第一代法老的合法继承人，他们努力保护和发扬他们的文化遗产。然而，接下来几个世纪埃及将不再独立。在努比亚统治下，埃及享受了一段富足的时光，再次成为大国，唯一的对手是亚述。在塞易斯的统治者的帮助下，亚述国王短暂地占领了这个国家。将近

一条制作精良的圣蛇乌赖乌斯，由纯金镶嵌光玉髓宝石和玻璃浆制成，被放在普苏森尼斯一世的继任者、法老阿蒙涅莫普（Amenemope）棺材中他前额上的重要位置。这具棺材 1940 年由皮埃尔·蒙特在塔尼斯发现。

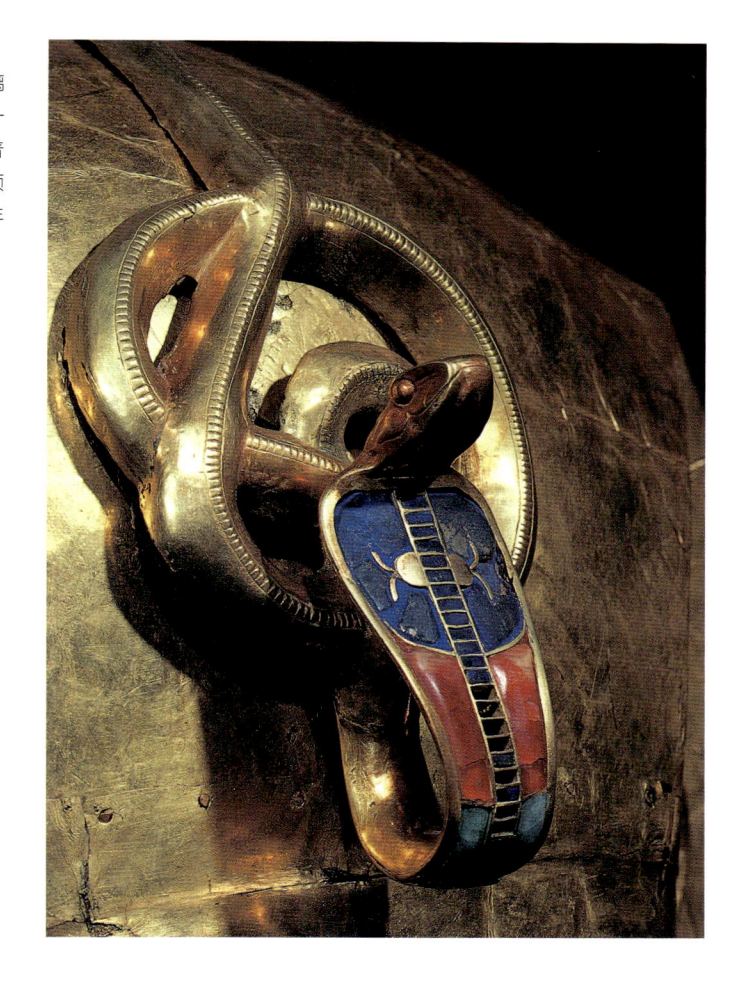

公元前 653 年时，普萨美提克一世（第二十六王朝）击败了亚述人，迫使较小的独立国家臣服，再次统一了埃及。第二十六王朝时（前 664—前 525），贸易，尤其是与希腊人的贸易蓬勃发展起来，埃及重返繁荣。

法老尼科开始修建一条从尼罗河到红海的运河，但该工程最终被放弃。公元前 525 年，法老普萨美提克三世被波斯国王冈比西斯击败，埃及成为波斯的一个行省，受制于波斯统治者：冈比西斯、大流士一世、薛西斯一世、阿尔塔薛西斯一世以及大流士二世。直到公元前 380 年左右，内克塔内布一世建立第三十王朝（约前 380—前 343），埃及才重新独立。这是埃及最后一个本土王朝。公元前 343 年，在阿尔塔薛西斯三世统治下，波斯人重新征服埃及，但统治只持续了十年，到公元前 332 年结束（第二段阿契美尼德王朝统治时期）。

西方与埃及的碰撞：
希腊 – 罗马时期
（前332—公元395）

在埃德夫荷鲁斯神庙的最深处，有一座花岗岩小圣祠——神龛或**内殿**（*naos*），曾经供奉着鹰头神的雕像。

公元前332年，亚历山大大帝胜利进入埃及，并被奉为神。然而，他的马其顿王朝只持续到公元前304年，托勒密将军就自封为法老托勒密一世·索特尔[1]，建立了托勒密王朝——这个王朝时盛时衰，一直持续到公元前30年埃及被纳入罗马帝国的统治之下。在托勒密十二世·尼奥斯·戴奥尼索斯（也称为托勒密·奥勒忒斯）统治期间，埃德夫神庙建造完成，丹德拉神庙动工。公元前48年，尤利乌斯·恺撒登陆埃及，保卫克利奥帕特拉七世。当时她被兄弟托勒密十三世·菲洛帕托废黜。

1　索特尔（Soter），意为救主。——编者注

后来，在公元前 31 年，为了追捕马克·安东尼（他那时是克利奥帕特拉的情人，已被元老院宣布为罗马人民的敌人），未来的奥古斯都皇帝屋大维抵达埃及。屋大维在亚克兴战役中击败了马克·安东尼，埃及成为罗马的一个行省。

罗马皇帝向埃及人民表示自己是法老的继任者。埃及宗教继续存在，传播到地中海地区的其他地区，甚至传到了罗马。公元 200 年左右，基督教开始流行，并在 379 年成为罗马帝国的国教。395 年埃及成为东罗马帝国的一部分，通常将这一年定为古代埃及的结束之年。

拜占庭时期
（395—640）

东罗马帝国过于衰弱，无法对其所有附属国进行有效控制，所以无法帮助埃及抵御入侵者——来自南部的努比亚人和来自西部的北非人，只能让埃及自行解决这个问题，直到 640 年由哈里发欧麦尔的副手阿慕尔·本·阿绥（Amr Ibn al-As）领导的阿拉伯人到来。

伊斯兰时期
（640—1517）

阿拉伯人将他们的宗教带到了埃及，但他们也允许一些宗教信仰自由。1171 年，库尔德血统的军阀萨拉丁废黜了法蒂玛王朝最后一位哈里发，采用苏丹称号，建立了阿尤布王朝（1171—1250 年），一系列哈里发统治的王朝（658—750 年的倭马亚王朝，750—868 年的阿拔斯王朝，868—905 年的突伦王朝，905—969 年的伊赫什德王朝，969—1171 年的法蒂玛王朝）就此结束。阿尤布王朝是中世纪埃及历史上最辉煌的时期。

1176 年，在十字军摧毁了开罗大部分地区后，萨拉丁开始修建城市的防御工事，建造了开罗大城堡区和城墙。为了保卫这座城市，他雇用了土耳其雇佣军马穆鲁克军队。该军队于1250年夺取政权，并统治了两个多世纪。

奥斯曼帝国时期
（1517—1798）

1517年，马穆鲁克王朝势力较弱，埃及并入奥斯曼土耳其帝国，由苏丹任命的帕夏管理。然而，奥斯曼帝国政府（"最高朴特"）迅速衰落，而马穆鲁克的政治势力重新崛起。为了有效地统治国家，历任帕夏被迫请求马穆鲁克军队的支持：中央集权的缺失严重影响了该国的政治和经济。

下页图 著名的丹德拉神庙黄道十二宫图，曾作为意大利旅行家吉罗拉莫·塞加托（Girolamo Segato）1837年的《下埃及和上埃及的不朽地图集》（*Atlante Monumentale del Basso e dell' Alto E-gitto*）中的插图。这幅黄道十二宫图画在位于神庙屋顶的东边的小圣堂之一的天花板上，在拿破仑远征埃及期间被移除并运往卢浮宫，现在在那里展出。

69

现代埃及诞生

1798年，拿破仑·波拿巴登陆埃及，此举旨在对抗地中海的英国势力。他在阿布基尔湾附近著名的金字塔战役中击败了马穆鲁克军队，但随后法国舰队被海军上将纳尔逊（Nelson）指挥的英国舰队摧毁。法国人发觉自己成了自己刚刚征服的土地上的囚犯。1801年，他们离开了埃及。

在这个战争频繁的混乱时期，阿尔巴尼亚军团的军官穆罕默德·阿里夺取了权力，并被奥斯曼苏丹任命为帕夏（1805年）。他消灭了该国境内的所有马穆鲁克势力，征服了苏丹、巴勒斯坦和叙利亚，并开始了庞大的埃及现代化工程。1848年，他的侄子阿拔斯继位，随后他的两个儿子赛义德（Said，1854—1863年在位）和伊斯梅尔（Ismail，1863—1879年在位）继位。

1867年，伊斯梅尔被任命为总督。1869年，正是在他执政期间，苏伊士运河开通。

然而，穆罕默德·阿里开始的现代化改革导致埃及背负了巨额外债。该国陷入了经济困境，被迫屈服于欧洲大国尤其是英国。

跨页图 阿布基尔战役，由路易·弗朗索瓦·勒热（Louis François Lejeune）绘制，现收藏于凡尔赛法国国家博物馆。1799年7月25日，拿破仑的军队在阿布基尔要塞附近击溃了土耳其士兵，这些士兵由英国人支持、穆斯塔法（Mustapha）帕夏指挥。尽管拿破仑的军队于1798年7月21日在著名的金字塔战役中取得胜利，但其舰队于8月1日在阿布基尔附近的一场大规模海战中被英国海军上将霍雷肖·纳尔逊指挥的英国军队击溃。因此，阿布基尔战役胜利的战略意义不大，法国军队成了它所征服领土的囚徒，1801年9月2日，梅努（Menou）将军被迫投降。

英国保护国
（1882—1922）

英国军事占领埃及后，恢复了埃及国内秩序，但国家的发展服从的是英国的经济利益。1918年，萨德·扎格卢勒（Saad Zaghlul）创建并领导了埃及第一个民众组织的民族主义政党华夫脱党，要求埃及独立。英国拒绝了这一要求，引起了叛乱，到1922年，英国被迫承认埃及独立。

埃及王国
（1922—1952）

艾哈迈德·福阿德（Ahmed Fuad）帕夏，或称国王福阿德一世拟定了埃及的第一部宪法，将该国确立为议会君主制国家。在他的儿子法鲁克（Farouk）统治期间，埃及于1937年成为国际联盟成员。第二次世界大战后，在这个因通货膨胀和失业而陷入贫困并受到严重内乱问题困扰的国家，一位名叫贾迈勒·阿卜杜勒·纳赛尔（Gamel Abdel Nasser）的埃及军官权力越来越大，并于1952年迫使法鲁克退位。

上图 开罗穆罕默德·阿里清真寺的宣礼塔耸立在开罗大城堡区之上，这座雄伟的堡垒占据了整个城市。这座清真寺1824年动工，1857年赛义德统治期间竣工。这是座奥斯曼风格建筑，让人想起伊斯坦布尔的大清真寺。

下图 穆罕默德·阿里被认为是现代埃及的创始人。在拿破仑远征埃及期间，这位出生于阿尔巴尼亚的军官被君士坦丁堡的苏丹派往埃及，后来成功地成为帕夏。他以和解晚宴为借口邀请马穆鲁克军队首领进入开罗大城堡区，并将他们全部屠杀，此后穆罕默德·阿里成为埃及的最高统治者。在他统治期间，由于他发展棉花种植园的政策，国家繁荣，军事实力和国际影响力也在增长。

阿拉伯埃及共和国

　　1953年6月18日，埃及宣布成为共和国。纳赛尔被任命为首相，而后成为总统。在外交政策方面，纳赛尔远离西方强国，将目光看向当时的苏联和中华人民共和国。1956年，他宣布苏伊士运河为埃及所有，并将由此所得的税收用于修建阿斯旺大坝。纳赛尔接受了泛阿拉伯主义思想，并于1958年与也门和叙利亚共同建立了阿拉伯联合共和国（阿联），阿联一直持续到1961年。经过1967年与以色列的战争后，埃及失去了西奈半岛，同时因为苏伊士运河无法通行，也失去了通过运河船只的税收。纳赛尔同意承认以色列国独立，以换取被占领地区回归。纳赛尔1970年去世，其副总统安瓦尔·萨达特（Anwar al-Sadat）继任总统。在1973年对以色列进行闪电袭击后，萨达特推行了自由主义的国内政策，并寻求与西方建立更密切的联系。在担任总统期间的1979年3月，他签署了《戴维营协议》，建立了埃及与以色列的联系，其影响之一是埃及与其他阿拉伯国家关系恶化。萨达特于1981年10月6日被暗杀，胡斯尼·穆巴拉克（Hosni Mubarak）继任总统。

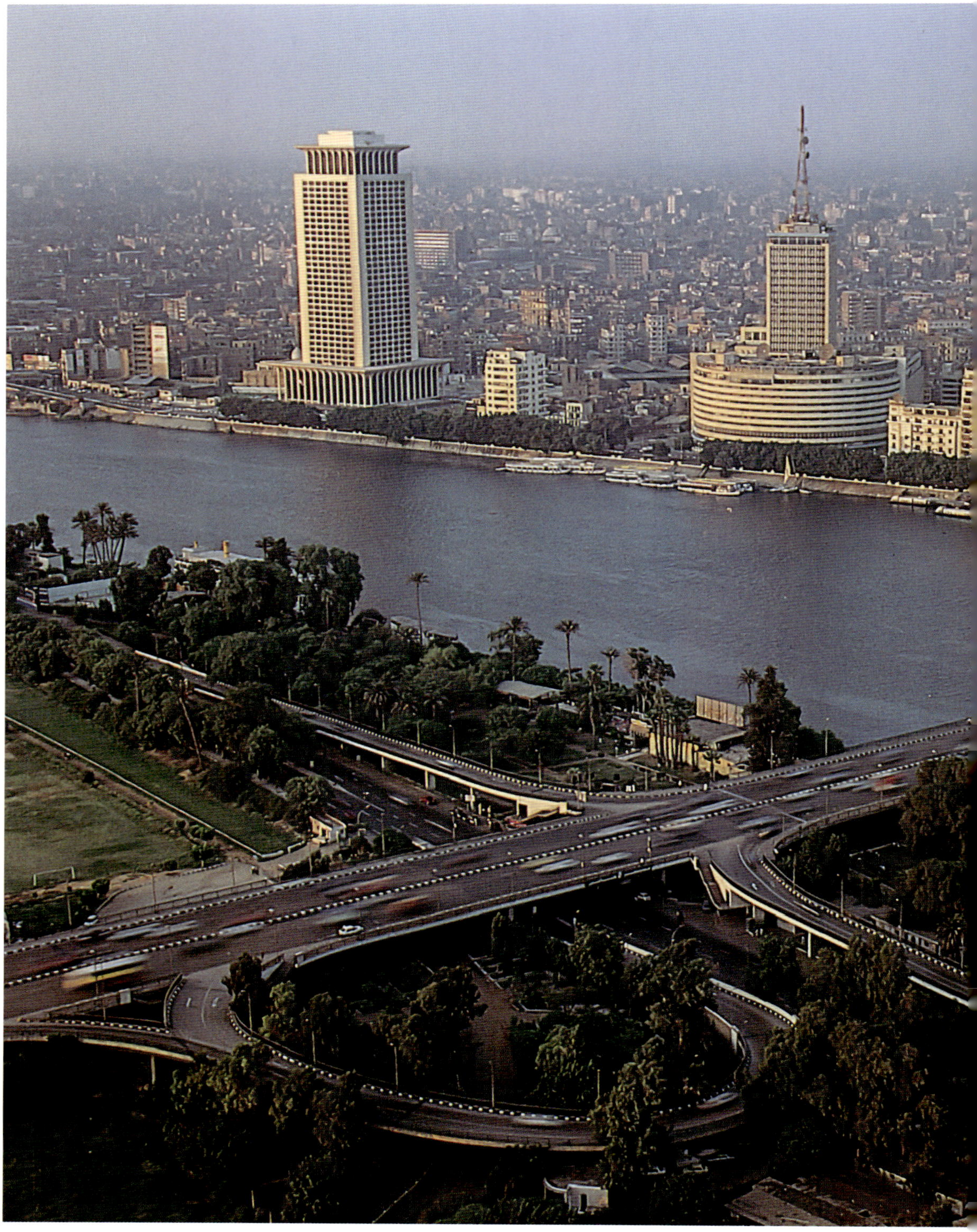

跨页图　现代开罗城市风景摄影，图中是连接城市东西两部分与两大岛屿——北边的杰济拉（Gezira）岛和南边的罗达（Roda）岛——的众多桥梁之一，开罗的西区建在开罗大城堡区和穆卡塔姆山脚下。开罗常住人口1400万，是世界上最大的城市之一，且人口数量还在快速增长中。

旅行与旅行者
以及 20 世纪下半叶新发现

重新发现埃及	78	马里埃特、马斯伯乐和斯基亚帕雷利的重大发现	106
乔瓦尼·巴蒂斯塔·贝尔佐尼，帕多瓦巨人	84	霍华德·卡特和世纪大发现	109
吉罗拉莫·塞加托，绘图师及地理学家	88	最新发现：拉神之船	122
让·弗朗索瓦·商博良，古埃及的发声人	92	隐藏的卢克索雕像、梅里塔蒙公主和杜什之宝	125
伊波利托·罗塞里尼，第一位意大利埃及学家	96	塞加拉、法尤姆和三角洲地区的最新发现	128
大卫·罗伯茨，尼罗河上的画家	98		

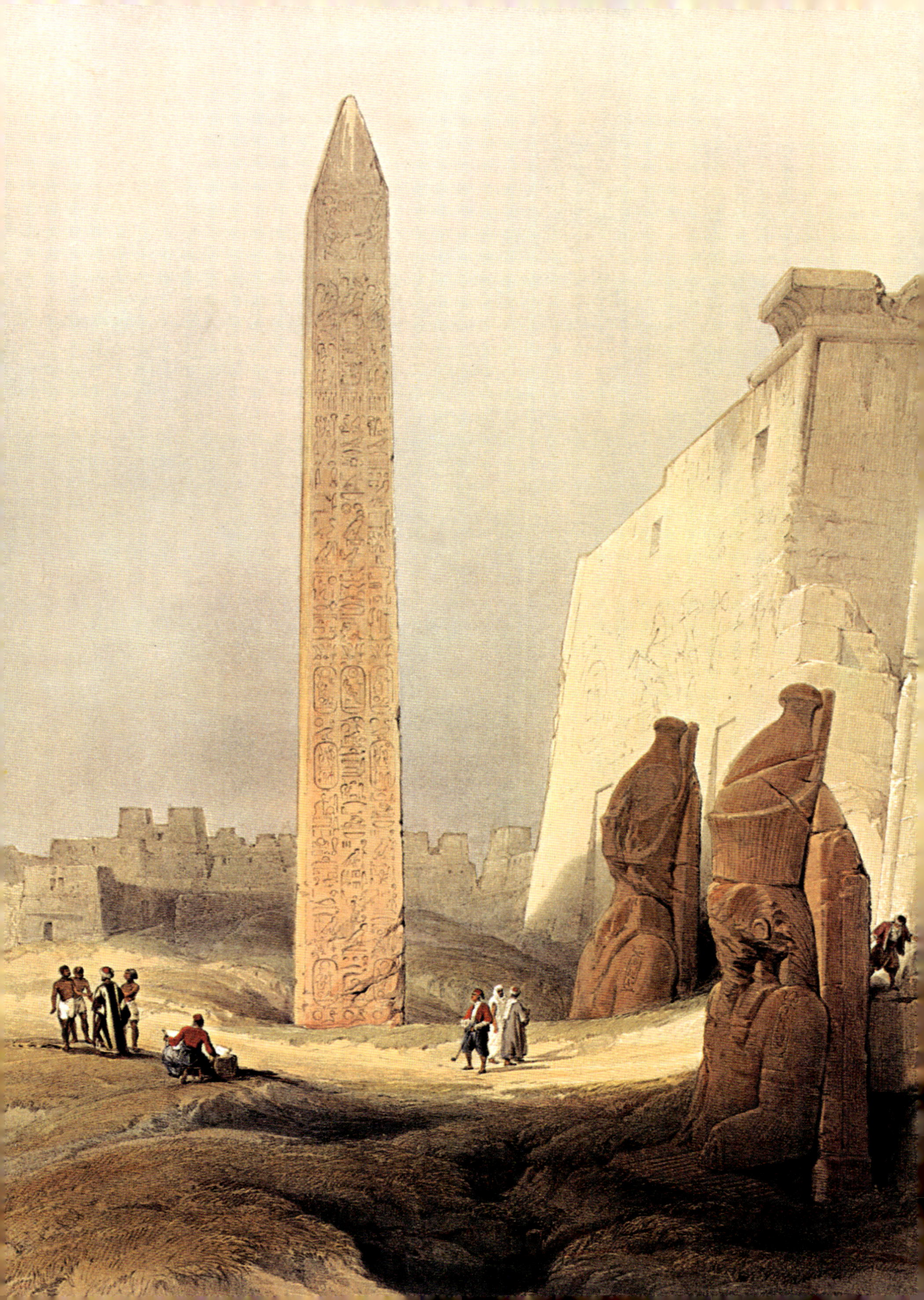

重新发现埃及

公元前 450 年左右，希腊历史学家希罗多德访问了埃及，并撰写了一份关于该国的记录，十分准确地描述了其传统、习俗和宗教信仰。几个世纪后的公元前 57 年，历史学家狄奥多罗斯·西库卢斯也访问了埃及，并撰写了一本埃及历史概览。公元前 30 年，罗马地理学家斯特拉波沿着尼罗河逆流而上，航行远至第一瀑布，并在《地理志》(*Geographica*) 中单列一卷描述这片土地。1 世纪，普鲁塔克前往埃及探究其宗教信仰，他在著作《关于伊西德和奥西里德》(*De Iside et Osiride*) 中对此进行了描述。埃及及其非凡的古迹随后在西方陷入默默无闻的境地。

那些与西亚人打交道时访问埃及的游客和商人（通常是威尼斯人）从未到过开罗以南的地方。直到 1589 年才有一位商人（被称为不知名的威尼斯人〔Anonimo Veneziano〕）沿着尼罗河逆流航行远至底比斯，并撰写了现存最早的欧洲人旅行上埃及的记录。1638 年，英国天文学家约翰·格里夫斯（John Greaves）参观了吉萨的金字塔，并第一次精确测量了这些金字塔，结果记录在他的著作《金字塔探源》(*Pyramidographia*) 中。几年后，1672 年，多明我会修士 J.B. 范斯莱布（J.B. Vansleb）记述了安提诺厄（安提诺波利斯）的废墟，罗马皇帝哈德良为纪念在尼罗河中溺亡的年轻男宠安提诺斯而建造了这座城市。1708 年至 1726 年间，法国耶稣会士克劳德·西卡德（Claude Sicard）五次前往上埃及，绘制了第一张埃及学术地图，标明了主要古迹以及古城的真实或推测的位置。

右图 在1459年卡玛尔迪的弗拉·毛罗（Fra Mauro Camaldolese）绘制的《世界地图》（Mappamondo）中，由于这位制图的修士给他的地图指定了以北为下，因此地中海出现在地图底部，而尼罗河则被绘制得十分花哨，蜿蜒穿过这个国家。（威尼斯，马尔恰纳图书馆）

下页图 巴蒂斯塔·阿涅塞斯（Battista Agnese）1554年的《航海图》（Nautical Atlas）绘制了尼罗河的流向和红海。图中的尼罗河是按照亚历山大港地理学家克劳迪乌斯·托勒梅乌斯（Claudius Ptolomaeus，通常被称为托勒密）提出的经典路线绘制的，图中还绘制了两个作为南部水源地的山泉盆地。图中沿着河道标明了麦罗埃（Meroë）、那帕塔和赛伊尼等城市，向北可以看到开罗和亚历山大港。（威尼斯，马尔恰纳图书馆）

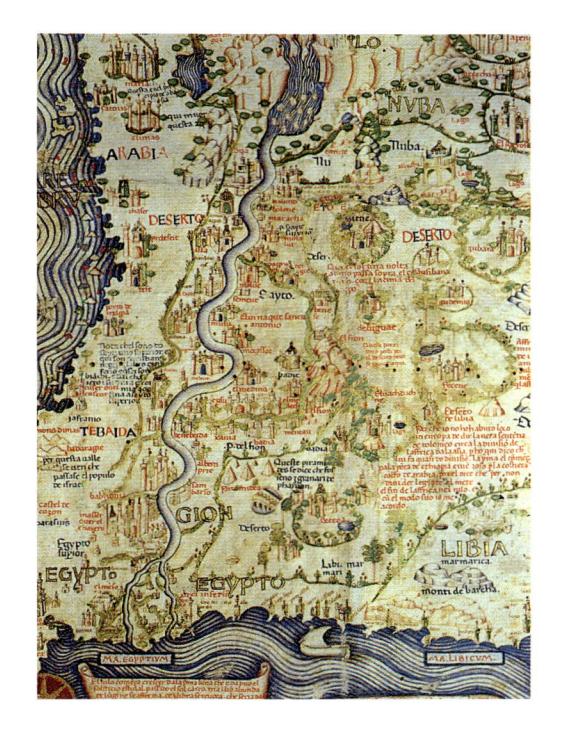

　　1735年，另一位法国人伯努瓦·德·马耶（Benoît de Maillet）发表了对埃及的详尽描述，其中包括相当准确的胡夫金字塔横截面图。三年后，即1738年，丹麦国王克里斯蒂安六世派弗雷德里克·路德维希·诺登（Frederik Ludwig Norden）船长前往埃及，为该国撰写一份完整报告。1760年，帕多瓦植物学家维塔利亚诺·多纳蒂（Vitaliano Donati）探索了阿斯旺和第一瀑布以南的地方。大约在同一时间，1766年，让－巴蒂斯特·布吉尼翁·德安维尔（Jean Baptiste Bourguignon d'Anville）出版了一张埃及地图，大多数后来的探险家都使用过该地图。

　　1768年，英国旅行家詹姆斯·布鲁斯（James Bruce）访问了卢克索和卡纳克，在帝王谷发现了拉美西斯三世的陵墓（也被称为"布鲁斯墓"或"哈珀墓"）。对埃及古迹最详尽的研究来自拿破仑·波拿巴的伟大远征，1798年，陪同拿破仑和他的军队前往埃及的多米尼克·维万特·德农（Dominique Vivant Denon）和多个学者团队漫游了整个国家，记录和绘制他们遇到的一切。1809年，他们的作品集成《埃及记述》（Description de l'Égypte）出版，这部鸿篇巨制有9卷文字和11卷插图，包括大约200位艺术家的3000多幅画作。

　　古埃及的遗址虽然写满了文字，但仍不为欧洲人所理解。尽管多次尝试，但破译法老的文字似乎毫无可能。1799年拿破仑的埃及远征即将结束时，一位名叫布夏贺（Bouchard）的军官偶然在三角洲的罗塞塔遇到了一块**碑 (stela)**，这块石碑几年后被

damascus
hierusalem
alexandria
babilonia
cairo

AEGYP
TIVS

alto porto d'soldan

ARA

mecha

zidem

siene

napata
regia

REGINA CAD
ACES
AETHYOPIA
SVB AEGYPTO
meroe
regia

REGINA
AVSTRIA

meroe regio et saba hodie
dicitur in qua divum mat theu
euangeliu predicasse feruit
haec iosepho teste est illa
saba inde ad salamone
profecta est regina

PRETE IAN

coloa ciuitas

证明是解决问题的关键。其他重大发现也在进行中：1813 年，瑞士东方学家约翰·路德维希·布克哈特（Johann Ludwig Burckhardt）偶然发现了阿布辛贝神庙；1815 年，帕多瓦探险家乔瓦尼·巴蒂斯塔·贝尔佐尼（Giovanni Battista Belzoni）登陆埃及，1816 年至 1818 年间，他取得了一系列非凡的成就，其中包括打开阿布辛贝神庙、发现塞索斯一世的陵墓和齐夫林金字塔的入口。同样在 1818 年，另一位意大利人吉罗拉莫·塞加托来到埃及。他找到了塞加拉的左塞尔阶梯金字塔的入口，并将上埃及和努比亚的广阔领土绘制成地图，范围一直延伸到锡瓦绿洲。与此同时，一位当时名不见经传的法兰西学者致力于研究布夏贺在罗塞塔发现的那块带有三种铭文的石碑。

这位年轻的学者名叫让·弗朗索瓦·商博良。1822 年，他向世界宣布自己破译了圣书字，震惊全球。1828 年，在得意门生伊波利托·罗塞里尼的协助下，他组织了法兰西和托斯卡纳联合考察队（Franco-Tuscan Expedition）。这次考察的目的是通过现场破译新的碑文来检验他的推论是否正确。现代埃及学就此诞生。

1838 年，苏格兰画家大卫·罗伯茨沿着尼罗河逆流而上，系统地为古埃及遗址画了素描。大多数欧洲人正是通过他的画作熟悉了古埃及的遗迹。普鲁士人理查德·莱普修斯（Richard Lepsius）继续进行商博良的科考工作。1842 年，他组织了一支考察队，沿着尼罗河逆流而上，航行到麦罗埃，后来发表了他的重要著作《埃及和埃塞俄比亚的古迹》（Denkmäler aus Ägypten und Äthiopien）。

1858 年，法兰西考古学家奥古斯特·马里埃特成立了埃及文物局和开罗埃及博物馆。但他最重要的成就在塞加拉，在那里他发现了公牛神**阿匹斯（Apis）**的地下墓穴，即塞拉比尤姆神庙。在吉萨，马里埃特发现了宏伟的齐夫林金字塔的河谷神庙，那里有许多雕像，其中最著名的是这位法老坐在王座上的闪长岩等身雕像。马里埃特的继任者加斯顿·马斯伯乐（Gaston Maspero）继续他的工作。1881 年，市场上突然出现大量高质量文物，马斯伯乐因此产生怀疑，因为这些物品无疑来自王室陵墓，他成功追查到了一伙卢克索地区的盗墓贼。他的侦探工作让著名的代尔巴哈里秘窖得以见光，它隐藏在悬崖边狭窄裂缝中的陵墓中，距离同名神庙不远。第二十一王朝的祭司对盗贼一再抢劫王室陵墓感到惊慌，于是他们将埃及最重要的法老的**木乃伊(mummy)**安放在这里，包括阿蒙诺菲斯一世、图特摩斯三世、拉美西斯二世和塞索斯一世。

1880 年，英国埃及学家威廉·马修·弗林德斯·皮特里爵士（Sir William Matthew Flinders Petrie）来到埃及。多年来，他主要在上埃及进行了重要的挖掘工作，在那里他发现了伟大的前王朝时期的涅伽达墓地和阿比多斯的王室陵墓，其中包含第一王朝国王的墓葬。

左图 拿破仑远征埃及（图中他即将带领军队登陆埃及），使欧洲在19世纪初重新发现法老的文明。

下页图 图中，随拿破仑远征埃及的科学家正在测量吉萨大狮身人面像，他们第一次系统地研究、记录、描述并分析了埃及的所有重要遗迹。

20世纪初，1904年时，马斯伯乐的弟子、意大利人埃内斯托·斯基亚帕雷利（Ernesto Schiaparelli）建立了意大利考古团。在长达20年的挖掘工作中，他发现了众多墓葬，其中最著名的是尼斐尔泰丽的墓葬。

也许最伟大的考古发现发生在1922年，当时英国考古学家霍华德·卡特（Howard Carter）发现了鲜为人知的法老图坦卡蒙的坟墓，几乎完好无损。但惊喜并没有就此结束，不到20年后，一位法兰西考古学家有了新发现，这是唯一一个可以与图坦卡蒙墓相媲美的发现。

1939年，埃及学家皮埃尔·蒙特在三角洲东部的桑哈杰尔（San el-Hagar）工作，那里是塔尼斯古城的所在地。在这里，他发现了几乎完好无损的第二十一和第二十二

王朝法老的陵墓，在那期间，这座城市是埃及的首都，有时也被称为"北方的底比斯"。法老普苏森尼斯一世墓出土的大量随葬品，包括精美的珠宝、金银瓶饰、金面具和稀有的银棺，展示了极高的艺术水准和工艺水平。

除了这座法老陵墓，蒙特还发现了其他四座陵墓，这些陵墓分别属于奥索尔孔二世、阿蒙涅莫普（普苏森尼斯的儿子和继任者）、安德鲍恩（Undebaunded）将军，以及被称为舍顺克二世的赫卡凯普拉·舍顺克（Heka-kheper-re Sheshonq）国王。

塔尼斯王室墓地及其丰富宝藏的发现标志着20世纪上半叶埃及学史上一个时代的结束，这个时代始于斯基亚帕雷利和卡特的发现。但是埃及还有更多秘密如今仍在发掘中。

乔瓦尼·巴蒂斯塔·贝尔佐尼，帕多瓦巨人

上图 尽管希腊历史学家希罗多德明确指出，吉萨的第二座金字塔即齐夫林金字塔没有内室，但帕多瓦旅行家贝尔佐尼不接受这一点，并经过细致的艰苦探索之后，在1818年3月2日成功地找到了通往墓室的墓道入口。当贝尔佐尼发现金字塔已经被掠夺时，他感到非常失望。他在金字塔内发现的唯一物品是一个普通的石棺，没有任何装饰或铭文。

下图 图中的人在拆除和运输拉美西斯二世的巨大头像之一，它曾经矗立在底比斯西部的法老祭庙拉美西姆中。这是贝尔佐尼在埃及的第一项浩大工程，于1816年结束。此前，拿破仑军队曾试图将头颅移开，但未成功。经过几天的艰苦努力，贝尔佐尼成功地将雕像运到尼罗河上，将它装到一艘船上运到伦敦的大英博物馆，至今仍然保存在那里。

1778年11月5日，乔瓦尼·巴蒂斯塔·贝尔佐尼出生于帕多瓦（意大利）。1803年他抵达英格兰，在那里生活了七年，最终获得了英国公民身份。为了谋生，贝尔佐尼以"巴塔哥尼亚力士参孙"的身份登上舞台，凭借他魁梧的身材和赫拉克勒斯一般的巨大力量，一次性举起铁架上的十多个人。

乔瓦尼·巴蒂斯塔·贝尔佐尼，1778年出生于意大利帕多瓦，1815年至1819年在埃及工作。在这几年中，他的名字与埃及最重要的遗迹联系在一起，包括成功进入阿布辛贝神庙和齐夫林金字塔，并在帝王谷发现了法老塞索斯一世的陵墓。作为英国领事亨利·萨尔特的代表，他的这些发现是伦敦大英博物馆埃及古物收藏的重要组成部分。

1815年，贝尔佐尼结束巡回演出（经过西班牙、葡萄牙和西西里王国）返回马耳他，遇见了埃及帕夏的使者伊斯梅尔·直布罗陀（Ishmael Gibraltar），当时他正在开展一系列土地开垦计划和灌溉项目。受过水利工程师培训的贝尔佐尼为他提供了帮助，就这样，这位帕多瓦杂耍演员、发明家启程前往埃及。到达那里经过多次尝试后，他向帕夏展示了他自己发明的一种用于灌溉耕地的水车。

不幸的是，他展示该设备的过程中发生了意外，再加上王室的反对（有人说服穆罕默德·阿里帕夏拒绝采用这种新机器），贝尔佐尼失业了。就在这时，他结识了英国新任总领事亨利·萨尔特（Henry Salt）。和当时的其他外交官一样，萨尔特也忙于为本国的国家博物馆收集文物。贝尔佐尼自告奋勇从底比斯的拉美西斯二世的祭庙拉美西姆祭庙（当时称为曼农神庙）运输重达7吨的拉美西斯二世花岗岩半身巨像，这项工作超出了拿破仑远征部队的能力。萨尔特接受了他的提议，1816年6月30日，贝尔佐尼从开罗河港布拉克乘船前往底比斯，开始了他在埃及的第一次奇妙探险。

到达底比斯后，他成功招募了大约80名当地人，并仅靠杠杆、滑轮和海枣树叶制成的绳索，在7月27日开始了这项艰巨的工程。1816年8月12日，被称为"年轻的曼农"

的半身像矗立在尼罗河畔。这座半身像被吊上一艘前往开罗的船，然后前往亚历山大港，最终被送往伦敦，放置在大英博物馆的埃及展厅中，如今依然在那里。

次年回到开罗后，贝尔佐尼第二次前往上埃及，目的是将阿布辛贝神庙从几乎覆盖它的沙子中解脱出来。四年前，瑞士东方学家、旅行家约翰·路德维希·布克哈特发现了阿布辛贝神庙，但贝尔佐尼希望成为第一个进入其内部的人。贝尔佐尼再次成功，并于1817年8月1日进入这座遗迹内部。回到底比斯后，贝尔佐尼决定接下来要开始在帝王谷进行研究，1817年10月18日，他偶然发现了一座陵墓，这座陵墓而后被证明是埃及有史以来发现的最好、最大的陵墓之一：塞索斯一世的陵墓，也被称为"贝尔佐尼墓"。

贝尔佐尼当然看不懂圣书字，他认为这座坟墓归一位名叫萨马蒂斯（Samathis）的法老所有，坟墓上装饰着非常精美的画作和非凡的浮雕，墓室中矗立着一尊精美的雪花石石棺，后被带走运往英国。贝尔佐尼再次回到开罗，他接下来对吉萨的大金字塔产生了兴趣，特别是齐夫林金字塔，根据希罗多德的说法，它没有内室。在与奇阿普斯金字塔进行了多次比较观察后，1818年3月2日，贝尔佐尼发现了进入这座遗迹的墓道入口——由此，古代世界的奇迹之一终于揭开了神秘的面纱。同年，完成穿越阿拉伯沙漠和红海沿岸的旅程后，他发现了托勒密二世·费拉德尔甫斯建造的贝勒尼斯港古城遗址。接下来的一年，他在考察利比亚沙漠时到达了古老的朱庇特·阿蒙（Jupiter Ammon）绿洲，亚历山大大帝曾到这里咨询过阿蒙的神谕。在这次旅行中，贝尔佐尼

下图 法老墓中彩绘浮雕的临摹复制品，图中塞索斯一世站在女神哈索尔面前。这幅临摹复制品由亚历山德罗·里奇（Alessandro Ricci）制作，他是一位出色的绘图师，也是与贝尔佐尼同行的探险家。这幅画是在贝尔佐尼发现陵墓后立即制作的，贝尔佐尼本人几乎为塞索斯一世的整个陵墓制作了石膏模型和实物同尺寸的图画；后来，他在伦敦向公众展示了这些作品，该展览大受欢迎。贝尔佐尼从未试图移除任何壁画，他所做的顶多就是拿走国王的雪花石石棺。图中展示的浅浮雕以及另一个类似的浮雕实际上是后来1828年时被让·弗朗索瓦·商博良和伊波利托·罗塞里尼带领的法兰西和托斯卡纳联合考察队移除的。

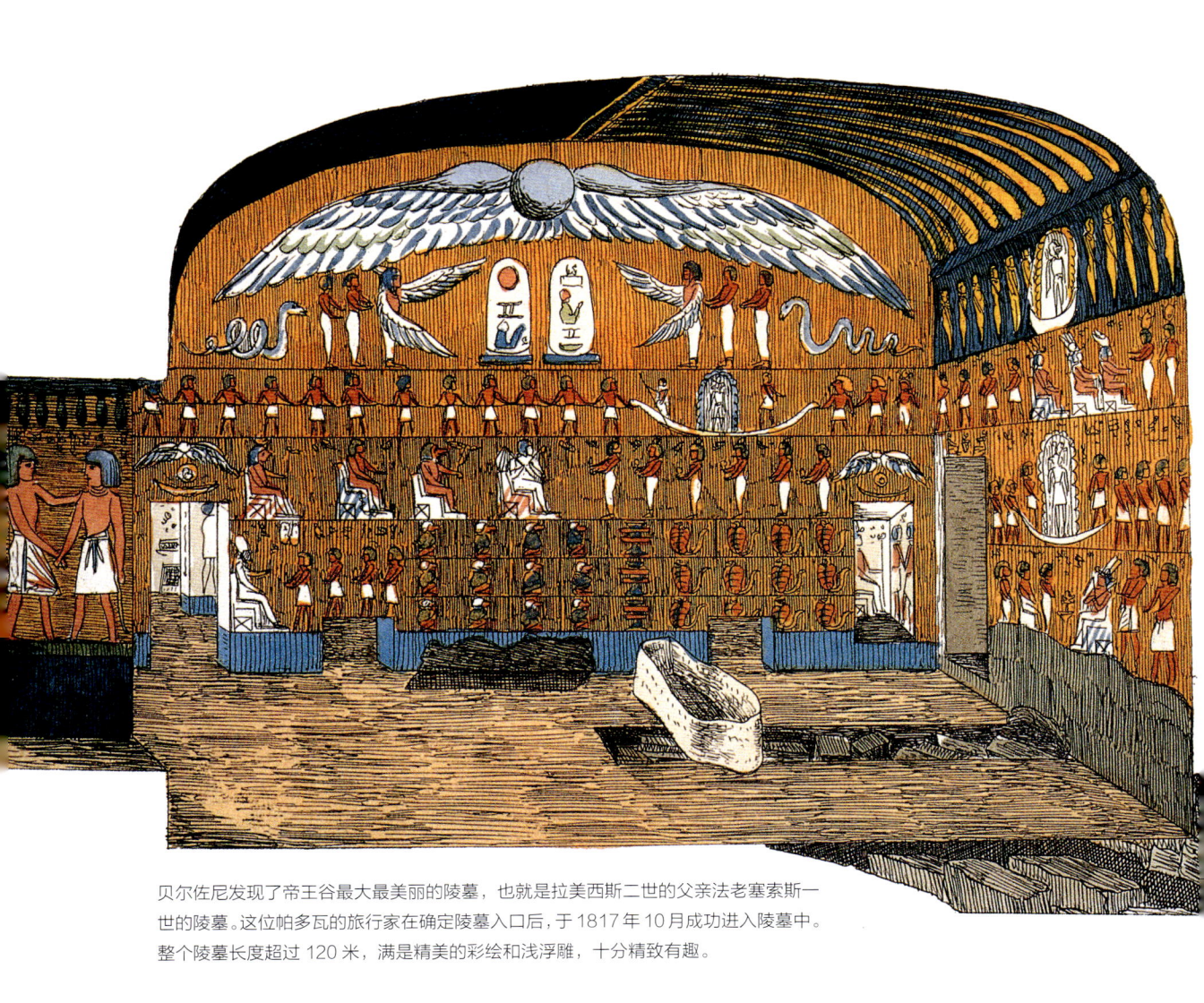

贝尔佐尼发现了帝王谷最大最美丽的陵墓，也就是拉美西斯二世的父亲法老塞索斯一世的陵墓。这位帕多瓦的旅行家在确定陵墓入口后，于 1817 年 10 月成功进入陵墓中。整个陵墓长度超过 120 米，满是精美的彩绘和浅浮雕，十分精致有趣。

成为第一个访问巴哈利亚绿洲的欧洲人。这位伟大的探险家随后乘船返回欧洲，这是他与埃及的永别。无论在他生前还是死后，贝尔佐尼都有许多反对者。许多人批评他行动马虎，却忘记了当时在埃及的那些人不是考古学家，而是收集文物的人，他们唯一的目的不是研究埃及文明，而是收集文物。

不过，最客观公正的评价来自伦敦埃及勘探团队出版的《埃及学家》(*Who Was Who in Egyptology*)："不能用后来挖掘者的标准来评判他，比如皮特里爵士或者马里埃特的标准，而必须在当时还未破译（圣书字）的背景下看待他；他的职业生涯开始时，他与当时其他人相差无几，但后来他改进了技术并拓展了知识，超越了一般水平。"

吉罗拉莫·塞加托，绘图师及地理学家

他到埃及来可以说是出于偶然，那个时代的许多旅行家都是如此。和贝尔佐尼一样，塞加托立即被待探索的古老法老世界深深吸引。

但他一开始并没有致力于寻找文物，而是投身于地形学，为穆罕默德·阿里的儿子赫迪夫·伊斯梅尔（Khedive Ismail）绘制开罗地图和地形图。他时不时对城市不远处法老建造的伟大遗迹产生兴趣，尤其是在塞加拉和阿布西尔地区的遗迹。然后，在1820年，塞加托加入了由穆罕默德·阿里的另一个儿子易卜拉欣帕夏率领的伟大军事远征，在苏丹东部的森纳尔（Sennar）附近。塞加托比远征队提前一步出发，于5月6日离开开罗，5月17日抵达阿斯旺。一个月后，这位意大利旅行家来到位于瓦迪哈勒法（Wadi Halfa）的第二瀑布，他从这里出发前往阿拉伯沙漠，可能是因为一些尚不为人知的阴谋，他被排除在前往森纳尔的远征之外。

在向南走了一段时间，经过第五瀑布到达萨瓦金（Suakin）后，塞加托于11月29日返回开罗，他顺着尼罗河航行，在路经重要的考古遗址时做短暂停留。当塞加托筋疲力尽地回到开罗时，他也已经积累了大量的图表和图纸。次年，塞加托又进行了一次重大征程，随普鲁士男爵冯·米努托利（von Minutoli）探索尼罗河以西的利比亚沙漠，一路抵达遥远的锡瓦绿洲，即朱庇特·阿蒙绿洲，著名的"太阳之泉"就坐落于此，古典作家曾提到它具有白天出冷水、晚上出热水的显著特性。

塞加托再次回到开罗，致力于探索塞加拉的古迹区，尤其是阶梯金字塔。塞加拉的阶梯金字塔是埃及

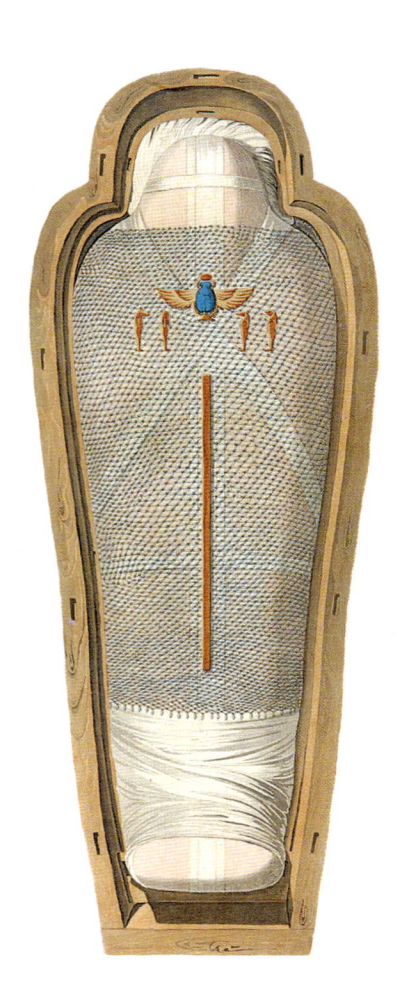

上图 木乃伊和**护身符**（amulets），吉罗拉莫·塞加托绘。有翼**圣甲虫**（scarab）是太阳神的象征，荷鲁斯的四个儿子守护着木乃伊的内脏。（来自《下埃及和上埃及的遗迹地图集》）

下埃及曼索拉（el-Mansura）的景色。吉罗拉莫·塞加托《埃及随笔：图画、地理、统计和人口》中的原画。（意大利贝卢诺市民博物馆）

建造的第一个此类墓葬建筑，可追溯到法老左塞尔统治时期。就像贝尔佐尼发现齐夫林金字塔的入口一样，塞加托希望找到左塞尔金字塔的入口，揭示其长久以来的秘密。竖井的发现将塞加托带到了金字塔的主入口，入口埋在大约15米深的沙子下。清理入口后，塞加托进入了金字塔，他是现代第一个这样做的人。不幸的是，和所有大金字塔的情况一样，他发现盗墓者比他早了数千年。

成功探索这座遗迹后，他继续担任绘图师，并于1822年4月准确地绘制了两个**腕尺（cubit，古埃及人的基本度量单位）**量具，一个由尼佐利发现，另一个由法兰西领事德罗维蒂发现。这是塞加托考古工作的最后记录，看来他在埃及逗留的最后一段时间是在其他研究领域度过的，可能与植物学、化学，以及木乃伊制作和石化有关，在他1823年4月回到意大利后的后半生中，这些研究都起到了重要作用。塞加托将他的古董收藏品装在90个箱子中并装载到一艘前往柏林的船上，这些收藏品和这艘船一起在海上丢失了，塞加托十分伤心，于是搬到了佛罗伦萨。1827年，他出版了一部作品，或者至少是第一卷，名为《埃及随笔：图画、地理、统计和人口》（*Saggi pittorici, geografici, statistici e catastali dell'Egitto*）。1833年，他开始准备第二本作品《下埃及和上埃及的遗迹地图集》（*Atlante Monumentale dell'Alto e del Basso Egitto*），他去世一年后于1837年出版。

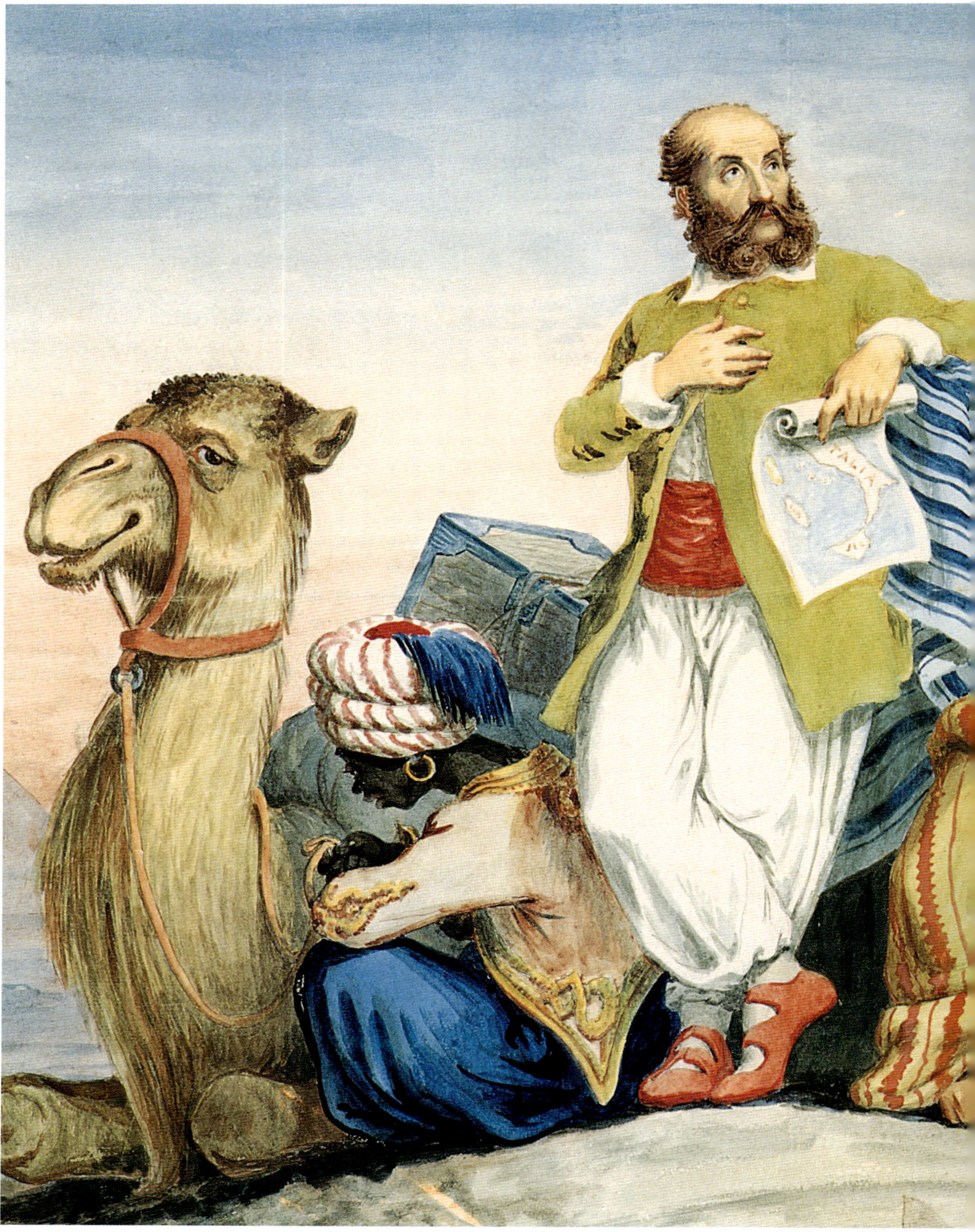

意大利旅行家、制图师吉罗拉莫·塞加托，他 1818 年到 1823 年在埃及工作，在全国各地完成了大量素描和图纸，并作为易卜拉欣帕夏的随行人员参加远征前往森纳尔（苏丹），还到过利比亚沙漠中的锡瓦绿洲。他发现了塞加拉阶梯金字塔的入口，还完成了有关这座遗迹的第一份科学文献。（意大利贝卢诺市民博物馆）

让·弗朗索瓦·商博良，古埃及的发声人

左图 年轻时的让·弗朗索瓦·商博良，1831年莱昂·科涅特（Léon Cogniet）绘。1808年，商博良18岁，开始研究罗塞塔石碑上三种文字的文本，最终经过14年的研究后在1822年揭开圣书字的奥秘。

下页图 由商博良率领的法兰西和托斯卡纳联合考察队成员站在卡纳克神庙的废墟中，画家朱塞佩·安杰莱利（Giuseppe Angelelli）绘。中间坐着圣书字的"破译大师"商博良，他留着胡子，穿着东方风格的衣服。站在他旁边的是比萨学者伊波利托·罗塞里尼，他的弟子和合作者。（佛罗伦萨国家考古博物馆）

  1808年，法兰西学者让·弗朗索瓦·商博良开始研究罗塞塔石碑，这座石碑1799年在尼罗河三角洲的罗塞塔小镇附近被发现，石碑上刻有同一文本的三个不同版本：两个古埃及文字版本（一种是古埃及圣书体，一种是古埃及世俗体），第三种是古希腊字母版本。让·弗朗索瓦·商博良1790年出生于法国的菲雅克（Figeac），他很快就在格勒诺布尔高级中学和巴黎的法兰西学院和东方语言实践学院专心研究语言和东方。他精通多种不同语言（他会讲大约十种语言），尤其是科普特语，这对他的研究很有帮助。

  早在18岁时，年轻的商博良就被任命为格勒诺布尔大学的教授，随后他花了14年时间研究古埃及人的书写系统：圣书字。一个多世纪以来，学者们一直在费尽周章试图破译圣书字这种晦涩难懂的密码。商博良的破译方法基于三个基本、敏锐的直觉：第一，大众熟知的科普特语代表着古埃及语言的最后阶段；第二，圣书字具有双重意义，既可以作为表意符号，也可以作为表音符号；第三，王名圈中圈起来的圣书字是法老名字的注音文字。

因此，他假设每个圣书字符号可能都对应字母表中的一个字母，并且从罗塞塔石碑的希腊文本中知道石碑上的法老是托勒密，成功地破译了可以转录为"托勒密"这个名字的符号。1821年，他在分析贝尔佐尼在菲莱岛上发现并被运往英国的方尖碑上的双语文本（圣书字和希腊字母）时，成功地认出了克利奥帕特拉这个名字，从而破译了12个圣书字对应的字母。商博良将这种方法推广使用到其他王名圈上，成功确定了其他符号对应的字母，并于1822年通过著名的作品《致达西耶先生的一封信》（*Lettre à M. Dacier*）向世界展示了他的发现。达西耶先生时任巴黎法兰西铭文与美文学术院（即法兰西文学院）秘书。紧随其后，商博良于1824年出版了一本名为《圣书字概要》（*Précis du systéme hiéroglyphique*）的书，其中阐述了圣书字的基本概念。在研究了欧洲各地收藏品和博物馆中众多物品上的铭文后，商博良在法兰西国王查理十世和托斯卡纳公国大公利奥波德二世的支持下，并在他的得意门生伊波利托·罗塞里尼的协助下，组织了法兰西和托斯卡纳联合考察队。该考察队1828年7月从土伦出发前往埃及。

当商博良抵达法老之地时，他的发现得到了证实，这使古埃及无声的遗迹"开口说话"。埃及学就此正式诞生。

左上图 商博良团队考察期间画家贝尔廷（Bertin）在（帝王谷）拉美西斯三世墓中根据浮雕绘制的图。商博良唯一一次去埃及考察期间制作的浮雕和绘画 1835 年至 1845 年间出版，名为《埃及和努比亚的遗迹》（*Monuments de l'Égypte et de la Nubie*）。（巴黎，法国国家图书馆）

右上图 商博良研究克利奥帕特拉王名圈的笔记，该王名圈在贝尔佐尼在菲莱发现的方尖碑上。克利奥帕特拉和托勒密的名字是商博良破译的第一批词汇。通过分析罗塞塔石碑上的文字并将它们与菲莱方尖碑上的文字进行比较后，商博良敏锐地直觉到在王名圈中的法老的名字是能够转换成字母的圣书字，因此有可能在圣书字和字母之间建立对等关系。

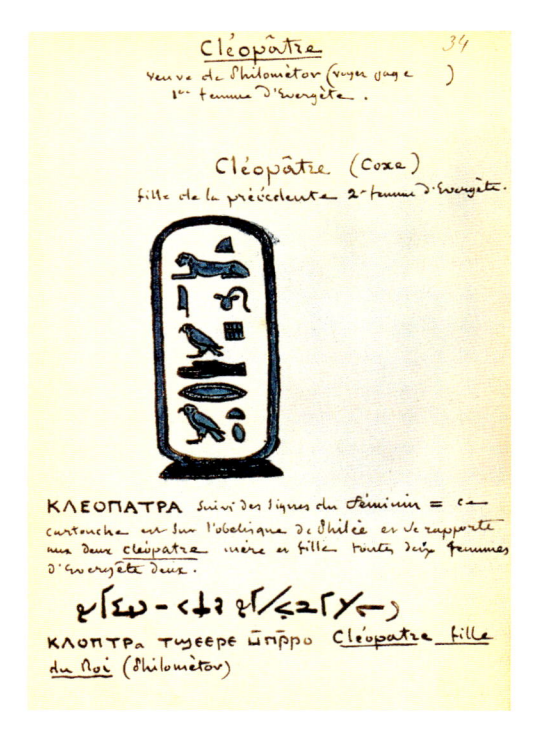

左下图 著名的罗塞塔石碑，上面刻有三种不同的文字（圣书体、世俗体和希腊文），1799 年由拿破仑埃及远征队的一名军官在罗塞塔附近发现，罗塞塔即现在的拉希德（Rashid），离亚历山大港不远。1801 年拿破仑军队在埃及战败后，这件珍贵的文物落入英国人手中，并被带到大英博物馆。正是让·弗朗索瓦·商博良对这件文物——或者更确切地说是它的拓本——的研究使他掌握了破译圣书字的关键。（伦敦，大英博物馆）

下页图 商博良《埃及语法》（*Grammaire égyptienne*）笔记中的一页。该书于 1836 年至 1841 年间出版。（巴黎，法国国家图书馆）

Dans le premier Système applicable _seulement_ aux Caractères sculptés en grand, on cherchait, par des teintes plates, à rappeler à-peu-près, la couleur naturelle des objets représentés: Ainsi les caractères figurants le Ciel. (1) était peints en bleu, la terre (2) en Rouge ; la Lune (3) en Jaune, le Soleil (4) en Rouge, l'Eau (5) en bleu ou en Verd (6.)

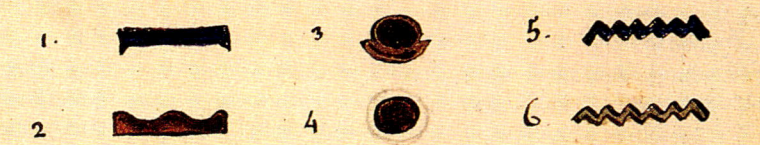

1. ▬ 3. ◠ 5. ⋀⋀⋀
2. ⌒ 4. ● 6. ⋀⋀⋀

Les Figures d'Hommes en pied, sont peintes, sur les grands monuments d'après des règles assez constantes : Les chairs sont en Rouge plus ou moins foncé, les coëffures _généralement_ en bleu et la tunique blanche, les plis des draperies étant indiqués par des traits rouges

On donnait ordinairement des chairs jaunes aux figures de Femmes et leurs Vêtements Variaient en blanc, en Verd ou en Rouge.

Les mêmes règles sont suivies dans le coloriage des hiéroglyphes dessinés en petit sur les Stèles et les Sarcophages ; mais les Vêtements sont tous de couleur Verte.

伊波利托·罗塞里尼，
第一位意大利埃及学家

伊波利托·罗塞里尼 1800 年生于意大利比萨，是商博良的得意门生。1825 年，伟大的圣书字破译者商博良前往意大利，二人结识。法兰西和托斯卡纳联合考察队于 1828 年 7 月 21 日前往埃及，罗塞里尼与他的导师共同分担了这次考察的努力和艰辛。在持续到次年 10 月的埃及之旅中，罗塞里尼监督制作了众多碑铭浮雕的临摹复制品和古埃及重要遗址的素描——共计 14 卷手稿，他还收集了有趣的考古文物，这些文物现在是现代佛罗伦萨国家考古博物馆埃及学收藏的主体。回到意大利后，罗塞里尼将他收集的材料集结为巨作《埃及和努比亚的遗迹》(*I Monumenti dell'Egitto e della Nubia*)，1832 年至 1844 年间出版。1834 年，比萨大学请他教授科普特语和埃及语课程，这在欧洲尚属首次。

跨页图 这张图取自《埃及的遗迹》(*I Monumenti dell' Egitto*)，图中拉美西斯二世在卡迭石战役中准备向赫梯阵地发射箭矢，他乘坐由奔腾的马匹拉的战车，马身披五彩马衣，头戴羽冠。（伊波利托·罗塞里尼，《埃及和努比亚的遗迹》，第一卷，《历史遗迹》）

97

大卫·罗伯茨，
尼罗河上的画家

左图 伟大的东方主义画家大卫·罗伯茨 1796 年生于爱丁堡附近。成为一名布景师后，于 1838 年离开伦敦，乘船前往亚历山大港，从那里去往开罗。他租了一艘船，沿着尼罗河逆流而上，参观了埃及最重要的历史遗迹，并用素描将它们画在日记中。他在"圣地"进行了漫长的旅行，在此期间他参观了西奈半岛、佩特拉和巴勒贝克遗址，然后回到伦敦，着手将他在现场画的素描修改成 247 幅壮观的水彩画，并出版了六卷《圣地的风景：叙利亚、以土买、阿拉伯、埃及和努比亚》（*Views in the Holy Land, Syria, Idumea, Arabia, Egypt and Nubia*）。

右图 菲莱岛上的图拉真凉亭。它被大卫·罗伯茨称为"露天神庙"，因为它没有屋顶，而且该地区的当地人称它为"法老的床"。实际上，这座建筑比例完美，原本有木屋顶覆盖，是路边用于停放伊希斯圣船的小圣堂，为纪念**伊希斯 (Isis)** 女神，人们举行盛大的仪式，游行时会使用到该帆船。

下页图 罗伯茨的水彩画，描绘了菲莱伊希斯神庙柱式大厅的装饰，他将这个柱式大厅称为"伟大的门廊"。在查士丁尼皇帝统治期间（6 世纪），大厅的这一部分被改造成一座教堂，从柱子上刻的十字架就可以看出来。

19 世纪初在埃及旅行、探索和记录法老之地古迹的欧洲人中，苏格兰画家大卫·罗伯茨占有重要地位。罗伯茨 1796 年出生在距（苏格兰）爱丁堡不远的斯托克布里奇。他是一位才华横溢的舞台设计师，由此声名鹊起，并与当时的名人成为朋友，包括小说家查尔斯·狄更斯和画家约瑟夫·透纳（J.M.W. Turner）。朋友约翰·威尔基说服罗伯茨放弃绘制舞台布景画，成为画家并出国旅行以积累艺术经验。

正是在一次前往西班牙和摩洛哥北部的旅行中，他第一次直接接触到了东方世界，这个维旺·德农（Vivant Denon）和贝尔佐尼等旅行家的插图表现的世界，贝尔

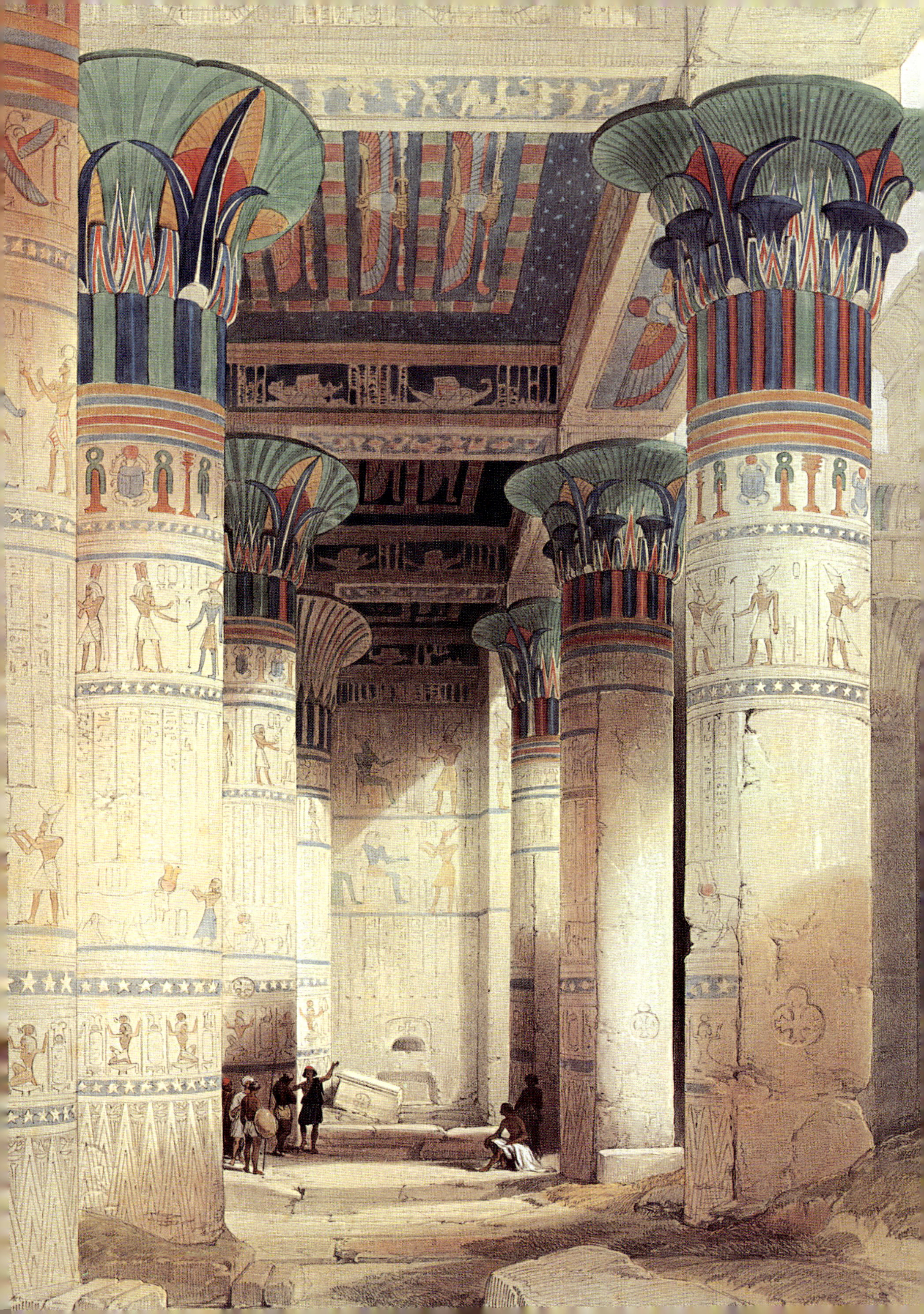

佐尼的插图尤其使他着迷。罗伯茨随后启程前往埃及，1838年9月在亚历山大港登陆。罗伯茨立刻在开罗租了一艘内河船，租期三个月。

在接下来的几个月里，这艘船对这位艺术家来说身兼多职——家、工作室，以及交通工具。他沿着尼罗河逆流航行到阿布辛贝神庙，他认为光是这座神庙本身就非常值得他到努比亚一游。在旅途中，罗伯茨停下来研究、分析埃及最重要的考古遗址和建筑古迹，并为它们画素描。他对法老的建筑很感兴趣，并被这条大河及其流经的土地散发出的魔力迷住了。

尼罗河光影颜色时常变幻，尤其吸引这位苏格兰画家。他写道："（尼罗河）披着彩虹的各种颜色，不断变换，像天空中的星星一样闪烁。它蜿蜒前行，就像一张长长的裹尸布，上面闪烁着银色的泪水。"在陆地上时，罗伯茨会坐在一把大伞下花很长时间素描和绘画。

罗伯茨埃及神庙水彩画的每一个细节都精准无误，也记录下了19世纪古迹的保护状况；此外，它们还提供了许多关于浮雕颜色的重要信息，这些颜色自那之后几乎完全消失。罗伯茨带着数百幅素描和激动人心的回忆回到开罗，在那里待了一个多月，画那里的街道和小巷，以及居民日常生活的场景。这位勇敢的苏格兰人甚至伪装成阿拉伯人，并获得了在一座清真寺内部作画的特别许可。1839年2月，罗伯茨骑着骆驼长途跋涉，穿越西奈半岛，在那里他还参观了圣凯瑟琳修道院和佩特拉遗址，游览了耶路撒冷，并参观了黎巴嫩巴勒贝克的雄伟神庙。

罗伯茨从贝鲁特乘船前往亚历山大港，在这最后一程之后，永远离开了埃及和西亚。回到伦

跨页图　大卫·罗伯茨绘制的吉萨大狮身人面像和齐夫林金字塔，题为《西蒙风来临》，西蒙风是一种强劲的风，使尘土飞扬，大大降低能见度。为了突出这一场景的戏剧效果，罗伯茨将落日放置在南边，而不是它应该在的狮身人面像身躯后的西边。

敦后，这位艺术家致力于完成他的水彩画，并在一次大型展览中向公众展示，大受好评，并成为皇家艺术学院的成员。与此同时，罗伯茨委托伦敦最优秀的平版印刷师之一路易斯·哈格（Louis Haghe）为他的水彩画制作石版画版本。1842 年至 1849 年间，这些珍贵的图片材料集结成卷出版，题为《圣地的风景：叙利亚、以土买、阿拉伯、埃及和努比亚》。这套三卷本共有 272 幅石版画，使他享誉全球，且名声经久不衰，延续至今。

跨页图 建于托勒密时期（前2世纪）的伊斯纳神庙只剩下这座柱式大厅，这座大厅可追溯到提比略和韦斯帕芗统治时期（1世纪）。直到19世纪末，它一直被用作棉花仓库，在那之后作为军火库使用。

左上图 卢克索神庙的方尖碑和第一塔门，以及两座部分被沙子掩埋的拉美西斯二世巨像，大卫·罗伯茨绘。第二座方尖碑曾经与塔门的西塔对齐，已被穆罕默德·阿里帕夏捐赠给法国。它1836年开始矗立在巴黎协和广场。

左下图 罗伯茨在埃德夫画荷鲁斯神庙的柱廊时，它仍然有一部分埋在沙子里。这座托勒密神庙直到1860年才被埃及古物学家奥古斯特·马里埃特挖掘出来。

右下图 拉美西姆祭庙的第二庭院，这座祭庙位于底比斯西部，就是拉美西斯二世纪念神庙，罗伯茨称之为曼农神庙。"统治者的太阳"拉美西斯二世的巨像倒在沙子里。

大卫·罗伯茨继续在意大利、法国、比利时和荷兰广泛旅行，但他再也没有踏上那些他曾精彩地描绘过的土地。1864年他在伦敦去世，次年他的许多画作和素描在佳士得拍卖会上售出。

他珍贵的旅行日记分两卷，分别在埃及和圣地（巴勒斯坦地区）写成，被委托给苏格兰国家图书馆，但从未出版。伦敦《泰晤士报》在一篇冗长的讣告中写道："……他无疑是我国有史以来最优秀的建筑画家，在艺术领域他几乎无可匹敌……"

上页图 雕刻在岩石中的四个拉美西斯二世巨像,几乎被沙子覆盖,巨像装饰着他建造的阿布辛贝神庙的正面。1813 年,瑞士东方学家、旅行家约翰·路德维希·布克哈特重新发现了它。四年后,即 1817 年,第一批欧洲人进入神庙内部。贝尔佐尼的一项壮举是将这座遗迹的正面从吞没它的大量沙子中解放出来。

上图 阿布辛贝神庙内部令人赞叹,其中有一个由八根巨大的奥西里斯柱组成的门廊,每根柱高约 10 米,这些雕像将法老描绘为冥界之王奥西里斯。尽管它在大卫·罗伯茨参观前 25 年才被发现,但他前去参观时这座神庙已经是热门景点,这位苏格兰画家对游客在这座古迹墙壁上留下的大量涂鸦感到震惊,据罗伯茨所说,独自一人前往努比亚虽然艰难,但单单是这座古迹就让这趟旅程很值得。

马里埃特、马斯伯乐
和斯基亚帕雷利的重大发现

奥古斯特·马里埃特1850年开始在埃及开展活动,有多项发现,包括塞加拉著名的塞拉比尤姆神庙(右)和齐夫林金字塔的河谷神庙。他还参与成立埃及文物局和第一座开罗埃及博物馆,并被任命为名誉帕夏。1881年,马里埃特去世,被安葬在如今的开罗博物馆的庭院里。

  1858年,法国考古学家奥古斯特·马里埃特创立了埃及文物局。此前,在1851年,他在塞加拉有了令人兴奋的发现,即阿匹斯神神圣公牛的地下墓室——塞拉比尤姆神庙。马里埃特的另一个发现是齐夫林金字塔宏伟的河谷神庙,位于吉萨。这座神庙里有许多雕像,其中最重要的是法老坐在王位上的闪长岩雕像。这座雕像真人大小,十分著名,无疑是古王国时期雕像艺术的杰作之一。

  马里埃特的继任者加斯顿·马斯伯乐以充沛的精力、坚韧的精神继续着他的工作。1881年,古董市场上出现了质量极高的文物,显然是属于王室陵墓的陪葬家具,出

左图　埃内斯托·斯基亚帕雷利，既是都灵埃及博物馆馆长也是意大利考古团的创始人。1903年至1920年间，斯基亚帕雷利代表考古团在埃及各处进行了无数次挖掘和调查。正是他在王后谷发现了尼斐尔泰丽的陵墓和拉美西斯三世儿女的陵墓；他还发现了在代尔麦地那的卡哈墓和玛雅墓，还有在吉贝林（Gebelein）的伊提墓。斯基亚帕雷利发现并获得的众多文物极大地丰富了都灵埃及博物馆的收藏，从那时起，该博物馆一直被认为是世界上最好的埃及学博物馆之一。

右图　斯基亚帕雷利的一位同事在拉美西斯二世的妻子尼斐尔泰丽墓中工作。这座陵墓位于王后谷，1904年由意大利考古团发现。虽然这座陵墓在古代就已经被盗窃，几乎空空如也，但其中的装饰和壁画尽管受到时间侵蚀，却仍是所有已经发现的王室陵墓中最精美的。

于怀疑，马斯伯乐开始追踪在卢克索周边地区活动的一伙盗墓贼。他的调查最终将他带到了著名的代尔巴哈里秘窖，当地的一个家庭已经开始偷偷地从那里盗窃无价的文物。这个王室木乃伊秘窖藏匿在底比斯山脉一侧的狭窄裂缝中，距离代尔巴哈里神庙不远。第二十一王朝时王室陵墓不断遭到抢劫，当时的大祭司十分担心，因此他们将埃及最重要的法老的木乃伊藏在这里，包括阿蒙诺菲斯一世、图特摩斯三世、塞索斯一世和他的儿子拉美西斯二世的木乃伊。

19世纪与20世纪之交，出生于比耶拉（意大利）的意大利考古学家埃内斯

建筑师卡哈和他的妻子美瑞特（Merit）尚未被破坏的陵墓内部，他们生活在第十八王朝阿蒙诺菲斯三世统治期间。这就是这个位于代尔麦地那墓地的陵墓 1906 年被发现时呈现在意大利考古团成员面前的样子。

托·斯基亚帕雷利被任命为都灵埃及博物馆馆长。为了丰富他所管理的博物馆的收藏，1903 年至 1920 年间他在埃及进行了一系列挖掘工作。他最早的挖掘工作在王后谷和代尔麦地那，随后他在埃及中部**赫利奥波利斯（Heliopolis，太阳神的圣城）**、吉萨、卡乌凯比尔、阿什穆宁，以及艾斯尤特的墓地工作。斯基亚帕雷利最显著的成就是发现了尼斐尔泰丽的陵墓、拉美西斯三世的孩子卡伊姆瓦赛特和阿蒙（–荷）–柯普塞夫王子的陵墓、玛雅墓、位于代尔麦地那的建筑师卡哈的完整陵墓，以及位于吉贝林的第十二王朝官员伊提的陵墓。出于避免其遭到损坏的缘故，卡哈墓中的无价陪葬品、玛雅墓中的绘画和伊提墓中的绘画都被移走，它们现在是都灵埃及博物馆中最重要的珍宝。

霍华德·卡特和世纪大发现

在这张照片的中心可以看到图坦卡蒙墓,距离拉美西斯六世大墓不远,这是它在霍华德·卡特和他的团队完成初步工作之后的样子。通往王室陵墓的阶梯于 1922 年 11 月 4 日被发现,但卡特一直等到 11 月 26 日赞助人卡那封伯爵从英国抵达才打开陵墓。霍华德·卡特、卡那封伯爵、他的女儿伊芙琳小姐和工程师亚瑟·卡伦德(Arthur Callender)是第一批进入前厅的人。

在一个神龛形状的小盒子的印章上,描绘了胡狼形象的**阿努比斯(Anubis)**和八名囚犯。

在发现代尔巴哈里秘窖大约 40 年后,另一项发现不仅震撼了埃及学界,而且激发了公众的好奇和想象。1922 年 11 月,英国考古学家霍华德·卡特打开了一个几乎无人知晓的法老图坦卡蒙的陵墓,这座陵墓尚未被破坏。卡特 1874 年出生于英格兰肯辛顿,1891 年他正准备子承父业成为商业艺术家时,被埃及学家珀西·纽伯里(Percy Newberry)聘用,以完成纽伯里在埃及绘制的一系列浮雕绘画。卡特随后前往埃及,为埃及勘探基金会工作,该基金会在伦敦成立,旨在推动埃及的考古学。他同时是著名考古学家威廉·弗林德斯·皮特里的助手,在代尔巴哈里的哈特谢普苏特神庙制作临摹复制品,包括摹画浮雕并绘制水彩画。尽管卡特从未获得过学位,但他受到加斯顿·马斯伯乐的高度评价,马斯伯乐在奥古斯特·马里埃特之后担任埃及文物局局长。1899 年,马斯伯乐任命卡特成为上埃及古迹部监察长,该部门总部设在卢克

109

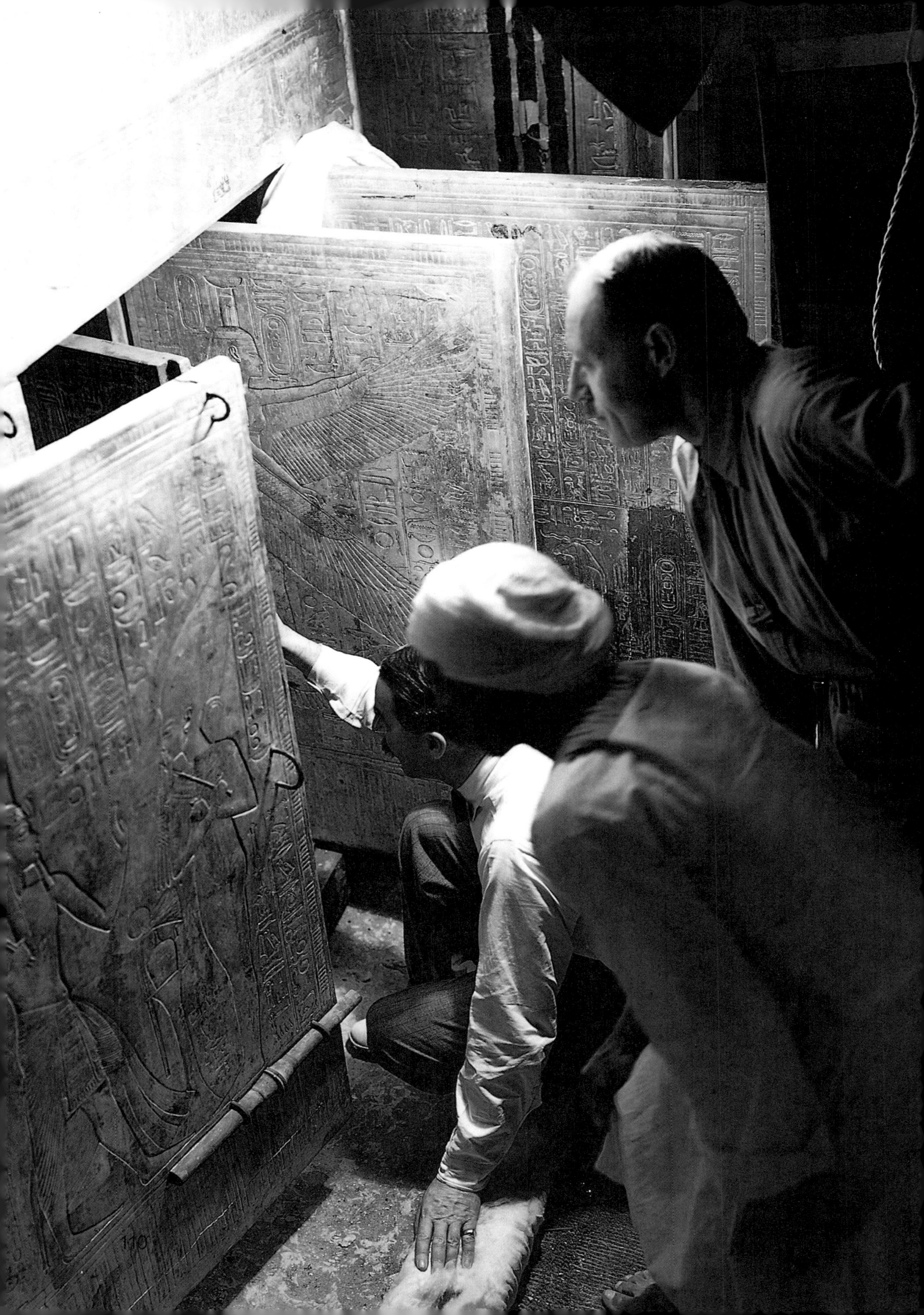

索。他一直担任监察长，直到1905年与一群在塞加拉参观塞拉比尤姆神庙的法国游客发生争执后辞职。

1907年，卡特遇到了富有的英国贵族卡那封伯爵（Lord Carnarvon），他对考古充满热情，聘请卡特为他工作。卡特和卡那封进行了多次挖掘，他们的发现虽然并不重大，但也算有趣。1914年，他们从埃及文物局获得了在帝王谷挖掘的许可证。直到那前一年，来自美国的爱好者西奥多·戴维斯一直在帝王谷工作。戴维斯曾宣布，从考古学的角度来看，该遗址已经没有考古挖掘价值了。而另一边，卡特将证据拼凑起来，确信山谷中仍然有一位名叫图坦卡蒙的法老的陵墓，他的名字出现在卡纳克神庙发现的一块石碑以及戴维斯在山谷中发现的一些文物上。第一次世界大战的爆发中断了卡特的挖掘，1917年他才继续开始工作，在拉美西斯二世陵墓和拉美西斯六世陵墓之间的区域进行挖掘工作。在离后者不远的地方，他发现了建造这座墓的工人使用的小屋的遗迹。卡特立即停止了挖掘，并决定改为调查周边地区。这项工作每年都在进行，一直持续到1921年，仍然一无所获。那一年，已经花费巨资的卡那封伯爵准备放弃考察并撤资。卡那封告诉卡特，从1922年秋天算起，他只能进行最后一年的挖掘了。

这次挖掘主要覆盖先前发现的工人小屋周围的区域。11月4日，卡特的一名工人偶然发现了一个石阶，这是通往岩石的第一级台阶。卡特感觉这可能是期待已久的发现，于是他将洞口盖住，并给英格兰的卡那封发了一封电报，将发现的情况通知了这位赞助人，并让他以最快速度赶到现场。11月24日，卡那封到达，工作继续。楼梯上的瓦砾已经清理干净，卡特和卡那封发现了一扇被墙围住的门，接着是一道内门，门上刻着墓地的印章和他们梦寐以求的名字：图坦卡蒙。

卡特和卡伦德打开外椁的门，这四个外椁由镀金的木材制成，位于墓室东侧，其中包含图坦卡蒙石英岩石棺。第一重外椁的门没有封印，也许在法老时代封印就被盗墓贼破坏，他们两度对这座陵墓进行了偷盗。第二重外椁的门封印依旧完好——时隔3245年，人类第一次穿透这道屏障，看到里面的东西。

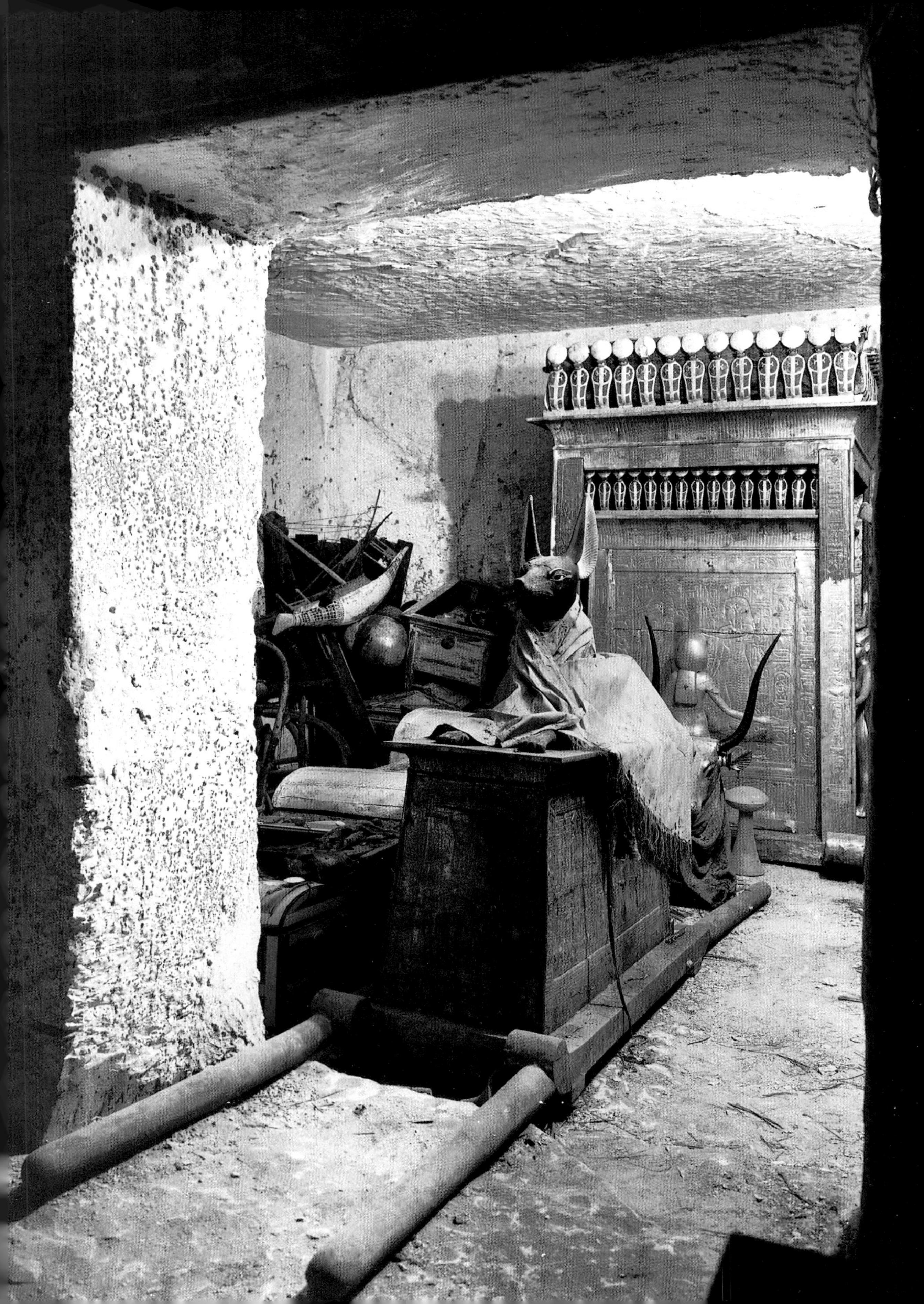

上页图 在放置石棺的墓室东墙上，有个入口通向一间小附室。这个附室被卡特称为"宝库"，房间主要被一尊阿努比斯雕像占据，雕像装在一个可搬运的神龛的顶部。房间里还有许多小箱子和一个华丽的镀金木制神龛，里面有法老的内脏。

左上图 在前室北侧密封的门前矗立着两尊真人大小的木制雕像，旨在保护法老永恒的安息。在中央，一个柳条筐和一些灯芯草盖住了卡特挖的小洞，挖这个小洞是为了在正式打开陵寝室之前确定陵寝室的所藏之物。

右上图 一个造型特别精致的雪花石瓶，里面装着香膏，在装着法老石棺的第一重镀金木椁的门后发现。

左下图 在前厅发现的一张葬礼床，侧面是牛的形状。床下是大量漆成白色的木制容器，里面装着食物（大部分是各种肉块），放置在那里保证法老在冥界的营养。

11月26日，卡特、卡那封和他的女儿伊芙琳以及刚刚加入挖掘工作的工程师卡伦德一起，终于在第二道门上打了一个洞，观察陵墓内部和里面的宝藏。这是埃及学史上第一个也是迄今发现的最完好的王室陵墓，几乎完好无损，虽然通过仔细观察可以注意到，这里在古代曾遭遇过不少于两次企图盗墓的活动，但幸运的是，都没有造成大影响。

工作人员一丝不苟地艰苦工作，花了近十年时间才清空图坦卡蒙墓。发现了大约3500件物品。显然，这是埃及有史以来最杰出的考古发现。

跨页图 使用精密的滑轮系统将第二具镀金木棺从地面吊起后，卡特将其放到一个平台上并开始打开它。就在这时，在众多考古学家、他的助手和同事们惊讶的目光中，出现了第三具也是最后一具棺材的盖子，它完全由纯金制成，只有一层十分薄的亚麻布覆盖，里面装着王室成员图坦卡蒙的木乃伊，木乃伊戴着具有象征意义的金色保护面具。图中可以看到霍华德·卡特在小手术刀的帮助下，极其小心地清洁第三具棺材，去除树脂、油膏和沥青的结壳。这具华丽的棺材重 110.4 千克，长 1.88 米。在他的报告中，卡特提到了打开第三具棺材的盖子遇到的巨大困难，他说："这种因老化而变硬的沥青状材料必须通过锤击、溶剂和加热的方式去除。"

右上图和右下图　墓葬中发现的文物由卡特和他的团队精心包装好准备运送，然后它们被转移到在附近的塞索斯二世墓中设立的工作室中，在那里拍照并初步清洁和整理，然后再被运到开罗。法老的陪葬品数量繁多，工作只能以相对缓慢的速度进行，仅从 1922 年 12 月 27 日开始的前厅清空工作就进行了大约 50 天。直到 1930 年 11 月，中间放着石棺的四重镀金木椁才最后被搬出坟墓。

本页图和下页图　坟墓刚打开时前厅西侧和南侧的样子。一侧是四辆拆卸了的法老战车和三张大型葬礼床中的两张，这三张动物形状（一头母狮、一头牛和一头有河马头的复合生物）的葬礼床与三位神灵相关。它们肯定具有宗教意义，也许法老的灵魂可以在上面安息和重生。

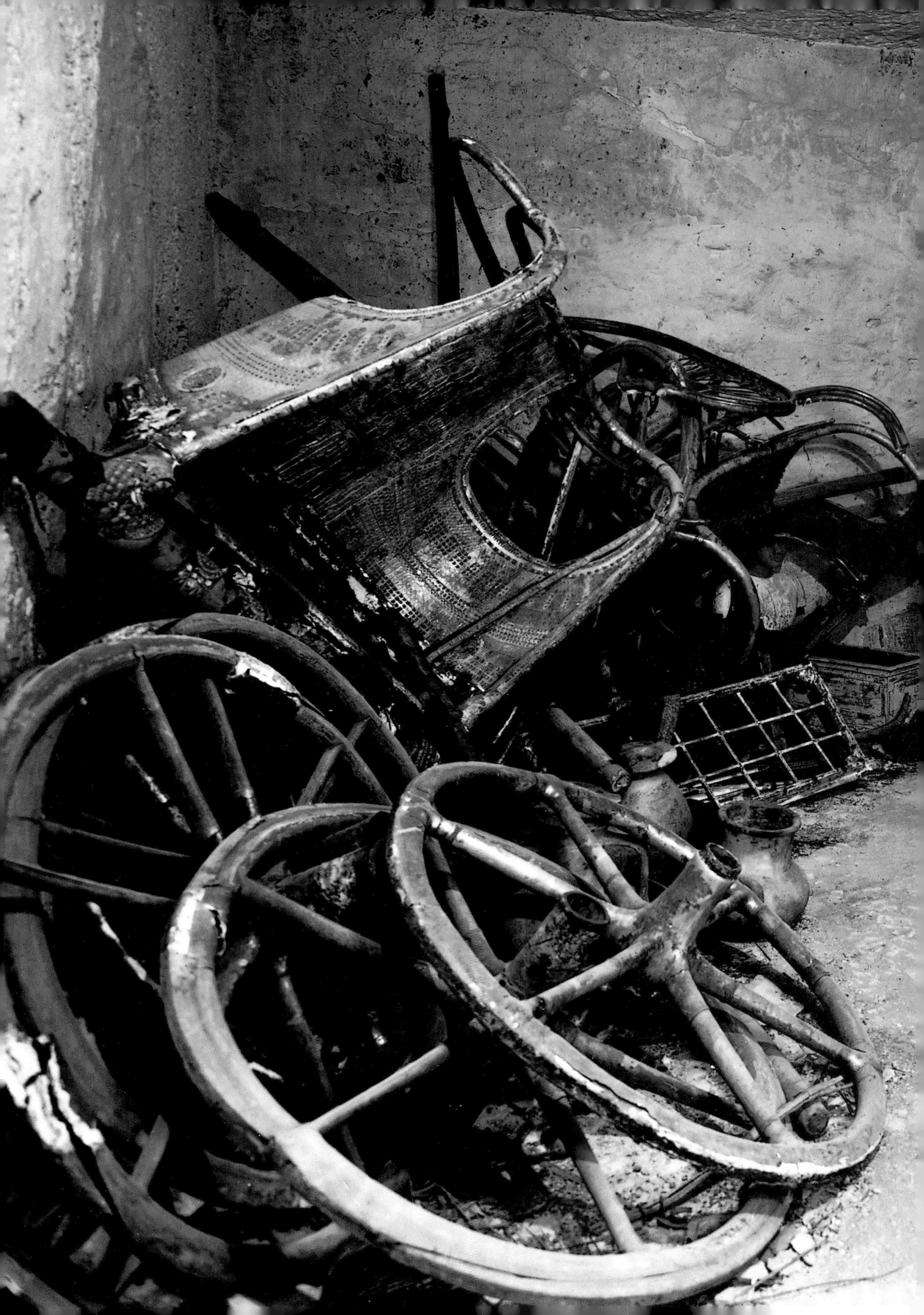

未知法老的宝藏

当时一切都已经决定了，1922年秋季的勘探活动将是霍华德·卡特最后一次带队寻找传说中的法老的陵墓。关于这个法老，人们所知道的只是他的名字和一些难以捉摸的暗示。卡那封伯爵赞助了8年的挖掘工作后，花费巨额，一无所获，不得不决定结束这个令人不快的项目。然而，1922年11月4日，卡特的工人发现了通往岩石的第一级台阶。没有人能想到，这注定是埃及最重要、最绝妙的发现的开端。虽然古时候盗墓者曾两次进入墓室，但那些非凡的陪葬品几乎完好无损。11月26日，卡特在墙上钻了一个小洞，他可以通过这个洞看到墓室内部。他是第一个看到里面的人，有人问他是否能看到什么，他回答说："是的，美妙的东西。"

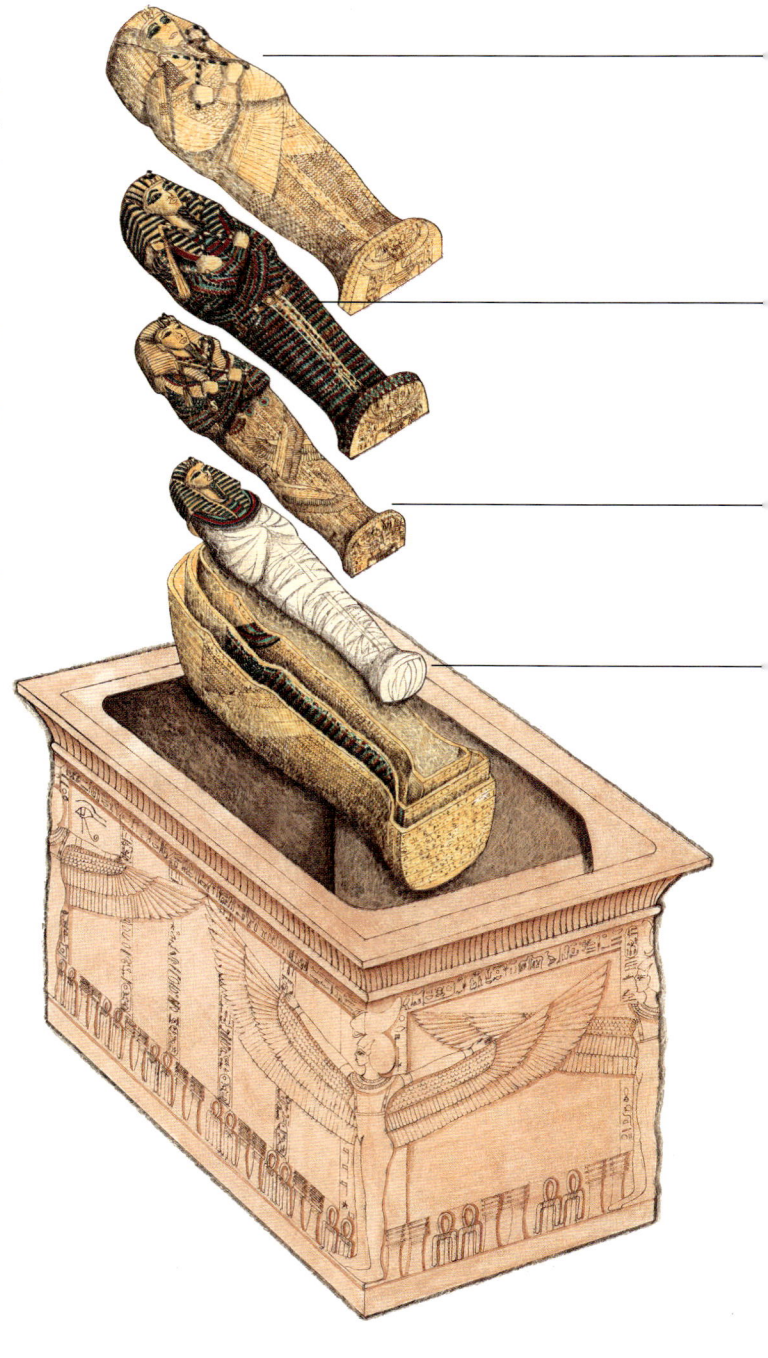

棺材和王室木乃伊

一个由石英岩制成的大型长方形石棺里套装了三具人形棺,其中最后一具棺材中装有图坦卡蒙的木乃伊,他戴着著名的金色面具。

第一具人形棺材(还在陵墓中)

这具棺材长 2.24 米,由柏木制成,上面覆有金箔。侧面画着伊希斯女神和奈芙蒂斯女神。棺盖上是一个高浮雕的法老形象,他的双臂交叉,握着弯钩权杖和连枷,这是奥西里斯神的经典特征,死者在此与奥西里斯融合为一体了。

第二具人形棺

这具棺材比之前的做工更精细,也是用金箔包裹的木头制成,长约 2.4 米。被发现时,它仍然覆盖着一块亚麻布和一个花环。棺材的脖颈处挂着一个大项圈,项圈上镶嵌着半宝石和彩色玻璃。

第三具人形棺

这具棺材长 1.88 米,由纯金制成,重 110.4 千克。被发现时,上面覆盖着一层坚硬的沥青状物,花费了很大力气才去除。

图坦卡蒙木乃伊

这具木乃伊大约有 150 个护身符和珠宝装饰,还戴着镶嵌着半宝石和玻璃的精美黄金面具。

1 床和椅子。

2 一座带有典型阿玛纳风格图案的小神龛，描绘了法老和妻子的日常生活。

3 在前厅的东南端发现了四辆被拆卸的战车。其中两辆装饰精美，可能用于重要仪式。另外两辆战车在墓室的附室中发现，霍华德·卡特将这个附室称为"宝库"。

4 前厅西墙边排列着三张大型葬礼床，著名的图坦卡蒙王座位于其中第一张下方。

5 一些奇怪的椭圆形木制容器上覆盖着白色灰泥，里面装着肉和动物器官，为死去的法老提供食物。

6 在坟墓中发现的许多彩绘木箱中，最精美的一个画着图坦卡蒙在沙漠中狩猎和与敌人作战的画面。

7 包含三个人形棺的整块巨大石英岩石棺长约 2.74 米。石棺每个角落都以高浮雕雕刻了卡诺皮克罐 (canopic jars) 的四位守护神：伊希斯、奈芙蒂斯、奈斯 (Neith)、塞尔基斯 (Selkis)。

8 墓内有 35 艘模型船，其中 18 艘在宝库中发现。这些模型船既包含通常用于仪式的帆船，又有在尼罗河上航行、在沼泽中交通用的普通船只。

9 卡诺皮克神龛高近 2 米，守护着法老的内脏，是宝库中最令人赞叹的物品。最外层用镀金木板制成，顶部的装饰带上是头顶日轮的圣蛇乌赖乌斯。神龛的每一侧都有一位保护卡诺皮克罐的女神，朝向罗盘的四个基本方向：北边是奈斯，南边是塞尔基斯，西边是伊希斯，东边是奈芙蒂斯。

10 墓内有 50 多个木箱，箱子里装着织物、药膏、化妆品、熏香、小容器等物品，所有物品都被清空了。

11 防腐之神阿努比斯的雕像被固定在一个镀金木箱上，该木箱是一个装有护身符的神龛；这个木箱又安装在一个四抬轿子上，以便在葬礼队伍中搬运木箱和雕像。被发现时，这尊雕像的肩膀上裹着一块亚麻布，脖子上绕着一个**莲花 (lotus)** 花环。

12 图坦卡蒙在法老阿伊面前，法老阿伊正在为他举行**"开口"**(Opening of the Mouth) 仪式。

13 图坦卡蒙和他的**卡 (*ka*，灵魂的元素之一)** 站在奥西里斯面前。

14 太阳船前面是《阴间书》(Book of Amduat) 中的五位神。

15 两尊等身木制雕像站在墓室入口的两侧保卫墓室。这些雕像代表了法老的卡，他一体双生的"灵体"确保死者拥有在来世生存所需的生命力。

16 三张大型葬礼床有三位女神形象装饰：狮头女神伊希斯·梅赫特 (Isis Mehet)；牛头女神梅赫特·韦赖特 (Mehet Weret)；第三个是复合神，身体部分是河马、部分是鳄鱼和母狮，被称为"吞噬者"阿米特 (Ammit)。在这些床上，法老的灵魂可以安息并重生，这要归功于神灵的活力。

附室

前厅

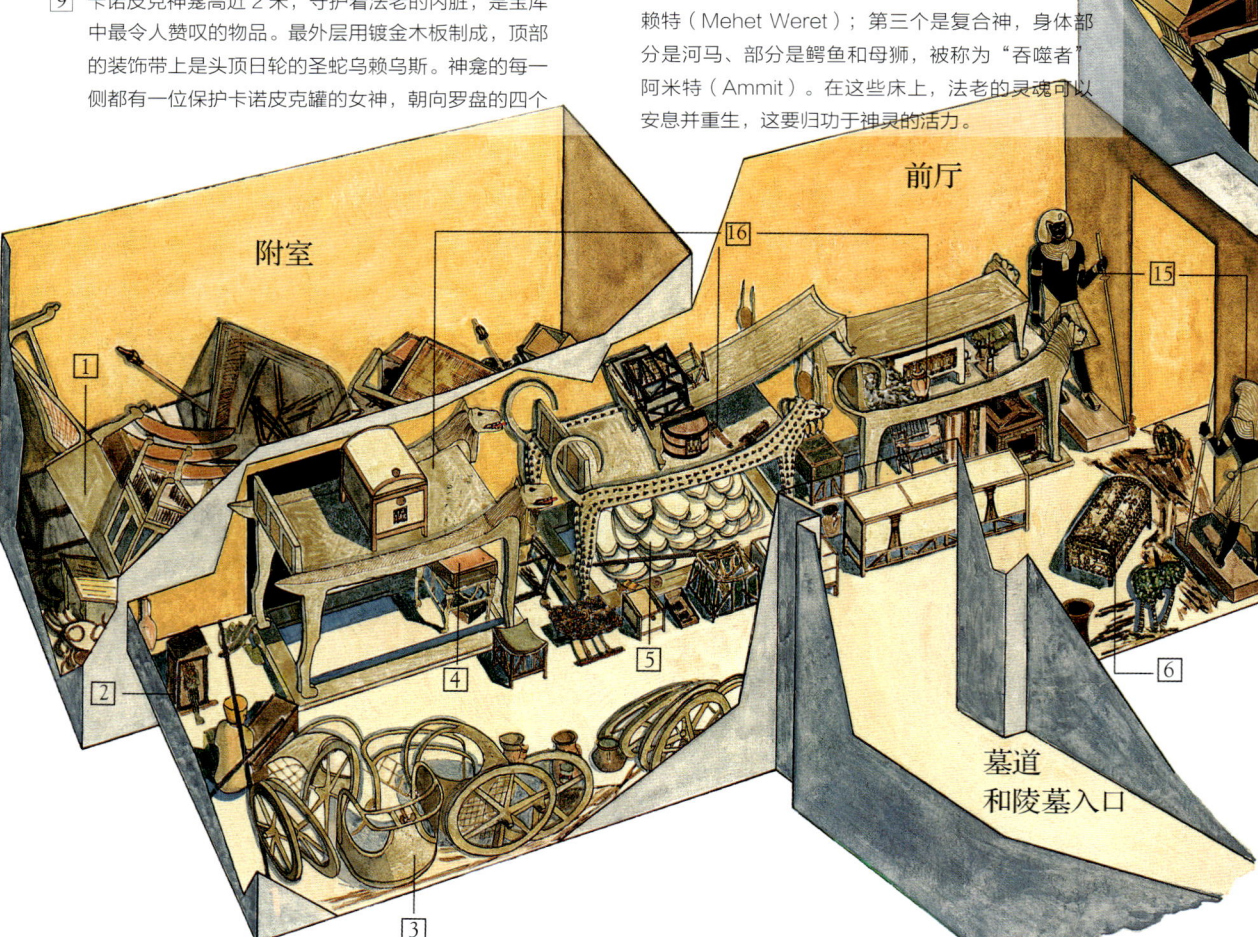

墓道和陵墓入口

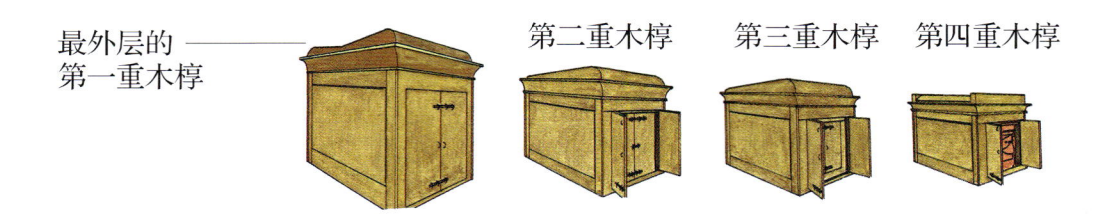

内藏法老石棺的四重镀金木制大外椁几乎占据了整个墓室。

最外层的第一重木椁　第二重木椁　第三重木椁　第四重木椁

卡诺皮克神龛。最外面的木龛里的第二层是个较小的箱子，即神龛本身，这个神龛里面则放着方解石箱子，箱子里面装有四个小金棺，棺材里装着木乃伊化的法老内脏。

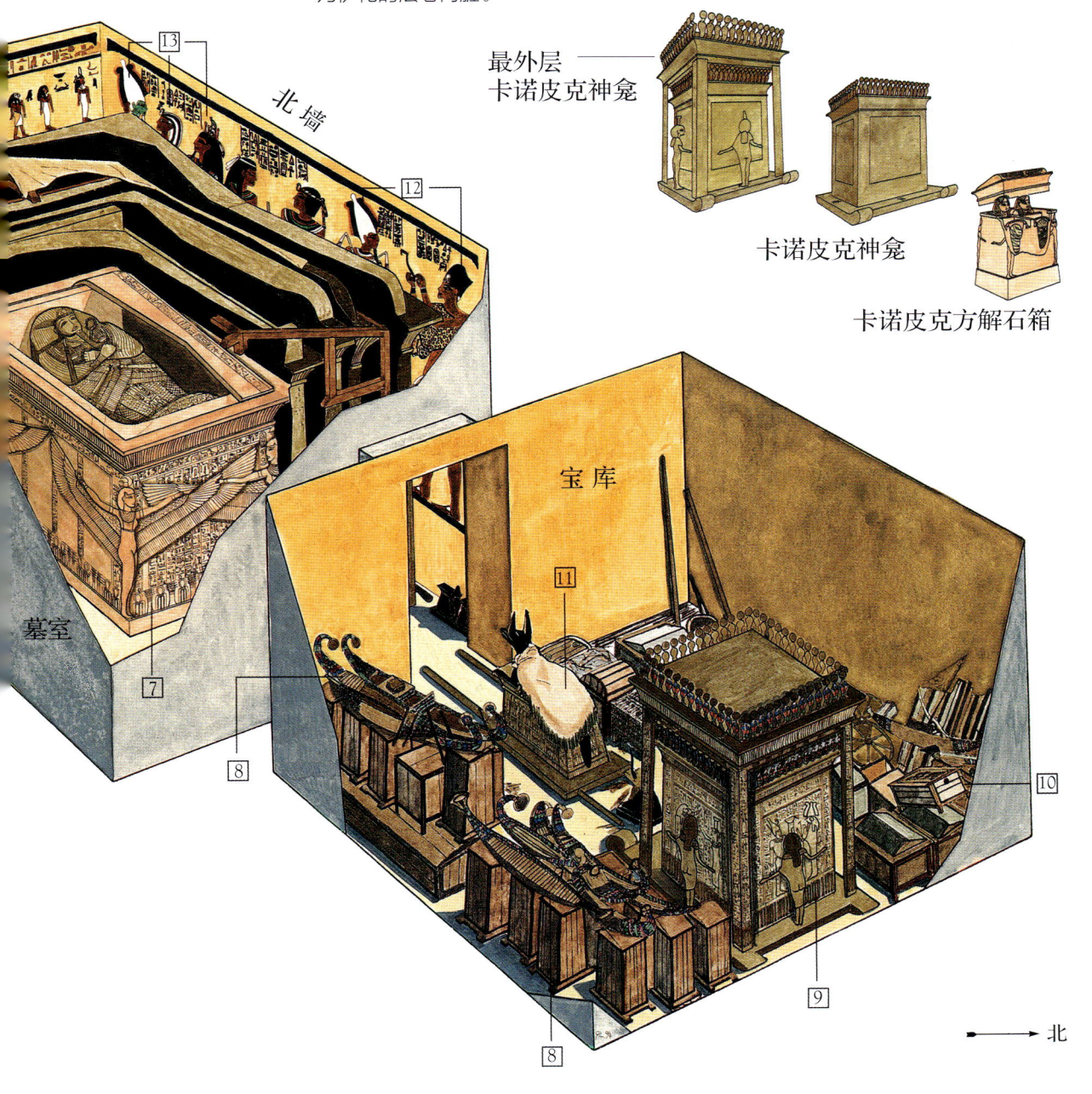

最外层卡诺皮克神龛

卡诺皮克神龛

卡诺皮克方解石箱

北墙

墓室

宝库

北

最新发现：
拉神之船

上图 图中展示了一艘新的王室帆船。一个装有摄像头的微型探头被插入待调查的船坑中，研究人员焦急地看着屏幕，然后上面出现了极其清晰的图像。船坑中有第二艘船，与已发现的一艘相似，保存完好。

跨页图 1985 年，一个由美国和埃及科学家和技术人员组成的团队开始在石灰岩石块上钻一个微孔，这些石块覆盖在奇阿普斯金字塔前发现的神秘沟渠上。他们使用极其先进的技术，可以在不让外部空气进入沟渠的情况下钻孔，从而避免任何污染。

在第二次世界大战造成的破坏之后，埃及在 20 世纪 50 年代初恢复了研究和挖掘工作；第一个发现极为壮观，极为轰动，震惊了埃及学界，并引起了世界媒体的关注。1954 年 5 月，埃及文物组织的工人正在年轻的建筑师卡迈尔·迈拉赫（Kamal el-Mallakh）的指导下清理奇阿普斯金字塔南面的一个区域，这时他们发现了两个覆盖着灰泥外壳的矩形表面。卡迈尔·迈拉赫研究了这层白垩质以确定其坚实度，很快就发现它覆盖着两排巨大的石灰岩块。由于在金字塔东侧有不少于六个船形大坑，这些坑原本一定放置有用于葬

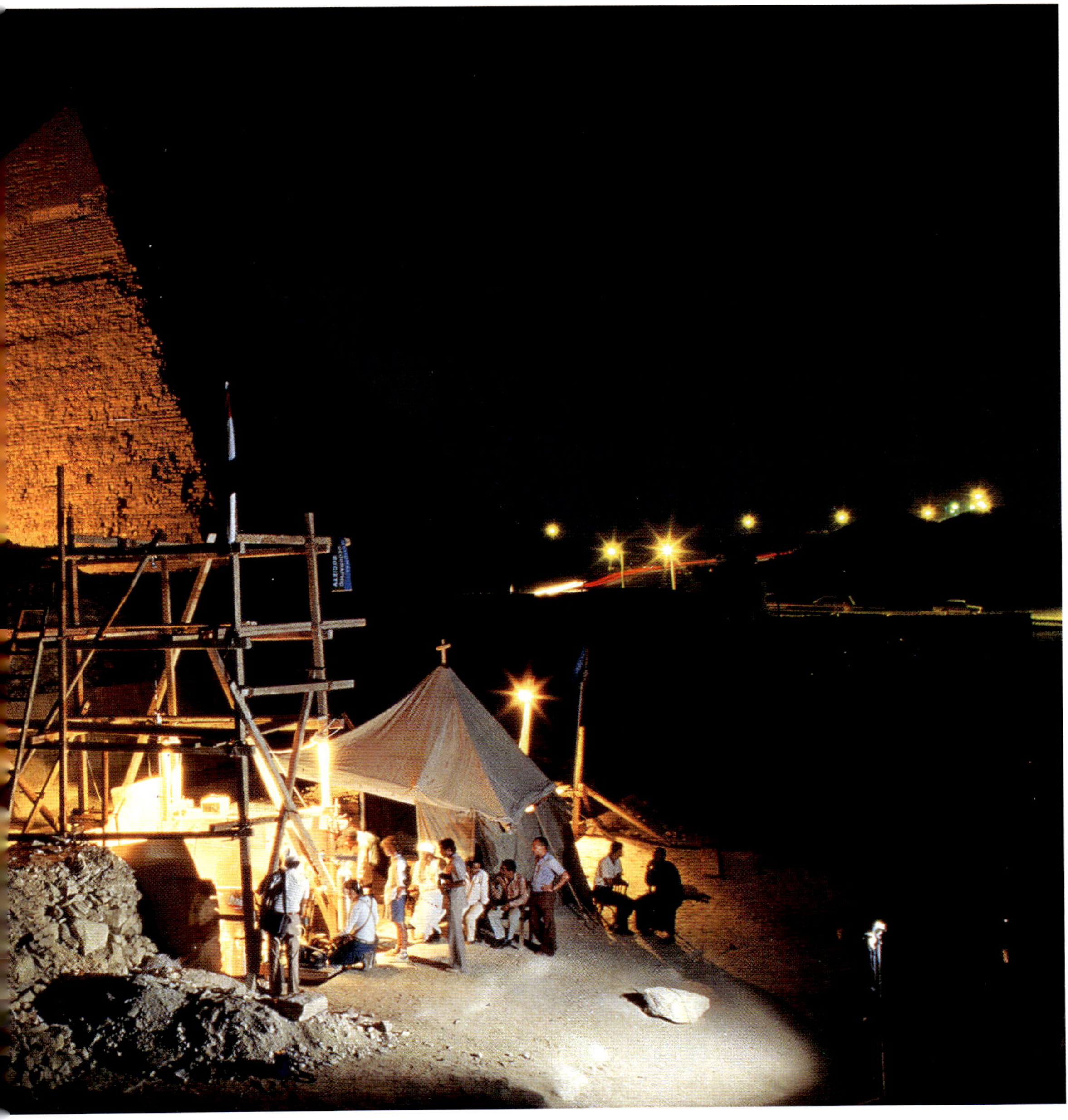

礼或葬礼相关活动的船，卡迈尔·迈拉赫猜测他们发现的石块下面可能有更多的沟渠用于放置王室帆船。如果是这样的话，这些船只很可能完好无损。

1955年1月底，其中一块覆盖沟渠的巨大石灰岩块终于被抬起，这个假设被证实。在场的人都很惊讶地看到一艘大船的板材，和四千多年前被放置在那里的时候一样，它被小心翼翼地拆开，一层一层地叠在一起，一共有十三层。一项调查计划——第一个完全由埃及人运作，没有非埃及考古学家的指导或参与——立即启动。当这艘船的所有部件都从陵墓中取出并安放在不远处一个巨大的仓库实验室后，考古学家意识到了摆在他们面前的任务之繁重：零部件共有1224个，完全没有人知道如何将这个巨大的拼图组合起来，因为当时人们对古埃及的船舶建造几乎一无所知。

重建奇阿普斯太阳船的任务被委派给埃及文物组织的高级修复专家艾哈迈德·优素福（Ahmed Yussuf），文物保护员扎基·伊斯坎德尔（Zaki Iskander）协助。

16年间，经过许多次希望破灭和失望沮丧后，这艘船终于在1970年6月重新组装完成，并在专门为其建造的博物馆展出，就在发现它的坑旁边。奇阿普斯王室帆船主要由黎巴嫩的雪松建造，全长43米整，宽接近6米，吃水深度刚刚超过1.5米，排水量约50吨。木板仅使用植物纤维固定在一起：这确实是公元前3千纪造船工程的杰作。似乎可以合理假设第二个坑也有一艘类似的船，但它所藏之物一直是个谜，直到1985年埃及文物组织和美国《国家地理杂志》之间达成协议，这才使得探索这个封闭坑里的东西成为可能。

尽管需要通过光学仪器，但在最先进技术——配备微型摄像头的微型探头的帮助下，人眼能够自坑被密封以来第一次看到其内部，监视器屏幕上出现的图像最终证实了研究人员的希望：里面还有另一艘同样完好无损的船埋在沙漠中。

隐藏的卢克索雕像、梅里塔蒙公主和杜什之宝

一顶纯金头冠的局部图，1989年法国驻开罗东方考古研究院的考古团队在西部沙漠的杜什绿洲中发现。这顶头冠属于主持**塞拉比斯(Serapis)** 神崇拜的一位大祭司，塞拉比斯即希腊版的奥西里斯。这是一件精美的珍宝，可能在亚历山大港制造，重约620克，可以追溯到2世纪上半叶。

    1989年，人们发现卢克索神庙内阿蒙诺菲斯三世大庭院内成排的柱子不稳定，于是埃及文物组织决定进行一项调查，以确定周围地面是否坚固。工人开始在庭院的西侧挖掘，但当他们挖到近3米深时，他们的铁锹碰到了一个光滑坚硬的东西，他们很快就将这个物体从不断崩塌的泥土中解放出来：一张雕像的脸在黑暗中漫长沉睡之后出现在明亮的阳光下。上埃及文物主管穆罕默德·萨吉尔（Mohammed el-Saghir）立即接到通知，他下令重新用泥土覆盖雕像，不久后就向埃及文物组织开罗总部发了一封电报。那时，挖掘工作开始了，令所有人惊讶的是，出现了20多尊雕像，其中大部分来自太阳法老、伟大的建造者阿蒙诺菲斯三世在位时期。女神哈索尔、**阿图姆(Atum)** 神和一个保护王室的神圣眼镜蛇，伟大的乌赖乌斯重见光明。

    其中一尊雕像尤其使考古学家兴奋，它高约2米，由一块红色石英岩切割而成，是一个阔步行走的法老。雕像长相特别英俊，眼睛等五官略显东方特征，符合当时的

武装的加菲尔（gafir，阿拉伯语，护卫），保护着这座美丽的梅里塔蒙公主雕像。她是拉美西斯二世和尼斐尔泰丽的女儿，最近在上埃及艾赫米姆，即古城潘诺波利斯被发现。

审美，国王凝视着远方，目光仿佛跨越了时间的鸿沟。这座雕像可能是新王国时期最伟大的雕塑杰作之一。为了展示这些新的"卢克索雕像"，卢克索博物馆进行了扩建，在1992年增加了一个新展厅。幸运的是，同一年在上埃及和中埃及的边境城市艾赫米姆市有另一个惊人的发现。艾赫米姆市曾经是**敏（Min）**神的圣地，而古希腊人将敏神视为他们的潘神——事实上，希腊人将这座城市称为潘诺波利斯（潘神之城）。埃及文物组织在这里进行一次挖掘工作时，在这座古城的神庙区域挖出了一尊高约8米的巨大雕像，这尊雕像是一位公主，但由于这尊巨大的雕像正面朝下，根本看不见她的容貌。等考古人员在这张脸周围挖了足够多的地方，可以把一面镜子滑到下面时，他们惊讶地看到一张精致的脸，嘴唇还涂着红色颜料，这是梅里塔蒙（Meritamun）公主，拉美西斯二世和尼斐尔泰丽的女儿。

雕像暂时被放在一个木结构中，之后建造了一个巨大的脚手架来抬高雕像，并建造了一个底座，可以将雕像的下半部分固定在上面以确保稳定。该工作于1992年至1993年完成，梅里塔蒙公主的雕像现已展出，不仅可供少数前往艾赫米姆的游客欣赏（这座城市有些偏离主要旅游路线），还可供埃及人欣赏，他们对祖先的历史也越来越感兴趣。

但是，不只有尼罗河畔有新发现。杜什（Dush）绿洲在被西部沙漠包围的哈里杰大绿洲南端，法国驻开罗东方考古研究院（拿破仑时期为监督法国在埃及的研究

跨页图　在卢克索神庙阿蒙诺菲斯三世庭院西侧，雕像从坑底出土时依次被检查。竖井原本是为了测试院子里柱子周围土壤是否稳定而挖，但是却发现了一堆惊人的雕像，它们由于神庙变得太拥挤而被祭司放在那里。其中阔步行走的阿蒙诺菲斯三世雕像和哈索尔女神雕像堪称新王国时期的雕像杰作。

而创建）的米歇尔·雷德当时正在那里挖掘一个罗马军营，该军营为了保护罗马帝国的边境而建。1989年3月，他发现了一个名副其实的宝藏，其中放着一些珠宝和一顶纯金头冠，该头冠曾属于塞拉比斯神的大祭司。

塞加拉、法尤姆和三角洲地区的最新发现

可以肯定的是，探索还没有结束，在整个埃及，埃及考古学家和众多外国团队都在进行挖掘和研究，其中，法国、德国、英国、意大利和美国目前正在参与研究和修复工作——这是保护这一巨大文化遗产的核心问题，这些文化遗产既属于埃及这个国家，也是人类文化传承的一部分。为了强调这一点，联合国教科文组织将大量埃及考古遗址列入世界文化遗产名录。

在法尤姆和三角洲之间地区目前正在进行的考古工作中，特别值得一提的是比萨大学正在进行的挖掘工作，该工作由埃达·布雷西亚尼（Edda Bresciani）指导。这项工作聚焦法尤姆南部的赫卢阿（Khelua），那里发现了一个重要的中王国时期陵墓，属于一位名叫瓦格（Wage）的高级官员，目前正在初步研究[1]，以期进行可行的修复工作。

法兰西铭文与美文学术院秘书让·勒克朗（Jean Leclant）的团队在塞加拉南部发现一座新的金字塔时，他正致力研究在佩皮一世金字塔内发现的有趣的圣书字文本，这座新的金字塔属于一位王后，现在法国团队正在修复墓室。另一位法国人，法国国家科学研究中心的阿兰·齐维（Alain Zivie）再次在塞加拉挖掘神秘的维齐尔阿

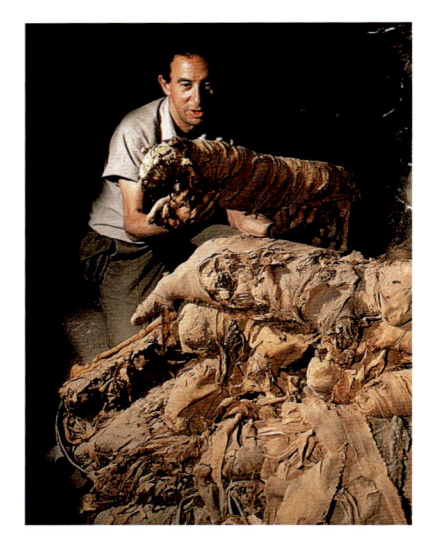

上图 法国国家科学研究中心的阿兰·齐维多年来一直在塞加拉工作，对生活于阿蒙诺菲斯三世和四世统治时期的维齐尔阿佩雷尔的坟墓进行研究。在探索过程中，齐维在坟墓中发现了数百具猫木乃伊，这些木乃伊是公元前3世纪由家庭守护神**巴斯泰托**（Bastet）女神的祭司安放在那里的。

下图 塞加拉的霍朗赫布墓中的浮雕，他是图坦卡蒙手下的将军。该墓由埃及勘探协会的杰弗里·马丁研究修复，他现在正在研究图坦卡蒙的财务总管玛雅的墓。

---

1 本书所涉及学术研究成果、考古工作的进度都截止于原书出版的1994年。

图中，由让·勒克朗带领的法国考古团队的考古学家正在塞加拉的佩皮一世金字塔内部研究圣书字。

佩雷尔（Aper-el）的陵墓，这座陵墓为埃及历史的某些方面提供了新的视角。同样在塞加拉，埃及勘探协会一支由杰弗里·马丁（Geoffrey Martin）领导的英国团队也发现了重要的陵墓，一个是霍伦赫布（Horemheb）的陵墓，他是强大的将军，后来成为法老，另一个是图坦卡蒙的财务总管玛雅的陵墓。就在塞加拉以北，埃及团队在埃及法老文物局局长阿里·哈桑（Ali Hassan）的指导下，在第十九王朝一个当时尚不为人知的墓地里，发现了第一座坟墓。

1991年和1992年，埃及考古学家在吉萨发现了在大金字塔工作的工人居住的村庄，以及来自古王国时期的新墓葬，其中一个墓葬中有彩绘雕像。

最后，奥地利考古学家曼弗雷德·比埃塔克（Manfred Bietak）在东部三角洲的泰勒达巴开展工作，在那里他发现了一座装饰着米诺斯壁画的宫殿遗迹。这在埃及是独一无二的，它的研究为公元前2千纪米诺斯人和埃及人之间的关系提供了新的线索。

法老之地的神庙和陵墓

尼罗河畔的旅程，从三角洲到阿布辛贝

塔尼斯，三角洲古都	132	尼斐尔泰丽与她的陵墓	238
吉萨，古代世界的最后一个奇迹	146	山中之墓	250
斯芬克斯像，吉萨墓地的守护者	155	百万年神庙：拉美西姆祭庙	260
塞加拉，孟菲斯墓地	158	哈布城的拉美西斯三世神庙	264
孟菲斯，第一个首都	162	阿蒙诺菲斯三世神庙	268
代赫舒尔和美杜姆：真正金字塔时代的开端	164	代尔巴哈里，"北方修道院"	270
法尤姆，在绿洲和沙漠之间	168	伊斯纳和陶工之神克奴姆崇拜	280
阿玛纳，世袭法老的首都	170	埃德夫，猎鹰神领地	282
阿比多斯，奥西里斯之城	174	考姆翁布神庙，鹰与鳄鱼神庙	285
丹德拉，哈索尔领地	179	阿斯旺和菲莱，努比亚之珍宝	286
卢克索和卡纳克，古老的底比斯	184	努比亚，拯救神庙	294
卡纳克神庙，阿蒙神领地	195	阿布辛贝神庙：藏在沙中的神庙	296
比班穆鲁克，帝王谷	206		
图坦卡蒙墓，被重新发现的陵墓	218		
塔塞内弗鲁，王后谷	236		

下页图 埃德夫神庙的浮雕，**瓦吉特 (Wadjet)** 女神和**奈赫贝特 (Nekhbet)** 女神正将上下埃及的双重王冠戴在法老头上。

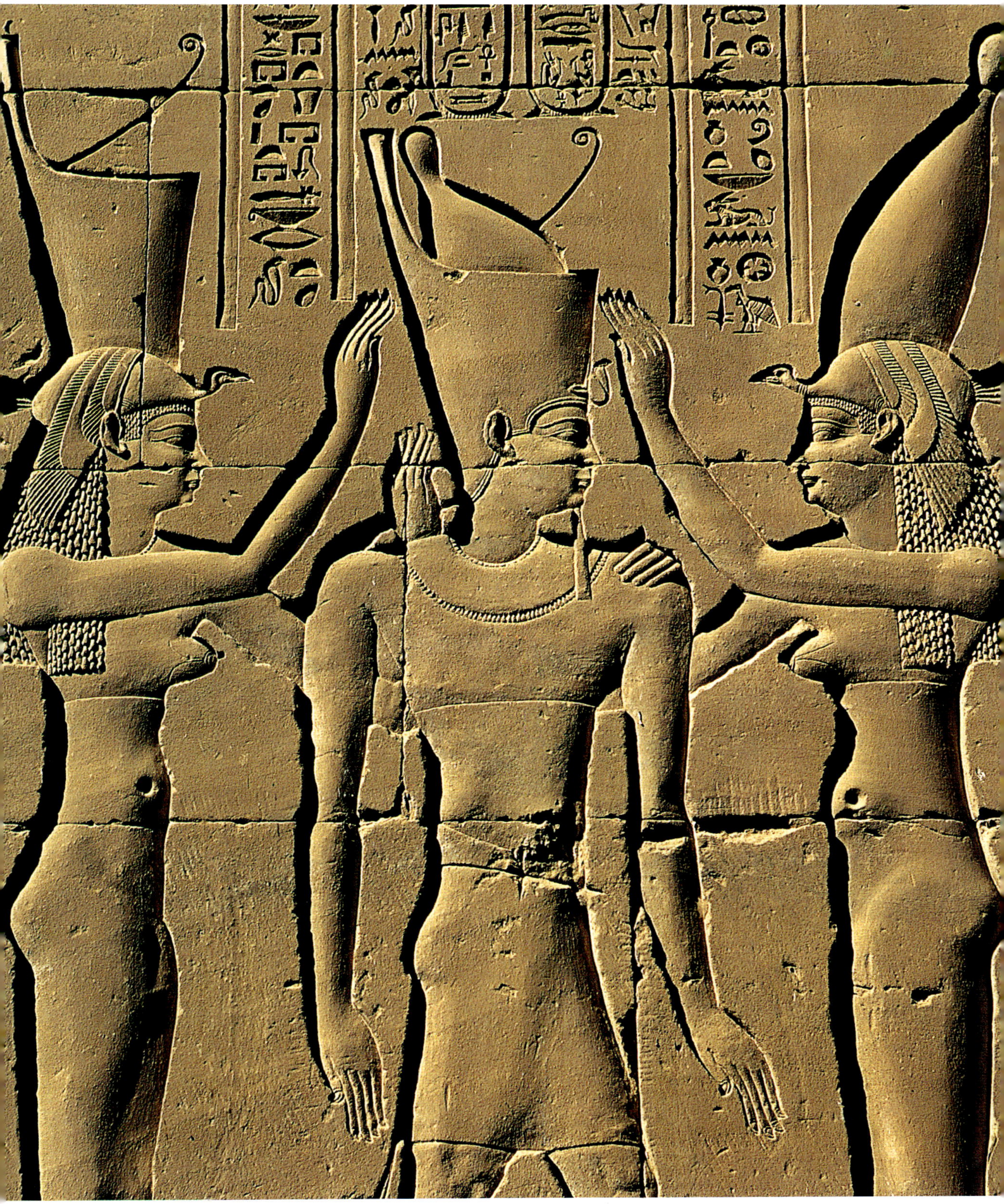

塔尼斯，三角洲古都

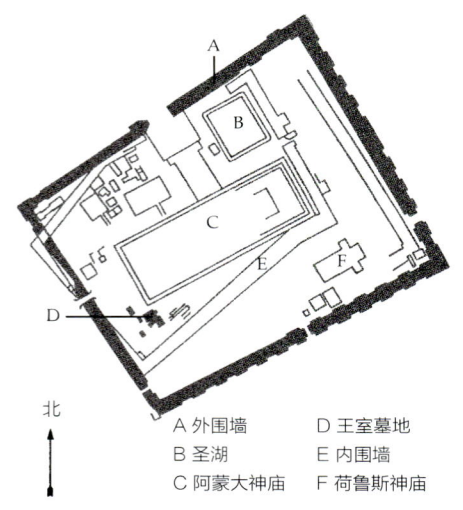

A 外围墙　　D 王室墓地
B 圣湖　　　E 内围墙
C 阿蒙大神庙　F 荷鲁斯神庙

塔尼斯（Tanis）是这座城市的希腊名字，古埃及人称其为贾尼（Dja'ni）。今天它被称为桑哈杰尔（el-Hagar 意为"石头"），这个名字指的是几个世纪以来开采建筑石材的采石场。塔尼斯城的遗址位于三角洲，在开罗东北约 160 千米处，距地中海约 65 千米，现在形成了一个巨大的土丘，占地面积为 177 公顷，高 32 米。第二十一王朝的法老正是将埃及的宗教和政治中心迁至此地。

因此，塔尼斯取代了拉美西斯二世建立的首都培尔-拉美西斯，培尔-拉美西斯在现代坎堤尔附近，坎堤尔距桑哈杰尔 24 千米。拉美西斯二世统治时间很长（前 1279—前 1212），是法老权力的鼎盛时期，埃及边界延伸至亚洲，但到了第二十王朝（前 1188—前 1076）时，埃及不断失去其亚洲领土并由于内乱而陷入困境。敌对的权力集团正在取代法老，包括进入尼罗河谷的利比亚战士和阿蒙-拉的

祭司。阿蒙－拉，底比斯之神，在宏伟的卡纳克神庙里被供奉、崇拜，人们相信这位神通过他的神谕来管理所有世俗事务，也相信阿蒙－拉的财产比国家的财产更重要。

上页下图 塔尼斯城的挖掘工作，在如今称为桑哈杰尔的地方。这个遗址的历史漫长而复杂，但它在第三中间期的第二十一王朝时成为埃及的首都，这是它的鼎盛时期。在前景中可以看到王室墓地，由皮埃尔·蒙特在1939年至1940年发现。

跨页图 大量刻有拉美西斯二世名字的花岗岩块、方尖碑碎片和其他建筑材料散落在遗址各处。这些材料来自前首都培尔－拉美西斯的建筑，并在塔尼斯重复使用。

塔尼斯的秘密墓地

桑哈杰尔是第二十一王朝时期的三角洲首都、古城塔尼斯的遗址。1929年，年轻的法国考古学家皮埃尔·蒙特开始在桑哈杰尔进行挖掘时，他并不指望有重大发现。但幸运的是，蒙特偶然发现了一处王室墓地，其中一部分完好无损，而且他还找到了宝藏，只有图坦卡蒙墓中的宝藏可以与之相提并论。

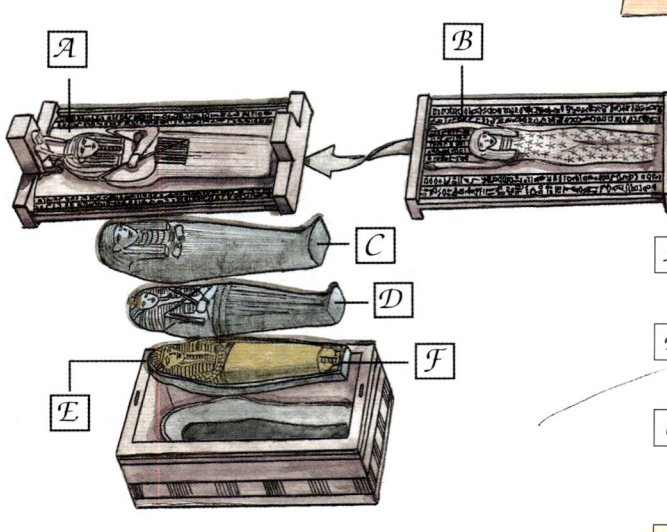

|A| 在普苏森尼斯一世的巨大粉红色花岗岩石棺外面，法老双臂交叉、手持象征王权和神圣的物件。
|B| 普苏森尼斯的石棺内侧刻有"天空女神"**努特（Nut）**的脸。在葬礼崇拜中，她对死者起到保护作用，也是再生能量的来源。
|C| 打开外层石棺后，团队成员看到了一具由黑色花岗岩制成的人形棺材；这具棺材是从别处篡夺而来，但考古学家无法确定谁是之前的所有者。两具棺材之间是武器和一柄权杖。
|D| 黑色花岗岩棺材内还有一具由纯银制成的人形棺材。
|E| 这副金色的丧葬面具可与图坦卡蒙的面具相媲美。
|F| 当考古人员费尽功夫打开银棺后，他们发现了普苏森尼斯一世的木乃伊。
|1| 1946年2月13日，普苏森尼斯一世的弓箭手指挥官安德鲍恩将军的石棺墓室被打开。
|2| 在普苏森尼斯一世墓中，还发现了这位法老的儿子安卡芬姆特（Ankhefenmut）将军被掠夺的石棺。
|3| 这具棺材属于一个此前未知的第二十二王朝统治者。这位统治者的名字是赫卡凯普拉·舍顺克（舍顺克二世），在公元前890年左右统治。1939年3月21日，石棺被发现几天后在埃及国王法鲁克在场的情况下被打开。

这个纵截面图展示了塔尼斯王室陵墓的布局。这不仅仅是个墓地，还是包含七个墓穴的墓葬群，其中有法老普苏森尼斯一世、奥索尔孔二世和安德鲍恩将军的墓。普苏森尼斯的尸体被三重棺材保护着，最里面的棺材是银做的，第二个是黑色花岗岩做的，第三个是粉红色花岗岩做的。

4 1940年4月16日,蒙特打开前厅西墙上的第二扇密封门后,进入了普苏森尼斯的配偶穆特诺吉梅特(Mutnodjmet)王后的墓室,该墓室后来被普苏森尼斯的继任者法老阿蒙涅莫普占据。

5 普苏森尼斯一世的粉红色花岗岩大石棺几乎占据了墓室尽头墙壁的一半。对其中圣书字的研究表明,这个石棺是篡夺而来,原来的主人是拉美西斯二世的儿子法老麦伦普塔赫。

6 在努力挖掘奥索尔孔二世墓的同时,蒙特找到了进入第二十一王朝伟大国王普苏森尼斯一世未被掠夺的陵墓的方法。1939年3月18日,这位法国埃及学家成功进入这座陵墓,发现了埃及有史以来最丰富的陪葬银器。在古埃及,银是一种比金更稀有的金属,被认为是众神的骨骼,而众神的肉体则由黄金制成。

7 奥索尔孔二世被掠夺的石棺。奥索尔孔是第二十二王朝的主要法老之一,1939年2月27日发现的奥索尔孔陵墓是蒙特在塔尼斯的第一个重大发现。在这座陵墓中,蒙特还发现了奥索尔孔的儿子之一霍纳赫特王子的石棺。

前厅

入口井

北

上图 在塔尼斯的安德鲍恩将军(第二十一王朝,约前1000)墓中发现的女神巴斯泰托样式的金吊坠,这个吊坠是由六位神祇组成的吊坠的一部分,所有吊坠组成项链戴在死者的胸前。这个吊坠中巴斯泰托女神狮头人身,头上饰有一个日轮和圣蛇乌赖乌斯,象征王权和太阳的力量。"天空女神、拉之眼"巴斯泰托是一位具有双重身份的神灵:她既具有保护功能,同时也代表着对敌人的危险。(开罗博物馆)

下页图 普苏森尼斯一世的金制丧葬面具,镶嵌着青金石和玻璃,是古埃及艺术的绝妙典范。它可与图坦卡蒙的面具相媲美,尽管它更加庄严肃穆。黄金被认为是众神的肉体,它在丧葬仪式中的使用与赋予死者不朽的过程有关。这件无价之宝是皮埃尔·蒙特在塔尼斯的普苏森尼斯墓(3号墓)中发现的,它直接放在国王的木乃伊上。在普苏森尼斯的坟墓中还发现了许多其他做工精良的陪葬品。(开罗博物馆)

新王国时期结束,第三中间期(约前1076—前712)开始。这是个动荡的时期,在此期间埃及文化虽然延续下来,但发生了根本性的变化。公元前11世纪初,上埃及成为一个几乎独立的神权政治国家,由"阿蒙的第一先知"统治,他既是民政和军事领袖,也是宗教权威。斯门代斯是阿蒙在下埃及的代表,他在塔尼斯定居并建立了第二十一王朝(约前1076—前945)。在法老普苏森尼斯一世(可能来自底比斯)统治下,塔尼斯成为第二个底比斯,这位法老被埋葬在这里的阿蒙神庙中。塔尼斯王朝国王拆除了培尔-拉美西斯的纪念性建筑,用这些材料建造了阿蒙神庙、穆特神庙和**孔苏(Khonsu)**神庙,并拆除了方尖碑、柱子和雕像,用它们来美化新首都。希伯来传统在时间上错置地将塔尼斯确定为摩西的事迹和他的人民遭受苦难的地点。

公元前945年,利比亚血统的第二十二王朝(约前945—前712)国王掌权。除了塔尼斯,同样在下埃及的布巴斯提斯也声名鹊起。法老舍顺克一世和奥索尔孔一世通过远征巴勒斯坦成功地恢复了埃及的军事荣耀,但几代人之后,埃及分裂为几个交战政权,由几个并置的王朝统治。公元前7世纪,埃塞俄比亚血统的库施王朝国王从苏丹地区到来,吞并了上埃及,但他们无法结束动乱,反而因为亚述人入侵埃及的各种企图而加剧了动乱。直到664年开始,埃及才被来自塞易斯的法老普萨美提克一世重新统一。

塞易斯的王族成功取得控制权之后,塔尼斯的统治地位马上就结束了,它被降为一个行省,到罗马时代都一直有人居住。这座城市最后的古迹可追溯到最后一位托勒密国王。

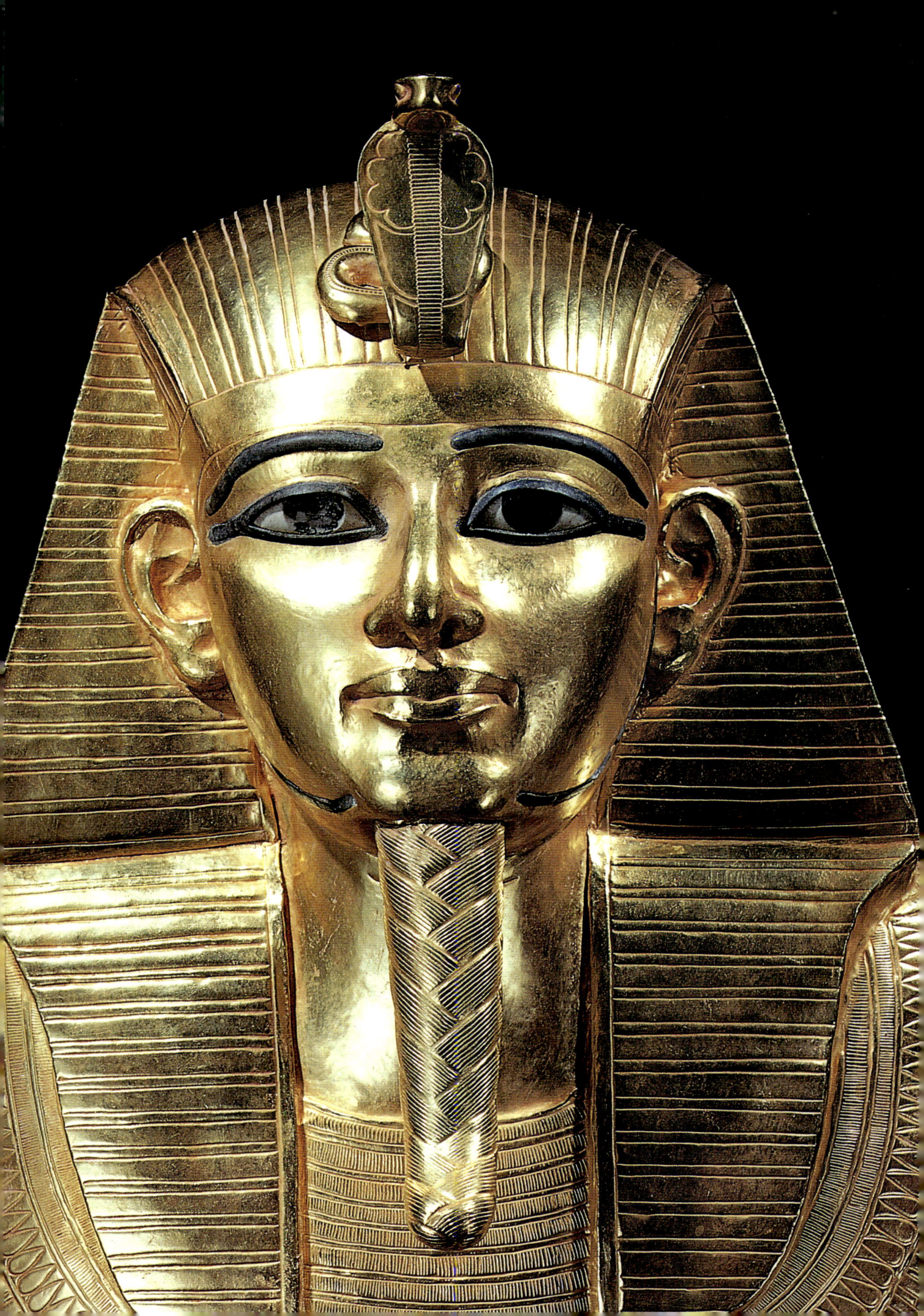

普苏森尼斯的银棺是一件独特的物品，因为它所用的金属非常稀有。在古埃及，银远不如黄金常见，被认为是神灵的骨骼。棺材的棺盖再现了法老的形象，他双臂交叉，双手握着王权和神圣的象征物：**弯钩权杖** (*heqa sceptre*) 和**连枷** (nekhakha)。法老前额的金带支撑着一个纯金的乌赖乌斯。（开罗博物馆）

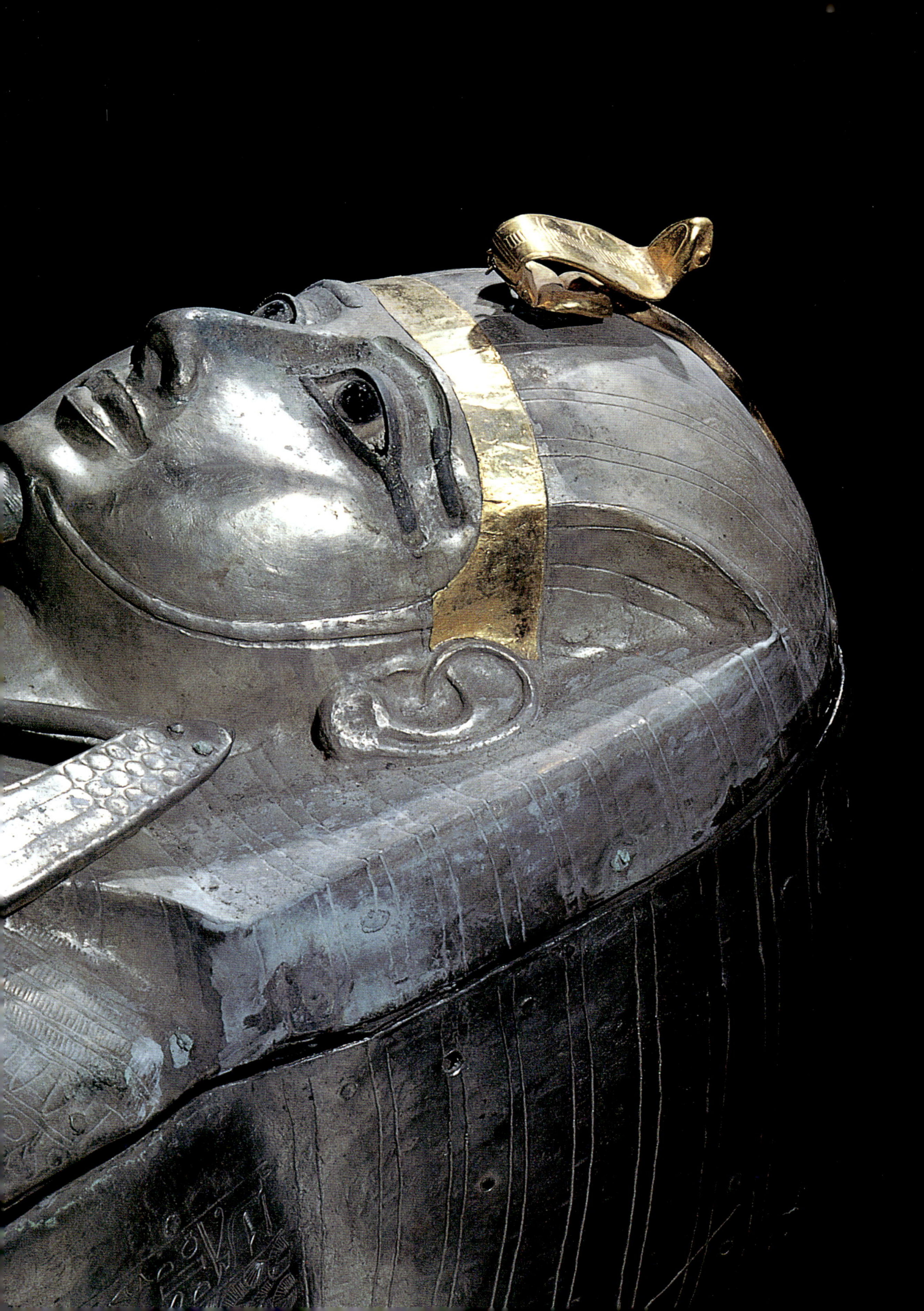

左图 安德鲍恩将军金色面具的面部显示出一定的写实主义特征，与理想化的表现风格形成鲜明对比。这位将军在普苏森尼斯一世手下服役，一抹几乎难以察觉的微笑似乎使他的面容变得鲜活起来。从制作面具的金箔可以看出艺术家非凡的工艺，他是用锤子塑形的——现在还能看到痕迹。（开罗博物馆）

下页上图 法老舍顺克二世（第二十二王朝，约前890）的金质凉鞋。这双鞋是皮埃尔·蒙特在法老墓中发现的，它们是陪葬品的重要组成部分，因为它们允许死者在来世行走。（开罗博物馆）

下页下图 在普苏森尼斯墓中发现的一条金项链，带有王室的王名圈，顶部是一只有翼圣甲虫。这件珠宝精品的五根同心链重达6千克，由围绕纤维芯的无数小环组成，从中央紧固处延伸出14条小链条，每条小链条先分成两条，然后分成四条更小的链条，末端是铃铛。（开罗博物馆）

  虽然该城市已被遗弃，但跟随拿破仑远征埃及的学者们很容易就发现了它。1825年，马赛雕塑家让-雅克·里福（Jean-Jacques Rifaud）来到现场，发现了两个粉红色花岗岩制成的大型**斯芬克斯 (sphinx)** 像，丰富了卢浮宫的收藏。其他挖掘工作由英国驻埃及总领事亨利·萨尔特下令进行。1860年至1864年间，奥古斯特·马里埃特进行了新的探索，发现了更多珍宝，包括帕内梅里特将军（General Panemerit，与克利奥帕特拉之父托勒密·奥勒忒斯同时代）雕像的头部，其躯干现位于卢浮宫。1884年，埃及勘探基金会代表弗林德斯·皮特里也在那里工作，但此后考古学家的注意力被上埃及伟大的古代遗址所吸引，塔尼斯仍然默默无闻，直到皮埃尔·蒙特到来。

  如今塔尼斯有三组遗址：一、阿蒙神庙、孔苏神庙和圣湖；二、立有棕榈式柱头**巨柱 (columns)** 的东部神庙，以及附近的一座可以追溯到第三十王朝时期的荷鲁斯神庙；三、一处王室墓地。其中包括奥索尔孔二世陵墓（1号墓）；普苏森尼斯一世陵墓（3号墓）——这座陵墓中还包含他的继任者阿蒙涅莫普、安德鲍恩将军和赫卡凯普拉·舍顺克国王（通常称为舍顺克二世）的墓穴；阿蒙涅莫普的不完整陵墓（4号墓）；以及舍顺克三世陵墓（5号墓）。

141

上图 由黄金、青金石和绿松石组成的胸饰，发现于塔尼斯，属于安德鲍恩将军。在塔门，即通向神庙的宏伟大门中，有翼圣甲虫将死者的名字托向日轮和天空。这幅画既反映了太阳神在清晨重生的时刻，也反映了亡者复活的主题。站在圣甲虫两侧的女神伊希斯和**奈芙蒂斯 (Nephtys)** 协助死者升天。（开罗博物馆）

下页图 在普苏森尼斯的木乃伊上发现的两个精美胸饰之一的特写，胸饰由黄金制成，有彩色镶嵌物。女神伊希斯张开带翼的双臂，既保护着写着法老名字的王名圈，也赋予它生命的气息。胸饰的中心是圣甲虫（此处仅部分可见），这是凯普里神的形象，是每天早晨重生的太阳神的形象。女神的头上是刻有她名字的宝座。（开罗博物馆）

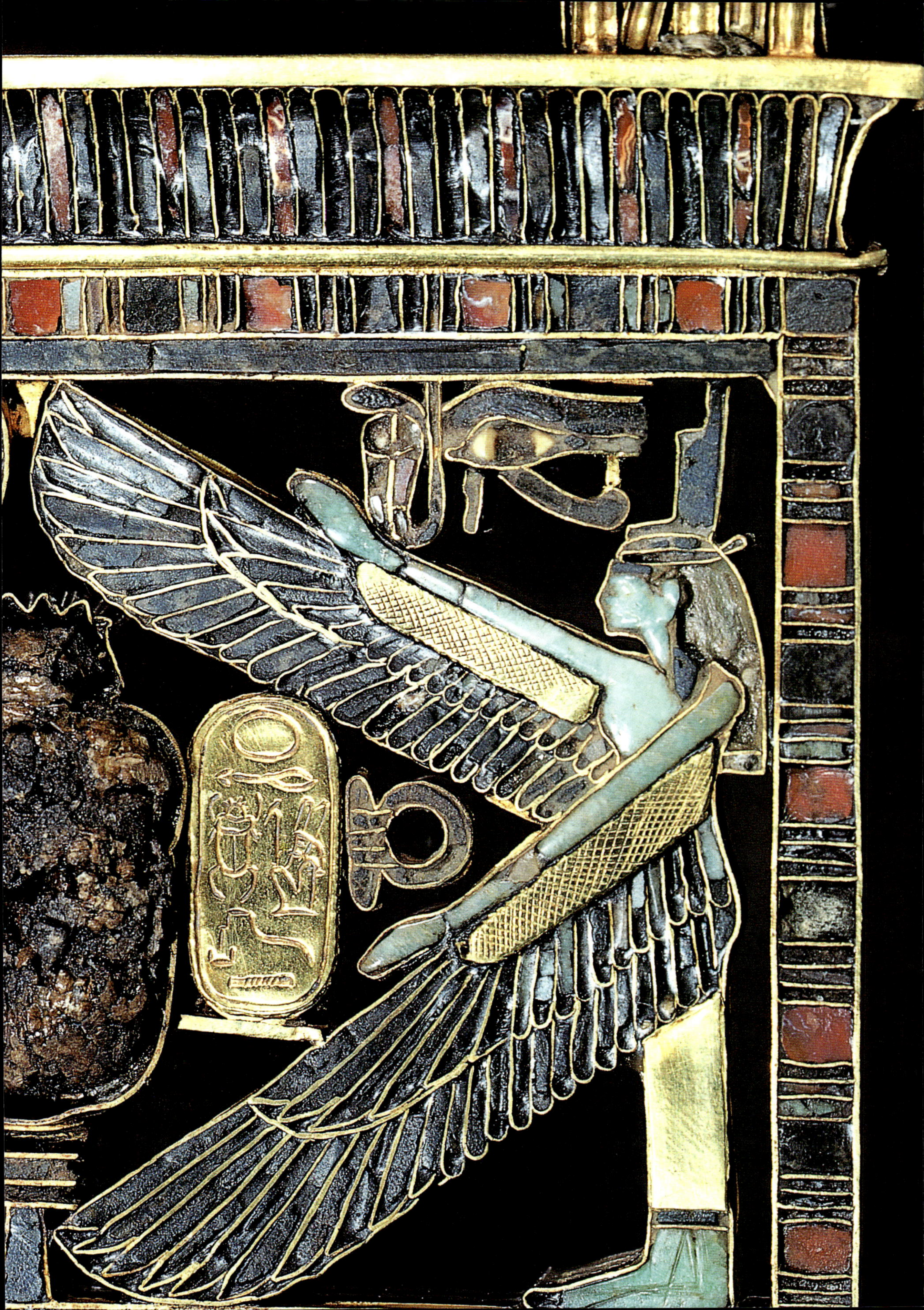

在普苏森尼斯的木乃伊上发现的四个有翼圣甲虫吊坠之一。有翼圣甲虫是太阳和法老本人永恒重生的象征。法老的名字刻在绿色碧玉圣甲虫上方的王名圈中，两侧是两个巨大的几何图形翅膀，翅膀上镶嵌着半宝石（光玉髓宝石和绿松石）和玻璃浆料，圣甲虫则站在强大的护身符舍努印章上，印章的背面刻有《亡灵书》第三十章的段落，呼吁死者的心不要在奥西里斯在场的最终审判中作对其主人不利的证。（开罗博物馆）

在普苏森尼斯木乃伊上发现的众多戒指之一。法老的王名圈雕刻在青金石上，有两排半宝石（光玉髓宝石和青金石）镶边。整个戒指饰有青金石和玻璃浆料构成的几何图案。（开罗博物馆）

这个精美的装饰图案———一个乌加特眼在一个**尼布**(*neb*)标志上方，装饰着一个由黄金、彩陶、光玉髓宝石和青金石制成的手镯，该手镯发现于法老舍顺克二世（第二十二王朝）的木乃伊上。这款手镯风格非常现代化，被发现时与其他六个一起戴在法老的手臂上，起到保护作用，旨在确保死者不朽。乌加特眼是一种强大的护身符。（开罗博物馆）

吉萨，古代世界的最后一个奇迹

　　距开罗市中心约 16 千米的西南处，在沙漠高原的边缘，吉萨的三座大金字塔雄伟地耸立起来。它们由第四王朝的法老（奇阿普斯、齐夫林和美塞里努斯）建造，是古代世界七大奇迹中唯一幸存至今的。跟那些人类遥远过去的宏伟遗迹一样，金字塔笼罩在神秘的气氛中，并产生了无数的神话，这些神话现在已经深深植根于大众的想象中。人们提到金字塔就会想到成千上万的奴隶，他们在无情监工的鞭挞下，无休止地

左图　奇阿普斯金字塔中的大走廊，通往国王墓室，一条狭窄的南北走向墓道与这个宽敞的上行走廊连通。这个走廊长约 45 米，高约 8 米，是真正的建筑奇迹，与其他金字塔中小得多的通道形成鲜明对比。石灰石块排列成七层，纵向层叠，非常精确地组合在一起。

辛勤劳作，以满足残酷的法老追求永恒伟大的雄心壮志和梦想。

这是希罗多德讲述的故事的核心。为了娱乐我们，他还用其他一些幻想出来的细节来说明第四王朝法老有多变态，特别是著名的奇阿普斯，根据这位希腊历史学家的说法，奇阿普斯为了赚钱支持他的金字塔建造，甚至让他的女儿卖淫。

实际情况有些不同：金字塔并非像希罗多德所说的那样由大量劳苦的奴隶建造，而是由自由公民、工匠或农民建造的，他们在尼罗河泛滥覆盖耕地期间（六月到九月），提供义务的"社区服务"，由法老支付酬劳。古代金字塔建造者所使用的精确建造技术仍被热议，也没有任何文件可以阐明，目前的一种理论是，它们是用重叠的坡道建造的，坡道随着金字塔的增高而不断延伸和升高。最近的研究表明，金字塔主体的巨大石灰岩块是在吉萨高原当地开采的，然后由一群工人使用巨大的木制雪橇拖到建筑工地，这些石块随后被一层较硬的石灰石板（早已丢失）覆盖，这些板大多取自对面尼罗河东岸的图拉采石场。

跨页图　奇阿普斯金字塔，埃及有史以来最宏伟的历史遗迹。它高 140 米，由超过 770 万吨岩石建成——超过 250 万块石块经过精确切割，它们之间的接缝宽度不超过半毫米。每个面长 230 米，塔底占地约 5 公顷。

右下图　奇阿普斯太阳船，长超过 42 米，宽超过 5 米，1954 年在金字塔南面附近的一个船坑中发现。这艘船没有使用一根钉子，完全由纤维绳组装在一起。我们不知道这艘船是否曾经航行过，也不知道它的真正功能是什么，但我们可以合理假设它的目的是让法老的灵魂在来世永远航行。并不只有这一艘船：在金字塔的东侧，还有另外三个大坑，原本肯定还有另外三艘船。最近发现了一个未打开的新坑，里面有一艘与第一艘类似的船，如图所示，现在保存在一个专门建造的博物馆中，靠近它原来的存放地。

奇阿普斯金字塔，古代世界的奇迹

　　埃及最大的金字塔由法老胡夫，也就是众所周知的奇阿普斯建造，他公元前 2560 年至前 2537 年左右在位。由于古代建筑师改变了原计划，两次改变石棺墓室的位置，金字塔内部结构复杂。一直以来，这座石头建造的历史遗迹一直是人们孜孜研究的主题，经常被赋予形而上和深奥的含义，它或许还有一些秘密有待揭示。

1. 长方形花岗岩石棺位于墓室西部。由于它的大小比上行墓道略宽，石棺一定是在建造金字塔期间放置在墓室中的。
2. 在最终的建造计划中，法老的墓室被建在比原先计划高的地方，高出地面超过 48 米的地方。石棺墓室占地面积为 50 平方米，高约 6 米，内衬巨大的花岗岩板。
3. 对原计划的第一次修改将墓室移到了更高的位置。第二个墓室位于金字塔的轴线上，也未完工。它被阿拉伯人称为"王后墓室"。
4. 最初的墓室位于金字塔下方，但从未完工。
5. 法老被埋葬，他的坟墓被巨大的花岗岩板封住后，工人们用来离开金字塔的通道。
6. 通往第一个墓室的下行墓道。
7. 上行墓道，高约 1 米，用于进入"王后墓室"。

北

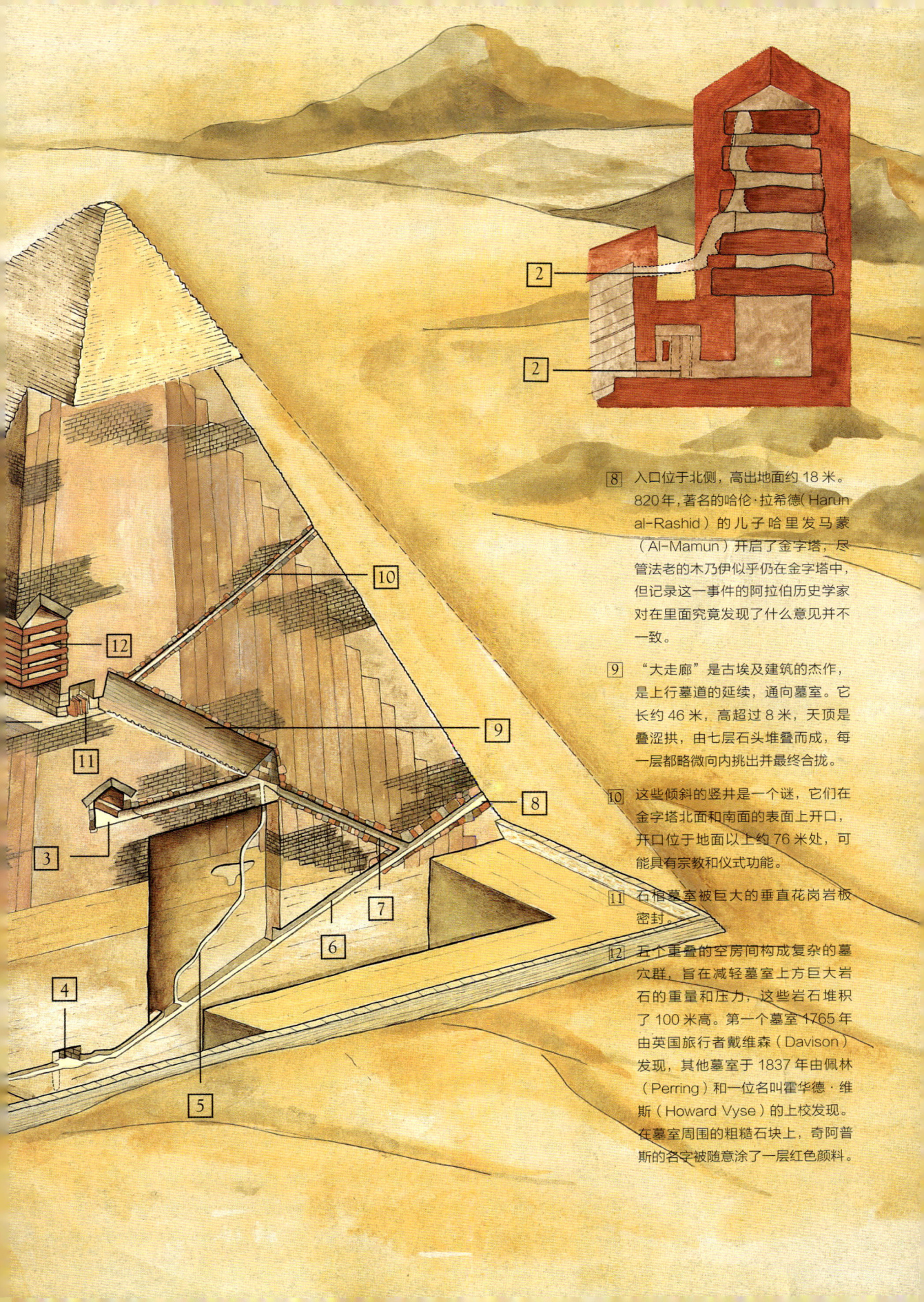

|8| 入口位于北侧，高出地面约 18 米。820 年，著名的哈伦·拉希德（Harun al-Rashid）的儿子哈里发马蒙（Al-Mamun）开启了金字塔，尽管法老的木乃伊似乎仍在金字塔中，但记录这一事件的阿拉伯历史学家对在里面究竟发现了什么意见并不一致。

|9| "大走廊"是古埃及建筑的杰作，是上行墓道的延续，通向墓室。它长约 46 米，高超过 8 米，天顶是叠涩拱，由七层石头堆叠而成，每一层都略微向内挑出并最终合拢。

|10| 这些倾斜的竖井是一个谜，它们在金字塔北面和南面的表面上开口，开口位于地面以上约 76 米处，可能具有宗教和仪式功能。

|11| 石棺墓室被巨大的垂直花岗岩板密封。

|12| 五个重叠的空房间构成复杂的墓穴群，旨在减轻墓室上方巨大岩石的重量和压力，这些岩石堆积了 100 米高。第一个墓室 1765 年由英国旅行者戴维森（Davison）发现，其他墓室于 1837 年由佩林（Perring）和一位名叫霍华德·维斯（Howard Vyse）的上校发现。在墓室周围的粗糙石块上，奇阿普斯的名字被随意涂了一层红色颜料。

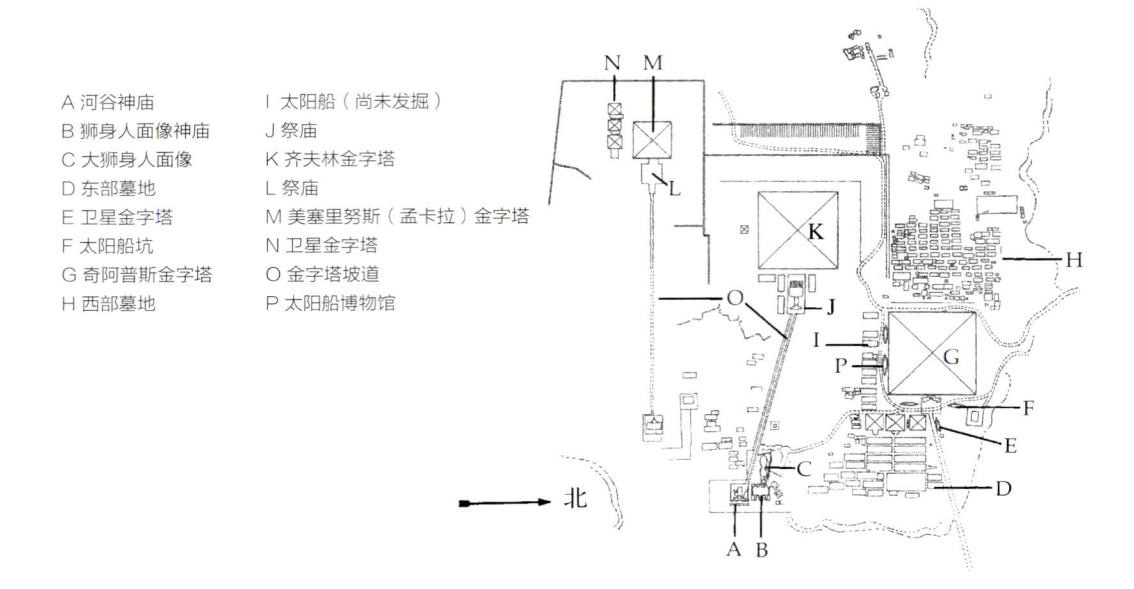

A 河谷神庙
B 狮身人面像神庙
C 大狮身人面像
D 东部墓地
E 卫星金字塔
F 太阳船坑
G 奇阿普斯金字塔
H 西部墓地
I 太阳船（尚未发掘）
J 祭庙
K 齐夫林金字塔
L 祭庙
M 美塞里努斯（孟卡拉）金字塔
N 卫星金字塔
O 金字塔坡道
P 太阳船博物馆

北

上图 在著名的古代世界七大奇迹中，唯一保存至今的就是吉萨大金字塔群。自古以来，它们的雄伟壮丽一直都令人叹为观止；希腊历史学家狄奥多罗斯·西库卢斯写道，金字塔的宏伟壮丽让所有看到它们的人都感到震撼。陪同拿破仑远征埃及的学者们计算出，用建造奇阿普斯、齐夫林和美塞里努斯三座金字塔所使用的材料，可以建造环绕整个法国、高约3米、厚约30厘米的墙。

下页图 大金字塔是第四王朝建筑遗迹的最高典范，表达了将太阳崇拜与法老崇拜联系在一起的哲学和宗教文化，这种文化认为金字塔是太阳光线的石质化，法老的灵魂可以通过金字塔升天并与太阳神拉重聚。齐夫林金字塔位于中央，比奇阿普斯金字塔略小，但它的侧面更陡峭，而且建在较高的地面上，让人觉得它是三座金字塔中最大的一座。希腊历史学家希罗多德在他的《历史》中讨论了金字塔。他错误地指出，齐夫林金字塔与奇阿普斯金字塔不同，没有内部墓室。

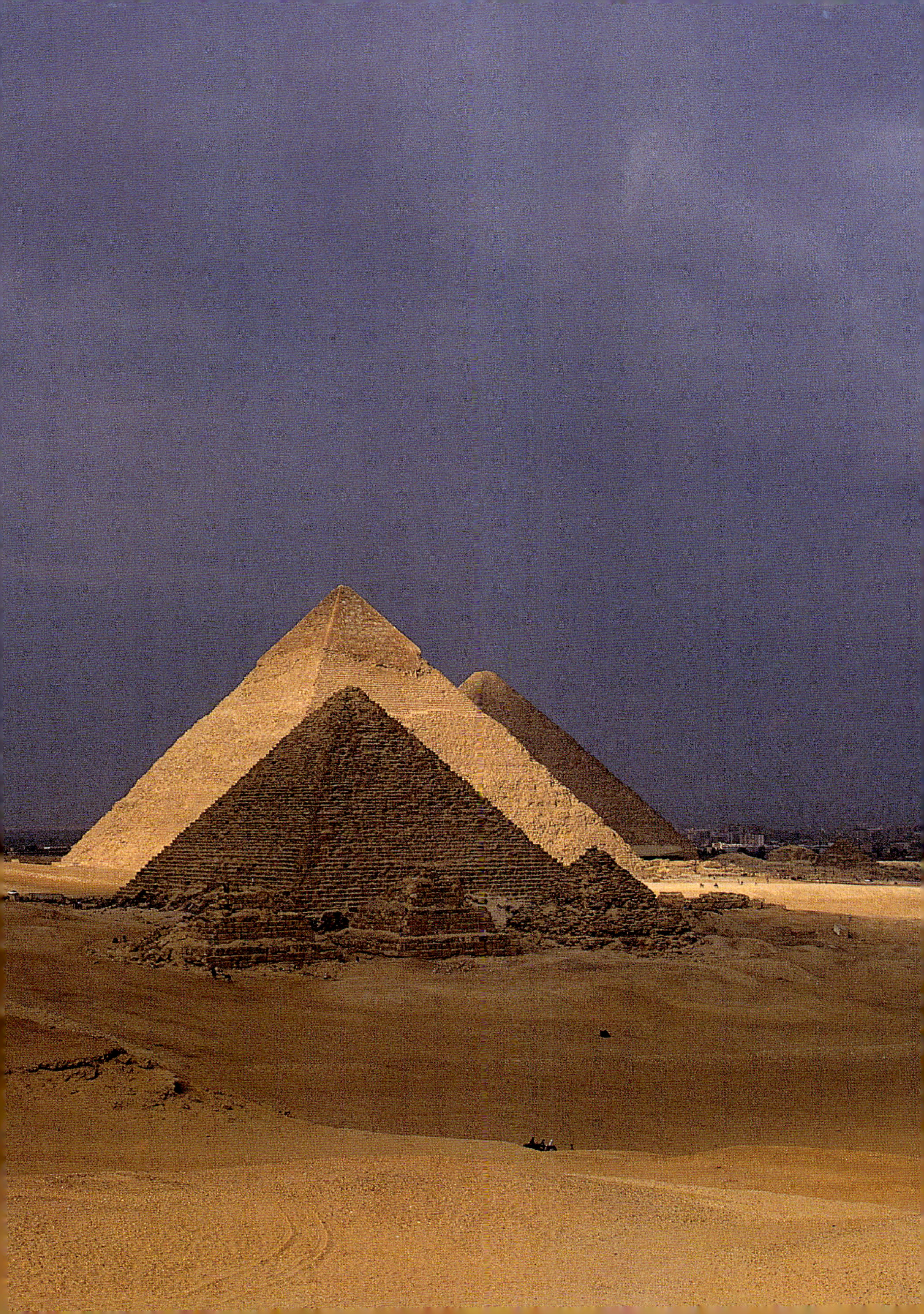

左下图 这个雕像被称为"备用头"，属于法老齐夫林家族的一个成员，在吉萨西部墓地的马斯塔巴中发现。目前尚不清楚在墓室或附近发现的这些极其逼真的真人大小头颅具有什么意义，但它们可能是在死者尸体受损的情况下用作替代品，或者被用作制作死者葬礼面具的模型。（开罗博物馆）

右上图 1860 年奥古斯特·马里埃特在齐夫林金字塔的河谷神庙中发现的齐夫林（前 2529—前 2504 年在位）的威严形象。这座闪长岩雕像是古王国时期最精美的雕塑作品之一，法老的僵硬姿势和理想化的完美状态成功地传达了王室神性的观念。雕像中，国王坐在由两只狮子支撑的宝座上，头上装饰着内梅什巾冠，制作这座雕像的艺术家还在其背面雕刻了鹰形的荷鲁斯神，表明国王为该神的世俗代表：活荷鲁斯。（开罗博物馆）

下页图 著名的美塞里努斯三人雕像，是在美塞里努斯金字塔的河谷神庙中发现的五个组合雕像之一。雕像中，法老头戴上埃及的白色王冠，身着独特的申迪特（*scendyt*）缠腰布。他的两侧是两个神祇：左边是女神哈索尔——"无花果城堡夫人"，她与生育和丰饶的概念有关；右边是上埃及第十七**诺姆（nome, 古埃及的行政区）**的守护神，可通过她头顶上方的特征识别出来。（开罗博物馆）

153

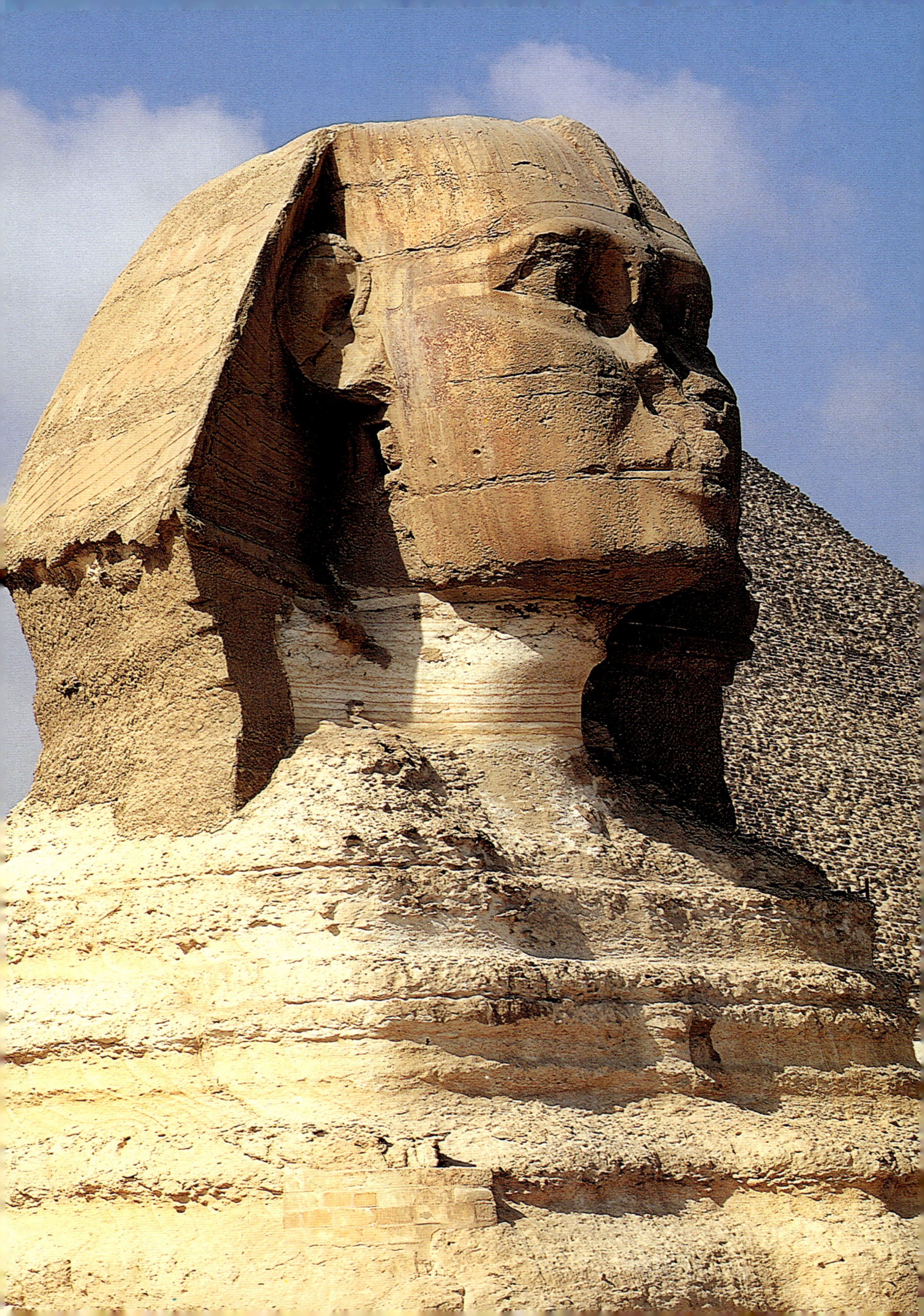

斯芬克斯像，
吉萨墓地的守护者

上页图 大狮身人面像的脸，宽 4 米，眼睛高 2 米，头戴象征王权和神圣的内梅什巾冠。鼻子的一部分、前额上装饰的乌赖乌斯和仪式性的胡须（其中的一部分在大英博物馆中）现在都已经不见了。这尊狮身人面像与众神和法老一样，发挥着保护作用。

右图 这尊狮身人面像是一个男性形象，是太阳神的化身，塑造的是被神化的法老。从第十八王朝开始，狮身人面像就与哈马西斯神（或"地平线上的荷鲁斯"）融为一体。

  斯芬克斯是一个希腊词，取自埃及语舍塞潘卡（*shesep ankh*），意思是"活着的形象"，指狮身和人头或动物头组成的形象，本身就代表神。斯芬克斯是法老统治下最典型的雕塑形式之一，是王权的象征（因此只有法老才能以这种方式展示）或者是保护神的象征。吉萨大狮身人面像似乎在凝视着东方地平线上冉冉升起的太阳，并自古以来就以其古老而神秘的凝视，一直吸引着游客前往埃及。这个奇怪的形象对那些被玄奥之学和伪考古学所吸引的人具有特殊的吸引力。这尊狮身人面像在齐夫林统治期间（前 2529—前 2504）由石灰岩雕刻而成，可能已经被风蚀改变了形状，表面变得粗糙不平。这尊混合了不同生物特征的雕像长约 60 米，高约 20 米，可能将法老齐夫林作为太阳神的鲜活形象，模仿了他的样貌，作为守护者站在吉萨墓地前。从第十八王朝开始，狮身人面像就被认为是哈马西斯神，这是一个融合的神，包含太阳神在其日常路线中的三重形式：早上是凯普里神，中午是拉神，晚上是阿图姆神。

  几个世纪以来，沙漠的沙子慢慢地掩盖了这尊狮身人面像，这可能是希罗多德在他的埃及历史和描述中没有提及它的原因。直到 1816 年，热那亚海军上尉乔瓦尼·卡维利亚（Giovanni Caviglia）才率先开始清理沙子。卡维利亚这一举动可能并非完全出于科学研究的考虑：他可能是被阿拉伯历史学家（包括著名的马克里兹〔Makrizi〕讲述的神秘故事所吸引，大意是该历史遗迹中存在一个秘密洞穴，其中包含的物品不亚于难以捉摸的所罗门之杯。无论如何，卡维利亚在这个历史遗迹中有了一系列有趣的发现，在其中他还发现了一些零散的部件，包括曾经装饰下巴的胡须的一部分，被带到了大英博物馆。

　　19世纪伟大的埃及学家，如奥古斯特·马里埃特和他的继任者加斯顿·马斯伯乐，都对这尊狮身人面像产生了兴趣，但1925年至1936年间埃及学家埃米尔·巴拉兹（Emile Baraize）和萨利姆·哈桑（Selim Hassan）所做的工作才赋予它以现在我们熟悉的样子。

作为吉萨大墓地的巨大守护者，大狮身人面像一直被认为与金字塔一样神秘，它的目光超越了时空。

塞加拉，
孟菲斯墓地

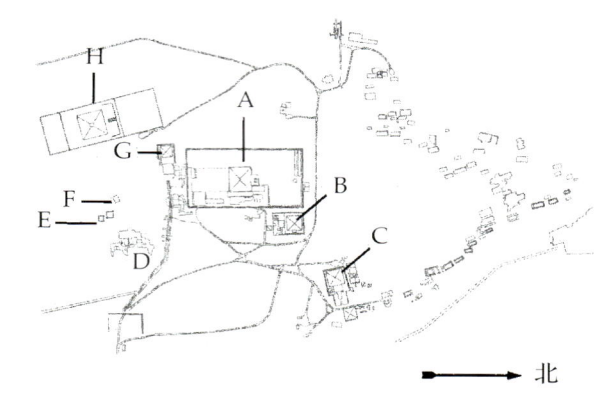

A 左塞尔墓葬群
B 乌瑟卡夫金字塔
C 特提金字塔
D 圣耶利米（Saint Jeremiah）修道院
E 霍朗赫布墓
F 玛雅墓
G 乌尼斯金字塔
H 荷鲁斯·塞汉赫特墓葬群

左图 在第五王朝最后一位国王乌尼斯的金字塔内，墓室的墙壁上首次覆盖了包含祷词和咒语的冗长圣书字铭文。这些是金字塔铭文，旨在帮助法老的灵魂克服重重困难，消除它在冥界遇到的邪恶势力，以便它再次与拉神结合。这些咒语铭文随后演变成棺文写在棺材上，最后在新王国时期演变成《亡灵书》。

吉萨南部是巨大的塞加拉墓地，是与首都孟菲斯相关的所有墓地中最大的墓地。塞加拉以左塞尔的大阶梯金字塔为主，这座金字塔的历史可追溯至第三王朝初期（约前2658），是埃及已知的第一个金字塔。左塞尔的金字塔由伟大的建筑师**伊姆霍特普(Imhotep)** 设计，他后来被神化为魔法师和治疗师，并被希腊人认为是医神阿斯克勒庇俄斯（Asclepius）。伊姆霍特普首先建造了一个大型马斯塔巴，然后增加了五个叠加层级来给它增高，这五层尺寸逐渐减小，直到形成一个六级金字塔。从哲学和宗教的角度理解，金字塔可能代表了国王升天的阶梯。

金字塔周围环绕着巨大的围墙，围墙里有其他供奉法老的建筑物，包括供奉已故国王的祭庙，以及用于庆祝塞德节（或"周年庆典"，

上图 阿布西尔第五王朝建筑群位于塞加拉北部，除了平民的墓葬和乌瑟卡夫太阳神庙遗迹外，还包括萨胡拉、纽塞拉和内弗尔卡拉三座金字塔。建造过程中使用的技术和材料导致其结构既不甚坚固也不抗侵蚀，随着时间的推移已经严重破败。在世纪之交，埃及学家约翰·伯克哈特对它们进行了深入研究。

位于塞加拉的左塞尔阶梯金字塔。随着第三王朝的到来，法老的陵墓也成为他的神性和超越死亡、造福整个大地的神力的象征。左塞尔著名的建筑师伊姆霍特普表达了这些概念，他将一个简单的马斯塔巴增高，变为一系列尺寸递减的叠加马斯塔巴，从而形成阶梯金字塔，象征着通往天堂的阶梯，让法老的灵魂得以上升。

法老在位三十年时庆祝）的建筑物。这种仪式可以追溯到前王朝时期，旨在振兴国王的权力，国王在仪式期间沿着既定的仪式路线行进。

塞加拉大墓地内有 15 座王室金字塔，其中最重要的是第五王朝创始人乌瑟卡夫（其太阳神庙位于阿布西尔）、乌尼斯（第五王朝）和特提（第六王朝）建造的金字塔。乌尼斯金字塔是第一个内壁覆盖圣书字铭文的金字塔。这些是金字塔铭文，是咒语的汇编，旨在引导法老克服所有障碍，穿越来世。

塞加拉大墓地的最早使用时间早于金字塔时代，其中最古老的墓葬属于法老阿哈时代（第一王朝），他是那尔迈的继承人，创建了孟菲斯，统一了埃及。位于左塞尔金字塔北部的第一王朝的大马斯塔巴属于孟菲斯的高级官员，这一时期的统治者则下令将自己埋葬在阿比多斯市的王室墓地中。可能从第二王朝拉涅布和尼内特吉开始，法老才被埋葬在塞加拉。就像法老生前被朝臣包围一样，古王国时期法老死后的王室陵墓也被高官及其家属的陵墓所包围。目前已发现超过 250 个地下墓室，大部分可追溯到公元前 2658 年至前 2150 年的第三到第六王朝期间。这些陵墓奢华，有些规模宏大，并装饰着华丽的浮雕，这些浮雕最初是上色的，描绘了死者的生平，让现在的人们得以一窥五千年前在金字塔下人们所经历的日常生活。

另一组墓葬属于新王国时期，其中最重要的可以追溯到阿蒙诺菲斯三世统治时期，从图坦卡蒙统治时期到拉美西斯二世统治时期的墓葬也尤为重要。近年来，在新王国时期陵墓占据的墓地区域进行的挖掘工作取得了惊人的成果，其中特别重要的是发现

左塞尔，塞加拉阶梯金字塔的建造者。这尊等身雕像用石灰石雕刻而成后上色，发现于金字塔北侧的祭祀祈祷室塞尔达布。塞尔达布是一个封闭的空间，仅通过一条狭窄的缝隙与外部连通。通过这种结构，化身为雕像的已故法老可以与外界保持联系并接受祭司的日常祭品。（开罗博物馆）

左上图 塞加拉一处平民墓地的浮雕中的祭祀屠宰场景，可追溯到第五王朝时期。

右上图 描绘葬礼队伍的浮雕，发现于塞加拉的一处平民墓葬中，可追溯到第五王朝时期。在这幅局部图中，三个仆人为死者搬运食物和动物。

左下图 在生活于第五王朝时期的一位高级官员提伊（Ti）的马斯塔巴主祈祷室中，浮雕非常详细地描绘了建造木船的各个阶段。这是相关领域唯一一份资料，对于研究古王国时期的造船技术具有特殊的重要性。

了神秘的阿佩里亚（Aperia）或称阿佩雷尔的坟墓，他是阿蒙霍特普三世时期的维齐尔，一些学者认为他就是《圣经》中的约瑟夫；霍朗赫布的私人陵墓（他后来成为法老，因此被埋葬在帝王谷）；玛雅墓，她是图坦卡蒙手下的财务总管。有一点是肯定的：仍然有大量陵墓等待发现，1993 年 4 月就发现了一座新的属于拉美西斯二世统治时期高级官员的陵墓（可能是墓地新分区中的第一座）。在塞加拉大墓地陵墓兴建活动并没有随着新王国时期的结束而停止，在第二十六、二十七和三十王朝一直持续着，直到希腊罗马时代。

第二十六和第三十王朝之间的时期为塞拉比尤姆神庙挖掘了最大的走廊，塞拉比尤姆神庙是著名的圣牛阿匹斯墓地。塞拉比尤姆这个名字来源于乌西尔 – 阿匹斯（Usir–Apis）一词，即"已故的阿匹斯"，后来与希腊 – 埃及神塞拉比斯联系在一起，不过孟菲斯的阿匹斯公牛神崇拜可以追溯到前王朝时期。阿匹斯与生育有关，并与孟菲斯重要的造物神**普塔 (Ptah)** 联系在一起。这座在拉美西斯二世统治下开始挖掘的巨大地下结构包含 24 个巨大的圣牛石棺，其中最大的石棺重达 70 吨。

孟菲斯，第一个首都

A 阿普里斯宫
B 小庙
C 北围墙
D 拉希纳村
E 池塘
F 普塔神庙围墙
G 考姆法克利（Kom el-Fakry）
H 考姆拉比亚（Kom el-Rabiya）
I 哈索尔神庙
J 普塔小庙
K 巨像
L 雪花石斯芬克斯像
M 麦伦普塔赫神庙
N 麦伦普塔赫宫
O 考姆卡拉（Kom el-Qalaa）
P 考姆阿尔拜恩（Kom el-Arbayn）
Q 考姆那瓦（Kom el-Nawa）

孟菲斯由那尔迈在被称为麦卡塔维（Mekhattawi）的地区建立，该地区也被称为"连接两地的地方"，当时它就在尼罗河三角洲的尖端，标志着上埃及和下埃及之间的边界。在早王朝时期和古王国时期，这座城市成为埃及的首都。

在古代，它被称为伊内布－海吉（*Ineb-hedj*），或"白墙"，根据希罗多德的说法，这指的是为保护该城免受尼罗河泛滥侵袭而建造一座大坝。后来它改名为安赫－塔维（*Ankh-tawi*），即"两地生活"。孟菲斯的一座供奉胡－卡－普塔（Hut-Ka-Ptah）的神庙可能是 *Aigyptos* 一词的起源，希腊人用这个词称呼埃及整个国家。

在古代，孟菲斯城范围广阔，但仅有部分保存下来。少数可见的废墟散落在拉希纳村（Mit Rahina）附近的海枣树林中。这座城市的大部分及其建筑物仍待发掘。

孟菲斯的拉美西斯二世巨像，虽然未完工，但这座由一整块石灰石雕刻而成的雕像仍然长约 10 米。这座宏伟的雕像 1820 年由意大利旅行家乔瓦尼·卡维利亚发现，由穆罕默德·阿里捐赠给大英博物馆。然而，运输巨像的任务使英国人望而却步，今天它仍安放在孟菲斯古迹区的一个小博物馆里。

新王国时期，孟菲斯依然是主要的经济和贸易中心。尽管该城市延伸广阔的城区有大部分仍被埋在农田下，或被距离塞加拉约1.6千米的小村庄拉希纳的建筑物和房屋所覆盖，但仍可以看到宗教建筑的废墟，如孟菲斯的主要神灵普塔的神庙以及一些雕像。其中最值得一提的是这个雪花石膏石斯芬克斯像。人们认为它可追溯到拉美西斯二世统治时期，它长8米、高4米、重约90吨——可能是目前发现的最大的可移动艺术品。

代赫舒尔和美杜姆：
真正金字塔时代的开端

代赫舒尔和美杜姆位于塞加拉以南几千米处，具有特别重要的意义，因为它们是最早的真正几何意义上的金字塔的遗址，这些金字塔建于第三王朝末期至第四王朝初期，清楚地展示了塞加拉阶梯金字塔的发展进步。在美杜姆，左塞尔的继任者、第三王朝的最后一位统治者法老胡尼建造了一座阶梯金字塔，与塞加拉的阶梯金字塔并无不同。随后，它被石灰石板覆盖，使结构看起来像一个真正的金字塔，从而

跨页图　真正金字塔的原型是在美杜姆建造出来的。第三王朝的最后一位法老胡尼建造了一座雄伟的阶梯金字塔，随后第四王朝的第一任统治者斯尼夫鲁用石灰石板将其覆盖。因此，这座建筑被赋予了真正金字塔的外观。然而，这次尝试并不十分成功。外鞘的底部没有坚固的支撑，并从原先的阶梯金字塔本身脱落下来。因此，外墙滑落再加上建筑物部分倒塌暴露了它的核心，使其呈现出现在的样子。

这里根据弗林德斯·皮特里和博尔夏特（Borchardt）的研究绘制了美杜姆金字塔的内部结构。

1　斯尼夫鲁统治时期的外鞘（第三阶段）。

2　通过增加阶梯数来扩大金字塔（第二阶段）。

3　原始的七级金字塔结构（第一阶段）。

4　入口，位于金字塔北侧。

5　墓室：第一个在金字塔内的墓室。1882年，马斯伯乐进入了金字塔，但他没有发现任何石棺的踪迹。

A 罗马时期的墓地　　E 卫星金字塔
B 北部墓地　　　　　F 南部墓地
C 马斯塔巴
D 斯尼夫鲁和胡尼金字塔

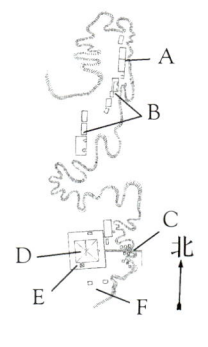

标志着两种建筑形式之间的过渡点。这种变化也可能标志着时代技术观念的转变。如果阶梯金字塔象征着国王的灵魂爬上天堂的阶梯，那么现在国王的灵魂可以沿着真正金字塔的陡峭侧面爬上天堂，真正金字塔是太阳神拉（法老的灵魂将与他重聚）养育万物的光芒的更纯粹的形式，它用石头将光芒具象化了。1888年至1891年间，英国的埃及学家弗林德斯·皮特里首次对美杜姆金字塔进行了系统研究，该研究揭示了许多与第四王朝金字塔明显相关的结构，包括堤道和祭庙。堤道东西走向，在围绕金字

迷人的"美杜姆鹅",在美杜姆的一个私人墓葬——内费尔马特和他的妻子伊泰（Atet）的马斯塔巴中发现。该作品可追溯到第四王朝斯尼夫鲁统治初期。这些鹅被画在墓道用砖坯砌成的墙壁上,鲜活地体现出那个时代艺术家的精湛技艺和已经高度发展的艺术敏锐度。（开罗博物馆）

塔的围墙边结束。在金字塔东侧但与金字塔隔着一个庭院的是一座供奉祭品的祈祷室,这是祭庙的雏形,结构非常简单,由两个房间组成,其中最里面一个房间有两块朴素的石碑,中央是圣坛。在金字塔的北侧有一个入口通向墓道,墓道通往墓室,这是金字塔内部第一次有墓室。南边,在金字塔和围墙之间,有一个卫星金字塔。

研究表明,美杜姆金字塔是分三个连续阶段建造的。最初的金字塔由七级阶梯组成（第一阶段）。随后对其加以扩大,可能将阶梯数增加到八级（第二阶段）。最后阶段（第三阶段）可追溯到第四王朝第一位法老斯尼夫鲁统治时期,在这个阶段,每级阶梯都填充了来自其他建筑的材料,并最终用光滑的石灰石板套壳,使阶梯金字塔看起来像真正的金字塔。金字塔东侧的供品祈祷室也可以追溯到这一时期。然而,斯尼夫鲁的改进并不成功,因为随着时间的推移,金字塔的外鞘滑落到下层,使它变成今天的奇怪形状。

下页图　斯尼夫鲁的儿子、赫利奥波利斯的祭司拉霍特普（Rahotep）王子和他的妻子诺夫雷特（Nofret）的坟墓中出土了这两尊华丽的彩绘石灰石雕像,描绘了这对已故夫妻。生动的色彩和雕刻家雕刻人物的技巧赋予它们栩栩如生的外观,以至于它们于19世纪在开罗博物馆的创始人埃及学家奥古斯特·马里埃特的挖掘过程中被发现时,工作人员都惊惧而逃。（开罗博物馆）

左图　美杜姆金字塔群在斯尼夫鲁统治期间可能的样子,包括:东侧的丧葬祈祷室(a);围墙(b);堤道(c);河谷神庙(d);一座卫星金字塔(e);和一个马斯塔巴(f)。

斯尼夫鲁在美杜姆以北几千米的代赫舒尔又建造了两座金字塔。第一个被称为"菱形金字塔",或"代赫舒尔南金字塔",而另一个被称为"代赫舒尔北金字塔"。在建造第一座金字塔的最初计划中,它仅比奇阿普斯金字塔略小,但在建造的过程中,建筑师们注意到内室拱顶有一些倒塌的迹象。因此,他们决定通过修改金字塔表面的倾斜度来减轻拱顶所支撑的负载——这种解决方案使这座金字塔变成奇怪的菱形。只有在建造第二座金字塔即代赫舒尔北金字塔时,建筑师才成功地建造了一座完美的真正金字塔。

法尤姆，在绿洲和沙漠之间

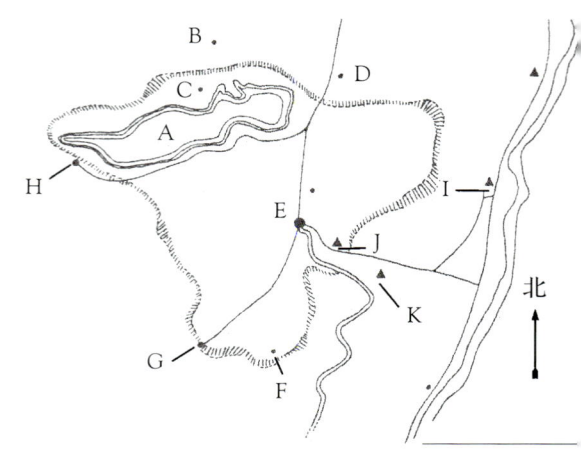

法尤姆通常被描述为绿洲，这是错的，实际上它是一片肥沃的绿地，是个大致呈圆形的巨大洼地，东西宽约 60 千米。它的西北角是加龙湖，古人称之为莫里斯（Moeris）湖，其科普特名字佩奥姆（Peiom）是现代名字法尤姆（Faiyum）的来源。该湖通过一条名为拜赫尔优素福的运河（Bahr Yussuf，即约瑟夫运河）与尼罗河相连。

古埃及人将法尤姆称为梅尔－维尔（Mer-ner）——"大湖"，尽管它实际上是一个巨大的沼泽，动物繁多，植被茂密。该地区在第十二王朝（首都迁至利施特）和托勒密时期（托勒密·费拉德尔甫斯进行了重大的开垦工程）以及后来的罗马时代都尤为重要。

该地区的首府是麦地纳法尤姆市（人口 10 万），即托勒密时代的阿尔西诺市，由于当地崇拜鳄鱼的习俗，它也称为鳄鱼城，以纪念鳄鱼神**索贝克(Sobek)**。法尤姆的许多考古遗迹都可以追溯到希腊和罗马时期，例如卡拉尼斯城遗址（靠近现代的考姆奥希姆）和一座献给当地众神的神庙，以及靠近盖斯尔加龙村庄的狄俄尼索斯城。它在湖岸的最西端，那里的神庙仍然保存完好，也有中王国时期的重要遗迹幸存下来，例如麦地纳马地神庙和古城纳姆迪斯，在这里，法老阿蒙涅姆赫特三世建造了一座供奉眼镜蛇女神**列涅努忒特(Renenutet)**和鳄鱼神索贝克的神庙，该神庙在托勒密时代和罗马时代扩建。第十二王朝国王的泥砖金字塔拉罕和哈瓦拉位于法尤姆最南端，也可以追溯到中王国时期。

拉罕金字塔由塞索斯特利斯二世在岩石地基上建造，位于拜赫尔优素福汇入法尤姆的地方，而哈瓦拉金字塔和巨大的祭庙则由阿蒙涅姆赫特三世建造，在古代被称为迷宫，因为据说它有 3000 个房间。

A 加龙湖
B 盖斯尔萨加（Qasr el-Sagha）神庙
C 迪梅塞巴／索克诺帕卢尼索斯
D 卡拉尼斯
E 麦地纳法尤姆
F 赫卢阿
G 麦地纳马地
H 盖斯尔加龙神庙
I 美杜姆金字塔
J 哈瓦拉金字塔
K 拉罕金字塔

跨页图 这座面积宽广、位于麦地纳马地的阿蒙涅姆赫特三世（第十二王朝的第六位法老）神庙部分被掩埋在法尤姆地区南部的沙漠里，前面有长长的狮头斯芬克斯像大道（dromos，希腊语，也称德罗莫斯）通向神庙。麦地纳马地是古城贾的遗址，该城在希腊罗马时代被称为纳姆迪斯，而这座麦地纳马地的神庙由米兰**纸莎草 (papyrus)** 学家阿希尔·沃格里亚诺（Achille Vogliano）领导的团队在 1934 年至 1939 年对其进行了发掘和研究。这是埃及已知的唯一一座可追溯到中王国时期且保存完好的朝拜建筑。最初，这座神庙供奉名为列涅努忒特的眼镜蛇女神，她是庄稼和收成的守护神，以及鳄鱼神索贝克，他在该地区特别受尊崇。神庙后来在托勒密时代得到扩建，专门供奉神化的法老阿蒙涅姆赫特三世。

阿玛纳，世袭法老的首都

泰勒阿玛纳靠近现代村庄阿布古尔加斯（Abu Qurqas），位于尼罗河右岸的孟菲斯和底比斯中间，那里矗立着埃赫塔吞（"阿吞的地平线"）的遗址。埃赫塔吞是一座生命短暂但规模宏大的首都，由异教法老阿蒙诺菲斯四世——埃赫那吞建立，整个城市在一个巨大的冲积平原上以极快的速度建成，东临群山。城市本身的边界由一系列石碑标出，这些石碑被称为边界石碑。这座城市的建筑包括一座供奉阿吞的神庙、王宫、法老的私人住宅以及各种官员政要的住所。1887年在这里发现了王室档案——大量写满楔形文字的泥板，包括法老与中东其他国家的国王和总督之间的官方通信。

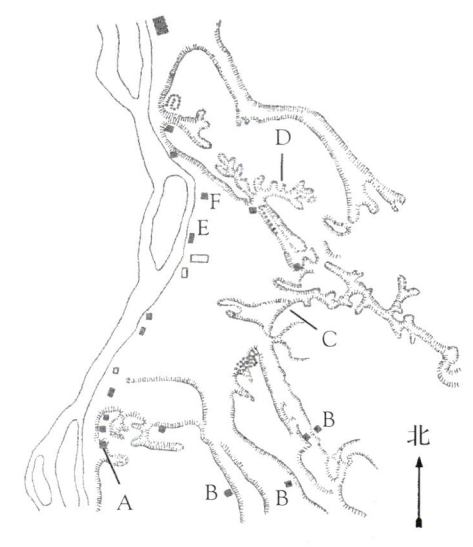

A 南入口　　D 北墓地
B 石碑　　　E 王宫
C 南墓地　　F 阿吞大神庙区

下页图　阿蒙诺菲斯四世，他将自己改名为埃赫那吞，意思是"取悦阿吞的人"，建立了对单一神祇阿吞神即日轮的崇拜。在他统治的第四年，这位法老还在埃及中部建立了一个新首都，称为埃赫塔吞，或"阿吞的地平线"（现在的阿玛纳）。在他统治期间，与他激进的宗教思想并行的是新的艺术发展方向，与以前的惯例形成鲜明对比。由此产生的风格现在被称为阿玛纳风格，以一种前所未有的感性和写实主义为标志。与新的艺术规范相符，法老的面部特征被故意扭曲和拉长，也许是为了表达一种强烈的灵性。这尊雕像是在卡纳克的阿吞神庙发现的，埃赫那吞下令在阿蒙神庙围墙东侧外建造这座阿吞神庙。它是一系列奥西里斯巨像的一部分，矗立在神庙庭院的28根柱子前。（卢克索博物馆）

左图　埃赫那吞用14块石碑标出了他的新首都埃赫塔吞（现代埃及中部的阿玛纳）的边界，每块石碑上都刻有王室在阿吞神面前崇拜他的图像以及长长的铭文，其中包含向太阳神祈祷的祷词。

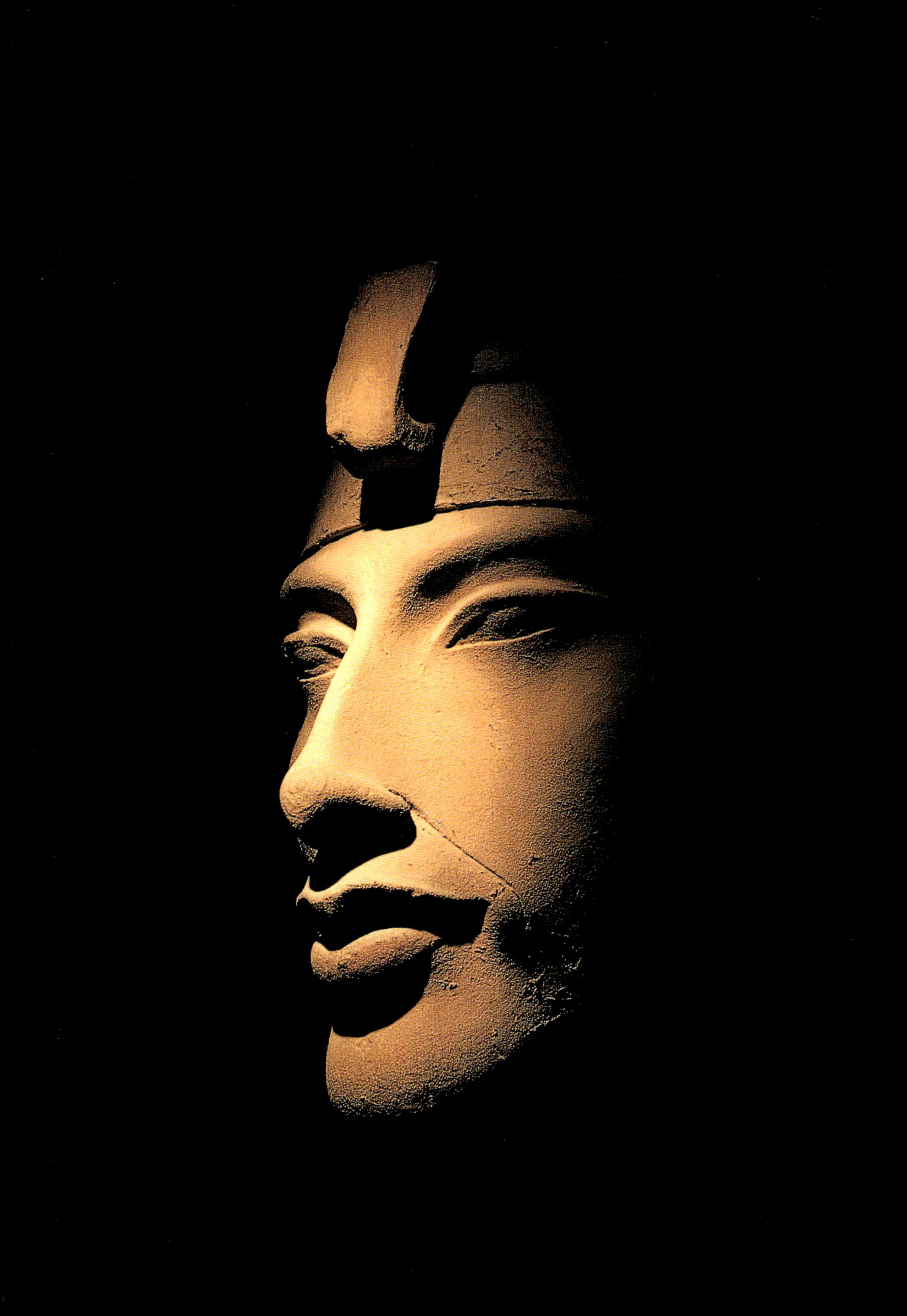

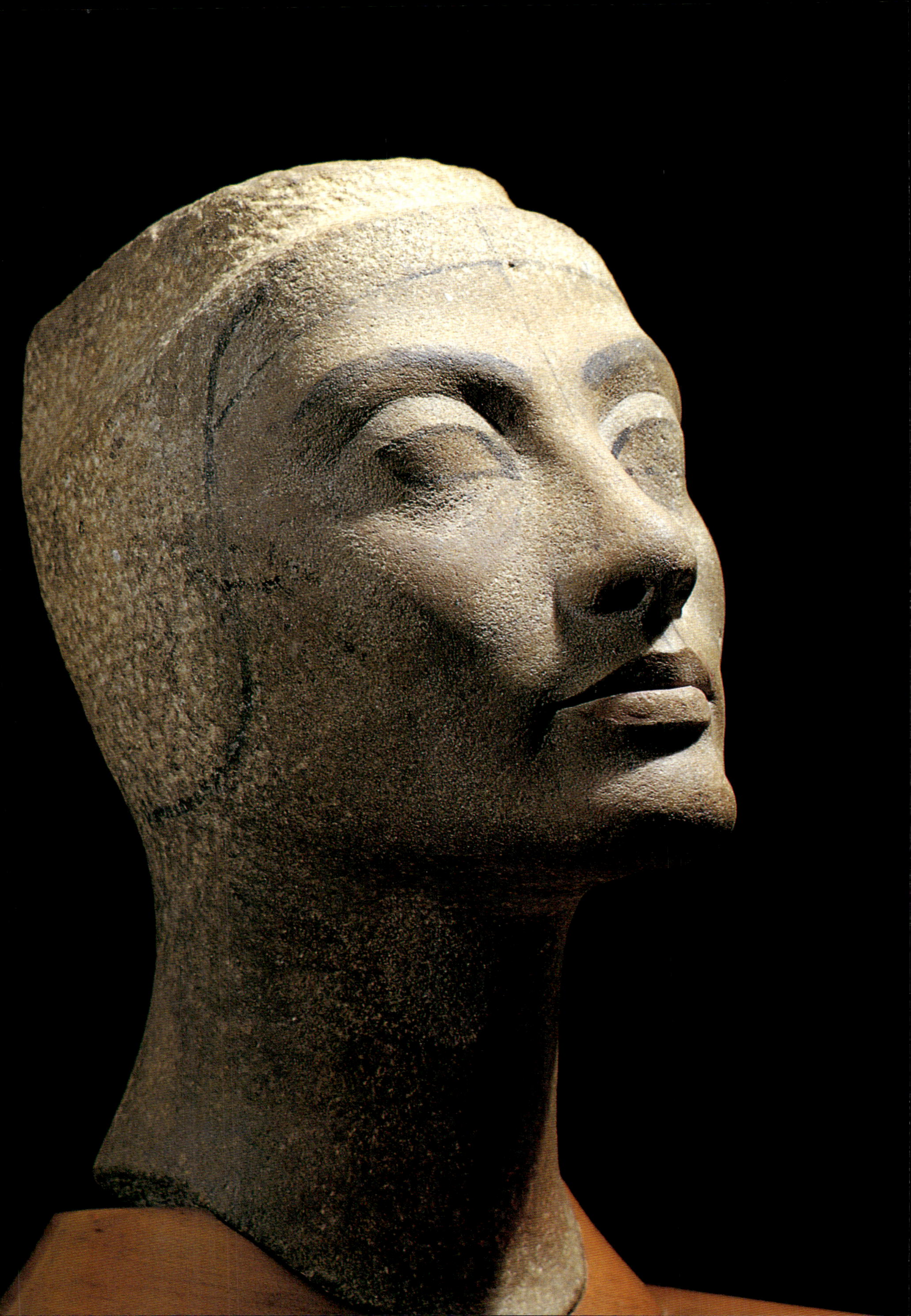

埃赫塔吞在建成仅15年后就被废弃，用作建筑材料的采石场，并且从未重建过——今天，除了散布在大片地区、几乎辨认不出的废墟之外，什么也没有。

但现代游客不应该被阿玛纳平原荒凉的外观欺骗。在埃赫那吞时代，这是一个广阔的花园，植物、鲜花和华丽的宫殿错落其间，宫殿有描绘自然主题的华丽彩绘装饰，甚至还有一片湖泊。墓地由25座凿入山中的石窟陵墓组成，其壁画证明了在埃赫那吞统治下开始和完成的深刻艺术革命，其风格现在被称为阿玛纳风格。

上页图　一座未完成的纳芙蒂蒂王后石英岩半身像，她是埃赫那吞的妻子，这座雕像于1932年埃及勘探协会在阿玛纳进行挖掘时发现。很明显，艺术家努力表达一种纯粹的线条和美感，与该时期其他作品更为粗犷的写实主义形成鲜明对比。埃赫那吞和纳芙蒂蒂的婚姻孕育了六位公主，其中包括安克赫娜蒙（Ankhesenamun），她后来嫁给了同父异母的弟弟图坦卡蒙。（开罗博物馆）

上图　异教法老埃赫那吞正在供奉祭品。这尊彩绘石灰石雕像于1911年在阿玛纳发现，雕像中法老王戴着蓝冠，虽然他的面部特征已经柔化，但典型的阿玛纳风格仍然很明显。他的脸很尖，耳朵大得不成比例，耳垂有穿孔，而且，与通常的雕像不同的是，这位国王没有单腿向前迈进。（开罗博物馆）

阿比多斯，奥西里斯之城

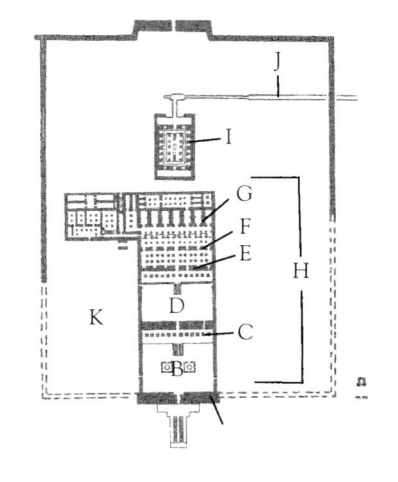

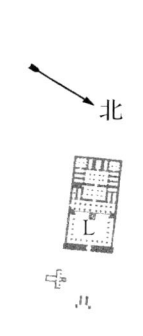

A 塔门
B 第一庭院
C 门廊
D 第二庭院
E 第一柱式大厅
F 第二柱式大厅
G 祈祷室
H 塞索斯神庙
I 奥西里昂
J 通道走廊
K 仓库区
L 拉美西斯神庙

北

至少从早王朝时期开始，阿比多斯就是一个与死者崇拜有关的宗教中心。最初是一个叫作肯他米图（Khentamentiu）的当地神被崇拜，其名称意味着"西方人之首"，是亡者之主。后来，在古王国时期，这个神与奥西里斯的形象重合，这位古代神的名字也成为奥西里斯的称呼之一。阿比多斯被认为是奥西里斯的墓址之一，因此被认为是圣城，是朝圣的目的地。第一王朝的所有法老和第二王朝的两位法老都被埋在阿比多斯，从中王国时期开始，某些法老在这里建立了**衣冠冢(cenotaph)**，以象征性地参与奥西里斯的复活。

塞索斯一世在阿比多斯建造了两座建筑：一座祭庙和一个衣冠冢。这座祭庙被斯特拉波称作曼农神庙，用于供奉塞索斯一世和其他六位神灵——奥西里斯、伊希斯、荷鲁斯、普塔、**拉－哈拉克提(Re-Harakhty)** 和阿蒙－拉；被称为奥西里昂的衣冠冢矗立在祭庙后面，其结构（类似于陵墓）旨在象征原始水域，地球在中间的原始小丘中成型。

它的墙上装饰着咒语铭文、关于**创世说(cosmogony)** 的绘画和天文绘画。拉美西斯二世完成了对父亲祭庙的装饰，也在阿比多斯为自己建立了一座祭庙，规模较小，不幸的是，保存得也不那么好。

阿比多斯是古埃及最重要的宗教中心之一。由于它被认为是冥界之主奥西里斯的墓的遗址之一，很多人在那里建了小衣冠冢，这样他们就可以参与奥西里斯复活的过程。从中王国时期开始，尤其是在第十八王朝和第十九王朝时期，包括塞索斯一世在内的法老在那里建造了祭庙和衣冠冢。塞索斯一世的衣冠冢名为奥西里昂，是一个奇怪的建筑，位于祭庙后面，在埃及独一无二。它是体现了古埃及创世说中的时间概念的建筑实体，也模仿了奥西里斯的陵墓。

阿比多斯塞索斯一世神庙中的王表，包含塞索斯一世之前 76 位埃及国王的王名圈。图中塞索斯一世和他的儿子，后来的拉美西斯二世在王表前烧香。

拉美西斯二世也在阿比多斯为自己建造了一座祭庙，距离他父亲的祭庙不远。他的祭庙装饰着宏伟的彩色浮雕，现在仍然可以看到。

左图 埃及诺姆的两位守护神。

跨页图 拉美西斯二世站在**供桌 (offering-table)** 前，右手握着一个**赛汉姆 (Sekhem)** 权杖。

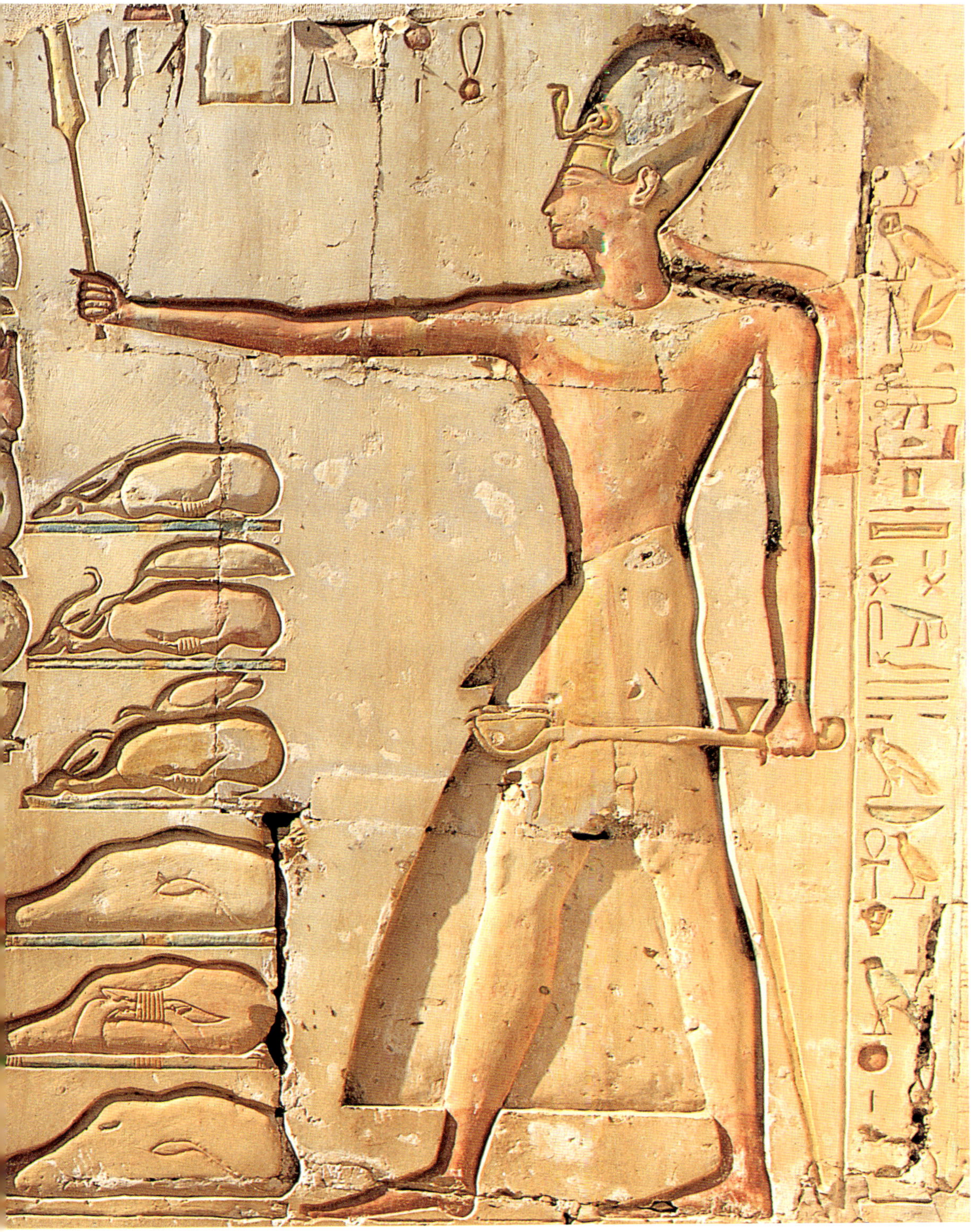

下图 丹德拉神庙的圣湖，位于主建筑的西南方，既可供在神庙供职的祭司沐浴，也可能用于与奥西里斯死亡和复活有关的神秘仪式。

A 图密善和图拉真门廊
B 罗马玛米西庙
C 基督教大教堂
D 第三十王朝和托勒密时期的玛米西庙
E 疗养地
F 外层柱式大厅
G 第二柱式大厅
H 哈索尔大神庙
I 神殿
J 伊希斯诞生庙
K 圣湖

丹德拉，哈索尔领地

丹德拉是上埃及第六诺姆的首府，其墓地包括早王朝时期到古王国晚期的陵墓。丹德拉的主要历史遗迹是希腊罗马时期供奉哈索尔女神的神庙，保存得非常完好，外墙下有很深的地窖，还装饰着精致的浮雕，在屋顶上是供奉奥西里斯的一系列祈祷室，因为丹德拉被认为是这个神的陵墓之一。

在一个祈祷室的天花板上是著名的黄道十二宫图（如今的是复制品），在拿破仑远征埃及期间被法国军队搬走并带到卢浮宫。在主要建筑物前面的入口右侧是两个**玛米西庙（*mammisi*，诞生房）**，用于庆祝哈索尔女神的儿子伊希（Ihy）诞生。第一个玛米西庙在法老内克塔内布一世（第三十王朝）统治时开始建造，并在托勒密时期完成，第二个则由罗马人建造。在哈索尔神庙南面毗邻圣湖的地方是奥古斯都时代的另一个罗马小神庙，被称为伊希斯诞生庙。

右上图 位于丹德拉的哈索尔神庙中的庄严柱式大厅。在这一托勒密时期建筑杰作中，天花板由18根柱子支撑，柱头雕刻着哈索尔女神的头像，将女神描绘成有母牛耳朵的女人。这座神庙建于公元前1世纪托勒密十二世尼奥斯·戴奥尼索斯统治时期，它的装饰在1世纪奥古斯都和尼禄统治时期完成。在丹德拉，由哈索尔、埃德夫荷鲁斯和他们的儿子伊希组成的三柱神受到崇拜。神庙中最重要的节日被称为大团圆节，当天丹德拉的哈索尔在沿河大游行中探望埃德夫的荷鲁斯，这趟游行经过尼罗河沿岸的所有重要神殿。

跨页图 丹德拉神庙（丹德拉古称尤内特〔lunet〕），有图密善和图拉真门廊、罗马玛米西庙（诞生房）、与它相对的不那么壮观的第三十王朝玛米西庙，还有一个疗养地，在女神哈索尔托梦指导下，病人在这里接受治疗。这座神庙供奉哈索尔女神，其中的玛米西庙则用于庆祝其成为母亲。这里还进行对法老的崇拜仪式，法老被认为与哈索尔女神所生的神是一体的。哈索尔是最古老的埃及神灵之一，她被描绘为母牛或有母牛耳朵的女人。

底比斯，阿蒙神的荣耀

古老的瓦塞特城，即希腊人称之为底比斯的城市，是众神之王"隐藏者"阿蒙神的崇拜中心。为了纪念阿蒙，在尼罗河东岸的卡纳克建造了其中最伟大的神庙——伊佩特－伊苏特神庙，这个名字意为"优选之地"。16个世纪以来，每一位法老都对属于这座神庙的建筑物进行扩建和装饰，希望在上面留下自己的印记。每年，在欧佩特节期间，阿蒙神的神圣形象沿着尼罗河前往被称为伊佩特－雷西特或"南方的住所"的卢克索神庙。就这样，这位神与王后庆祝他们的婚姻，从而保证了王权的神圣降临和重生。

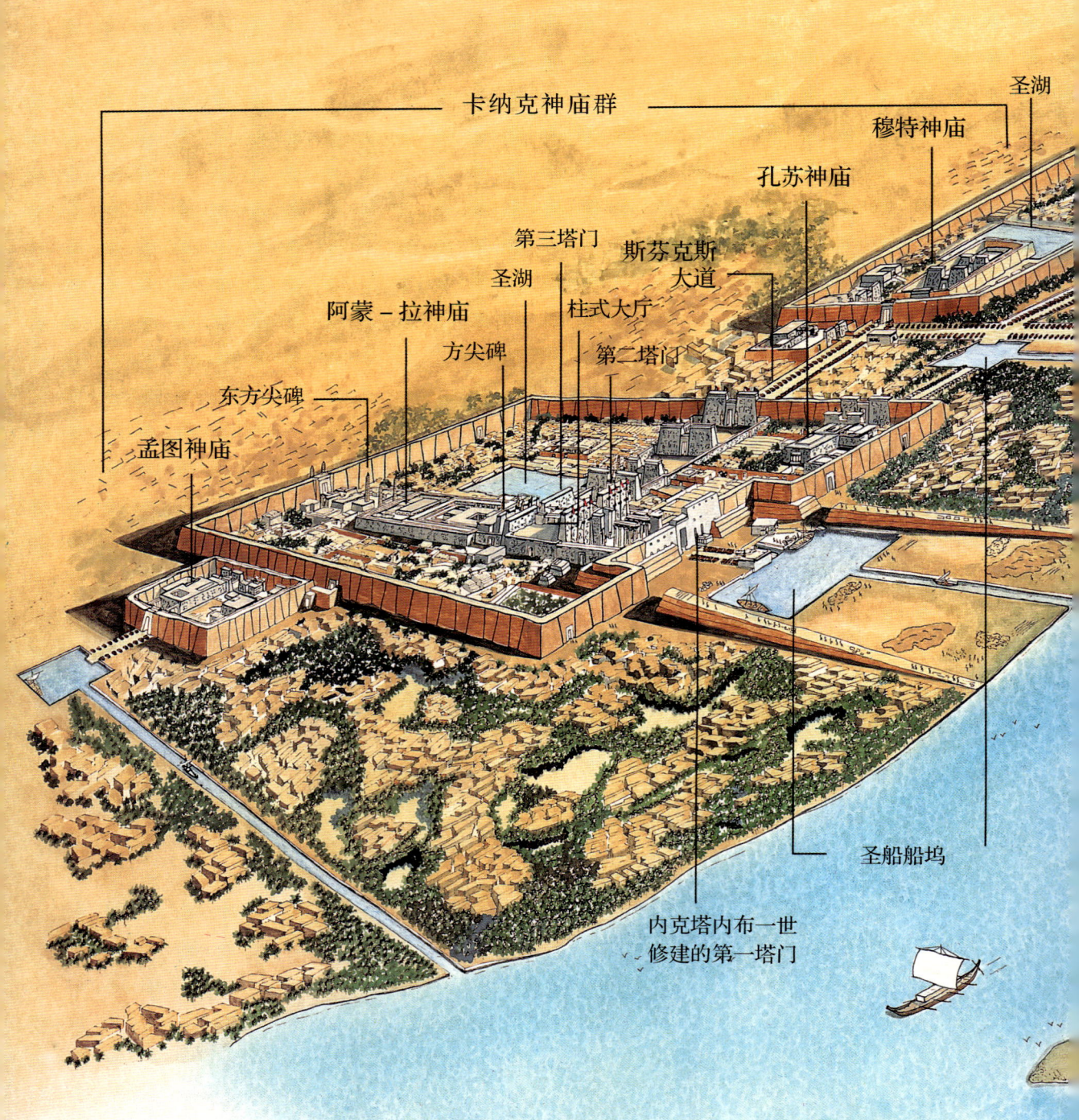

卡纳克神庙群
- 圣湖
- 穆特神庙
- 孔苏神庙
- 斯芬克斯大道
- 第三塔门
- 圣湖
- 柱式大厅
- 阿蒙－拉神庙
- 方尖碑
- 第二塔门
- 东方尖碑
- 孟图神庙
- 圣船船坞
- 内克塔内布一世修建的第一塔门

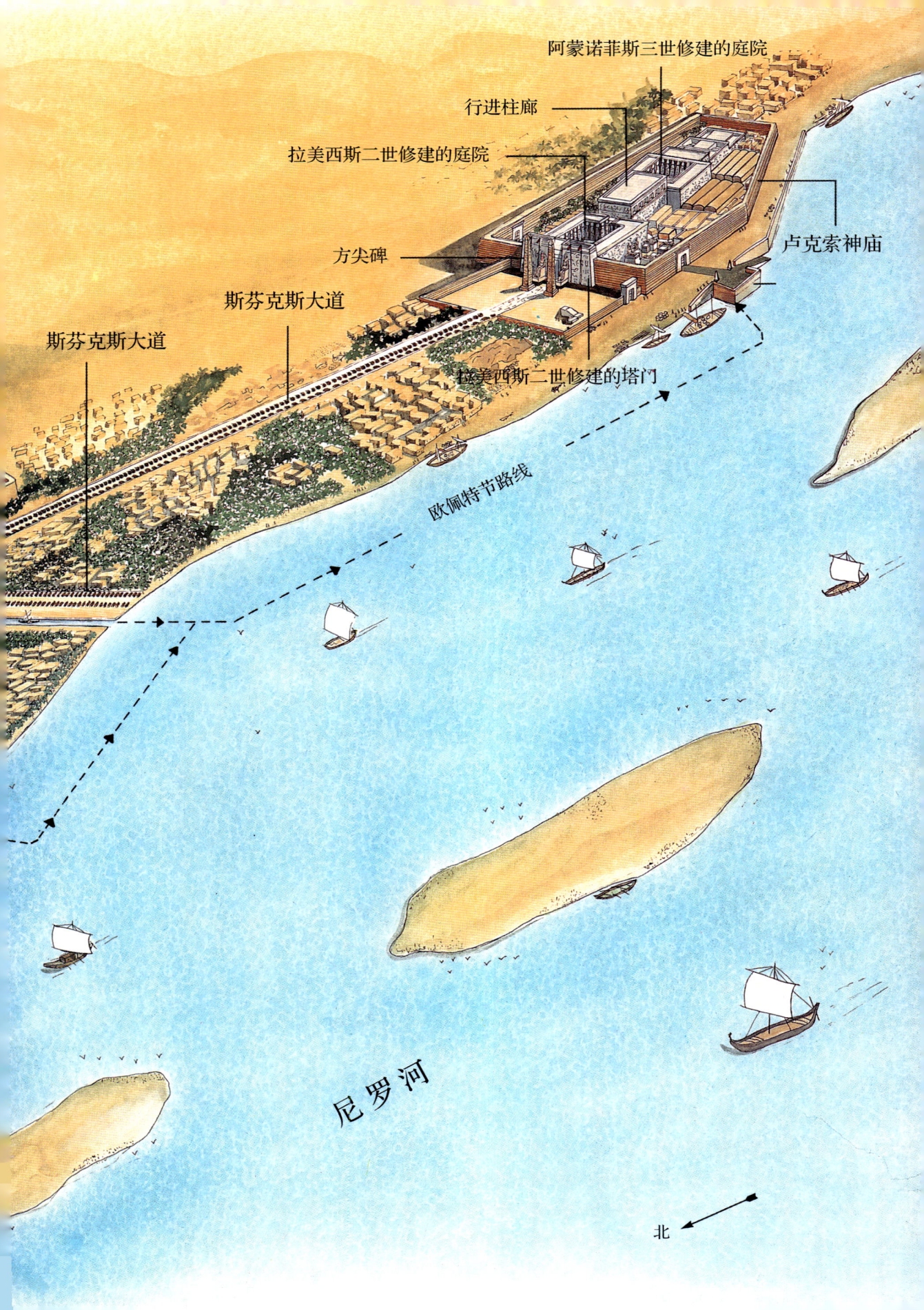

- 阿蒙诺菲斯三世修建的庭院
- 行进柱廊
- 拉美西斯二世修建的庭院
- 方尖碑
- 斯芬克斯大道
- 斯芬克斯大道
- 拉美西斯二世修建的塔门
- 卢克索神庙
- 欧佩特节路线
- 尼罗河
- 北

西底比斯，奥西里斯王国

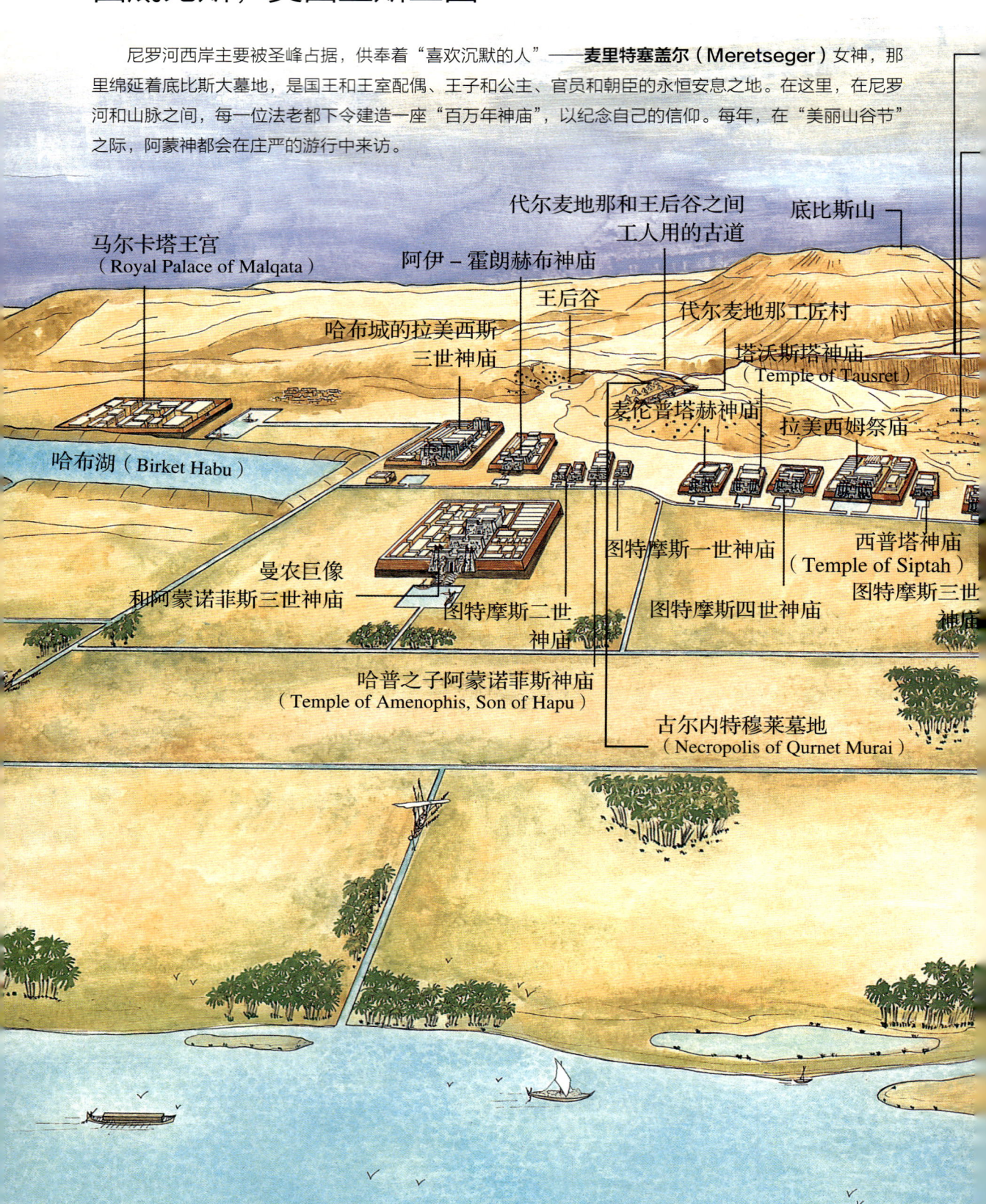

尼罗河西岸主要被圣峰占据，供奉着"喜欢沉默的人"——**麦里特塞盖尔（Meretseger）**女神，那里绵延着底比斯大墓地，是国王和王室配偶、王子和公主、官员和朝臣的永恒安息之地。在这里，在尼罗河和山脉之间，每一位法老都下令建造一座"百万年神庙"，以纪念自己的信仰。每年，在"美丽山谷节"之际，阿蒙神都会在庄严的游行中来访。

- 马尔卡塔王宫（Royal Palace of Malqata）
- 阿伊-霍朗赫布神庙
- 代尔麦地那和王后谷之间工人用的古道
- 底比斯山
- 哈布城的拉美西斯三世神庙
- 王后谷
- 代尔麦地那工匠村
- 塔沃斯塔神庙（Temple of Tausret）
- 哈布湖（Birket Habu）
- 麦伦普塔赫神庙
- 拉美西姆祭庙
- 曼农巨像和阿蒙诺菲斯三世神庙
- 图特摩斯一世神庙
- 西普塔神庙（Temple of Siptah）
- 图特摩斯二世神庙
- 图特摩斯四世神庙
- 图特摩斯三世神庙
- 哈普之子阿蒙诺菲斯神庙（Temple of Amenophis, Son of Hapu）
- 古尔内特穆莱墓地（Necropolis of Qurnet Murai）

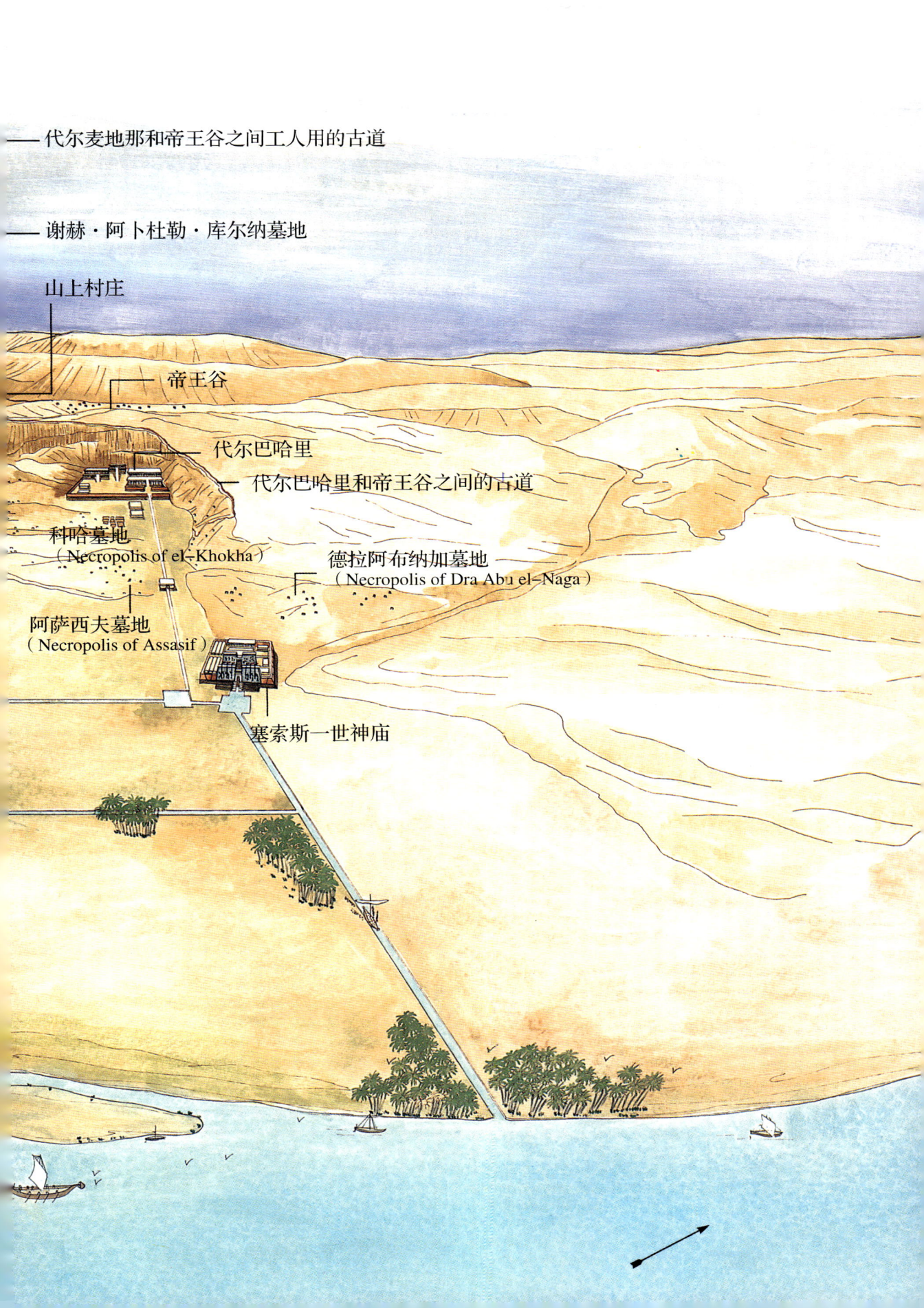

— 代尔麦地那和帝王谷之间工人用的古道

— 谢赫·阿卜杜勒·库尔纳墓地

山上村庄

帝王谷

代尔巴哈里

代尔巴哈里和帝王谷之间的古道

科哈墓地
（Necropolis of el-Khokha）

德拉阿布纳加墓地
（Necropolis of Dra Abu el-Naga）

阿萨西夫墓地
（Necropolis of Assasif）

塞索斯一世神庙

卢克索和卡纳克，
古老的底比斯

跨页图 大道通向卢克索神庙，两旁是人头斯芬克斯像。它建于内克塔内布一世统治时期（前380—前362），长约200米。

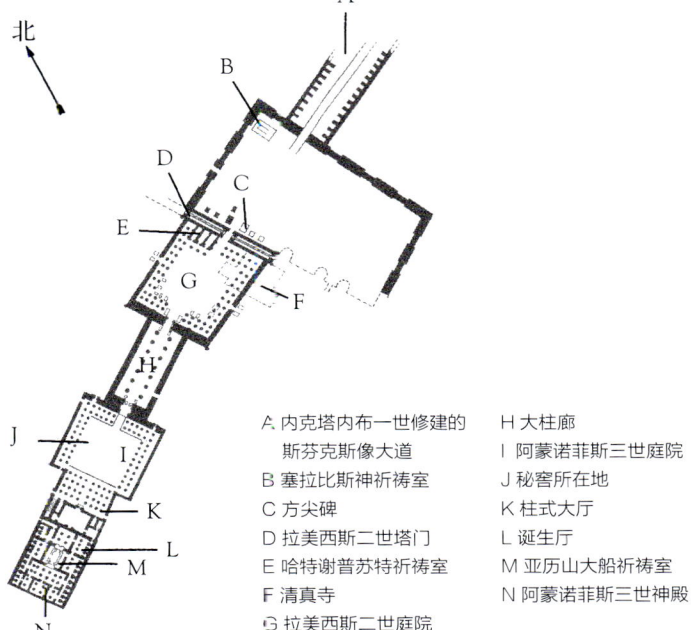

A. 内克塔内布一世修建的斯芬克斯像大道
B. 塞拉比斯神祈祷室
C. 方尖碑
D. 拉美西斯二世塔门
E. 哈特谢普苏特祈祷室
F. 清真寺
G. 拉美西斯二世庭院
H. 大柱廊
I. 阿蒙诺菲斯三世庭院
J. 秘窖所在地
K. 柱式大厅
L. 诞生厅
M. 亚历山大船祈祷室
N. 阿蒙诺菲斯三世神殿

现代卢克索是尼罗河右岸一个人口稠密的城市，曾被荷马称为"百门之都底比斯"的古老城市底比斯就在这里。卢克索这个名字来源于阿拉伯语乌格苏尔（*el-Uqsur*），是盖斯尔（*el-Qasr*）的复数形式，意思是营地或防御工事，指的是罗马时代在此建造的两个军营。古埃及人将底比斯称为瓦塞特，城址覆盖了现在卡纳克和卢克索之间的地区。这座庞大城市（在其鼎盛时期拥有超过100万居民）曾经是一个帝国（范围从幼发拉底河到上努比亚）的首都，这里供奉着阿蒙神，阿蒙崇拜的中心是卡纳克大神庙。

在洪水季的第二个月和第三个月，即一年一度的欧佩特节之际，一支庄严的游行队伍会将阿蒙神的圣船从卡纳克神庙运送到被称为伊佩特－雷西特，或"（阿蒙）南方的住所"的卢克索神庙。

如今卢克索神庙长约260米，由阿蒙诺菲斯三世在以前的宗教建筑的基础上建造，可追溯到哈特谢普苏特女王时代，她还下令沿着第十八王朝的德罗莫斯，即连接卢克索神庙和卡纳克神庙的神圣大道，在阿蒙圣船的停靠点建

185

下页图 卢克索神庙及斯芬克斯像大道鸟瞰图，斯芬克斯像大道连接卢克索神庙和卡纳克神庙，两座神庙相距 3 千米。从 4 世纪到 6 世纪，整个卢克索神庙都被并入罗马军营或称卡斯特鲁姆（castrum）。6 世纪后期，在拉美西斯二世的庭院里建造了一座拜占庭式教堂，然后在 13 世纪，阿布哈加格清真寺被建在教堂之上，该清真寺如今仍在使用，清真寺入口的高度指示着现代挖掘之前沙子的高度。

从南面看到的卢克索神庙。这座复杂神庙中的要素排列清晰可见。阿蒙诺菲斯三世的神殿后面是前厅建筑群，然后是柱式大厅、阿蒙诺菲斯三世大庭院、柱廊，最后是拉美西斯二世的庭院和塔门。这座神庙在哈特谢普苏特统治期间外观如何尚不清楚，但阿蒙诺菲斯三世在南面一个较高的平台上建造了神庙最古老的部分，后来在北面增加了一个庭院，并开始建造宏伟的十四柱柱廊。

造了六个凉亭。从第十八王朝开始，阿蒙、穆特和孔苏圣船的雕像就沿着尼罗河前往卢克索神庙。在欧佩特节上，卡纳克的阿蒙拜访卢克索的阿蒙，使卢克索的阿蒙恢复生机。卢克索的阿蒙也被称为阿蒙－埃－伊佩特（Amun-em-ipet），意思是"阿蒙在住所中"。卢克索神庙最辉煌的建筑之一是雄伟的柱廊，其历史可追溯至阿蒙诺菲斯三世统治时期，有 14 根柱子，柱头呈纸莎草状，高 18 米（且周长近 10 米）。柱廊两侧由砖石幕墙包围，上有浮雕描绘了欧佩特节的各个阶段，在图坦卡蒙和霍朗赫布统治期间装饰并完成，紧随其后的是一个富丽堂皇的庭院，有两排柱子，南面是柱式大厅，游客从这里进入神庙内部，内有四个前厅和附属房间，以及位于最里面的圣船神殿。小祈祷室由亚历山大大帝重建。

这座神庙由拉美西斯二世扩建，他建造了第一塔门——上面装饰着描绘叙利亚卡迭石战役（前 1274）的浮雕，和第一庭院，以及神庙内部底比斯三柱神阿蒙、穆特

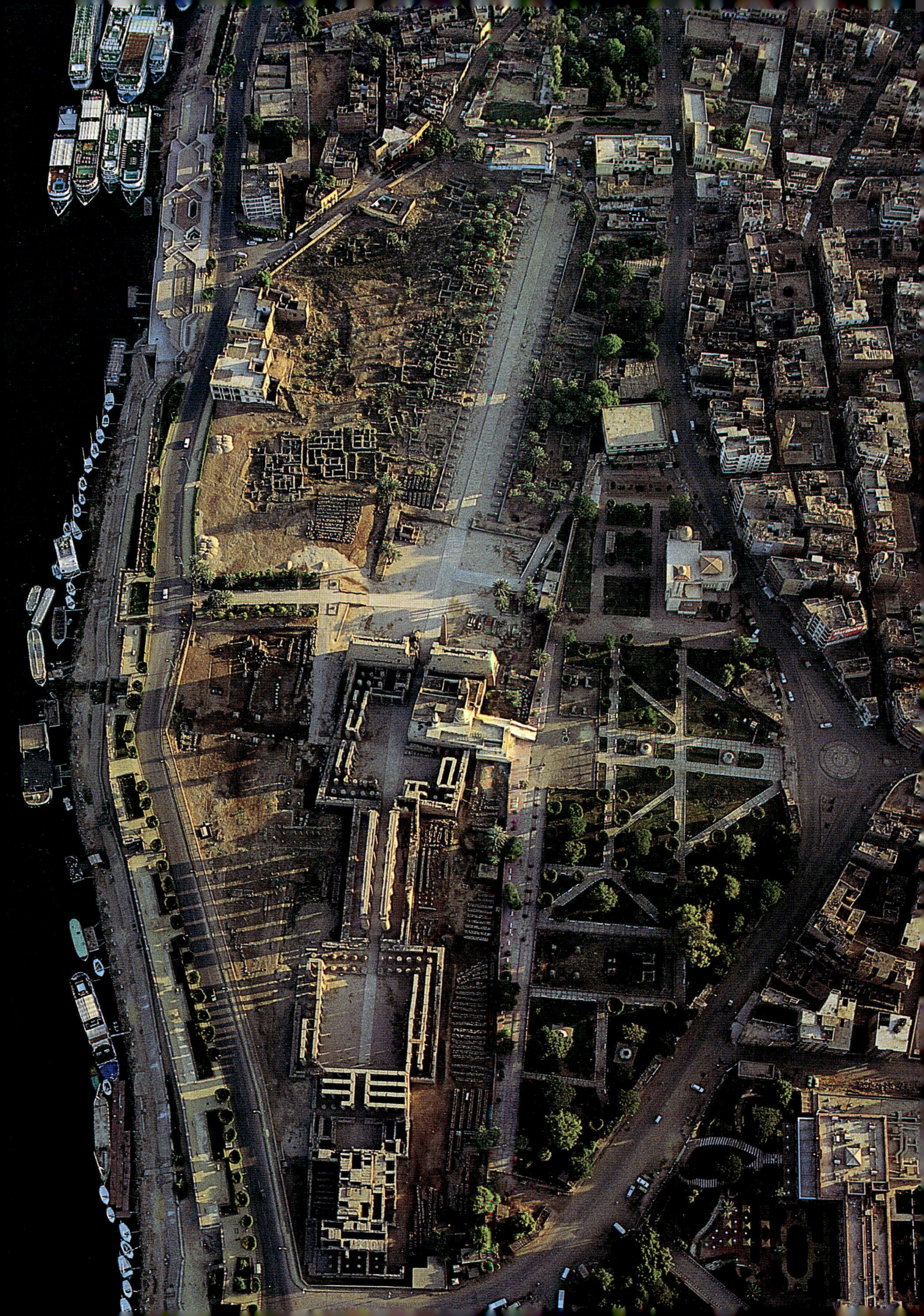

左图和下页图 阿蒙诺菲斯三世大柱廊东侧和西侧墙壁上描绘欧佩特节的浮雕。各种各样的音乐家伴随着圣船游行，同时人们准备了许多阉牛用于祭祀，以表达对神的敬意，并为参与者带来快乐。欧佩特节在每年洪水季的第二个月和第三个月间举行，在这期间，卡纳克的阿蒙在妻子穆特和儿子孔苏的陪同下，在盛大的游行中在尼罗河上扬帆启航，逆流而上来参观他"南方的住所"，或称伊佩特－雷西特，即卢克索神庙。

和孔苏的圣船神殿。拉美西斯二世庭院被柱廊环绕，其中有双排共 74 根纸莎草式柱（柱头有纸莎草花装饰），还有 16 尊法老雕像装饰。庭院北侧有一个由三部分组成的小祈祷室，同样供奉底比斯三柱神，可追溯到哈特谢普苏特统治时期；东侧建有 6 世纪的拜占庭式教堂，阿尤布苏丹统治时期（13 世纪）在教堂之上建造了阿布哈加格（Abu el-Haggag）清真寺，至今仍在使用。同样可以追溯到拉美西斯二世统治时期的还有两座大型方尖碑，它们曾经矗立在第一塔门前（塔门〔pylon〕这个词源自希腊语，直译为"大门"），1819 年由埃及的帕夏穆罕默德·阿里赠予法国。其中西侧尖碑高超过 21 米，重达 210 吨，1836 年被法国人拆除，并矗立在巴黎协和广场。另一座方尖碑仍在埃及，在原来的位置。1980 年，法国放弃了对第二座方尖碑的所有权。

在卢克索神庙举行的仪式意义重大，其宗教象征意义也很复杂。在王室周年庆典欧佩特节期间，人们庆祝阿蒙之子法老的神圣重生，以这种方式重新确认他的权力。在"神圣降生殿"的昏暗灯光下，化身法老的阿蒙将与王后会面，朱鹭头神**托特 (Thoth)** 将向她宣布即将到来的分娩，然后，阿蒙会命令"陶工之神"**克奴姆 (Khnum)** 在陶轮上塑造一个男婴以及他的卡或"一体双生之灵体"，这将代表孩子神圣不朽的精神。在哈索尔、伊希斯和奈芙蒂斯的协助下，王后将生下神子，他是法老和众神的后代，会得到父亲阿蒙的认可，神子会用香和鲜花供奉阿蒙，以换取他神性、青春和长寿的承诺，然后，神子将被加冕为两地的合法君主。如此重生并重新确立王位的法老，可以确保他的人民接下来一年继续繁荣。卢克索神庙还用于祭祀法老神圣和不朽的部分——即国王的卡，它象征着法老权力的合法性，具有普遍性，不局限于某个法老。这个概

念延续了超过 17 个世纪，这就解释了为什么亚历山大大帝选择重建阿蒙神的圣船神殿——他作为埃及君主是否合法取决于他是否被承认为阿蒙之子。

根据底比斯创世说，卢克索神庙也是赫利奥波利斯神庙的重现，赫利奥波利斯是奥格多阿达（Ogdoad）的起源地。奥格多阿达是八位原始神灵的统称，他们由创世主、"地球的创造者"蛇神伊尔塔（Irta，也被称为卡玛泰夫〔Kematef〕）创造，这八位神灵进而创造了世界。根据神话，一旦完成任务，卡玛泰夫和奥格多阿达就被埋葬在哈布城的一个神秘墓穴中，在整个新王国时期，卢克索的阿蒙每十天都会在"第十日节"中拜访他们一次。在拉美西斯二世统治时期，游行队伍没有从第一庭院的正门进入神

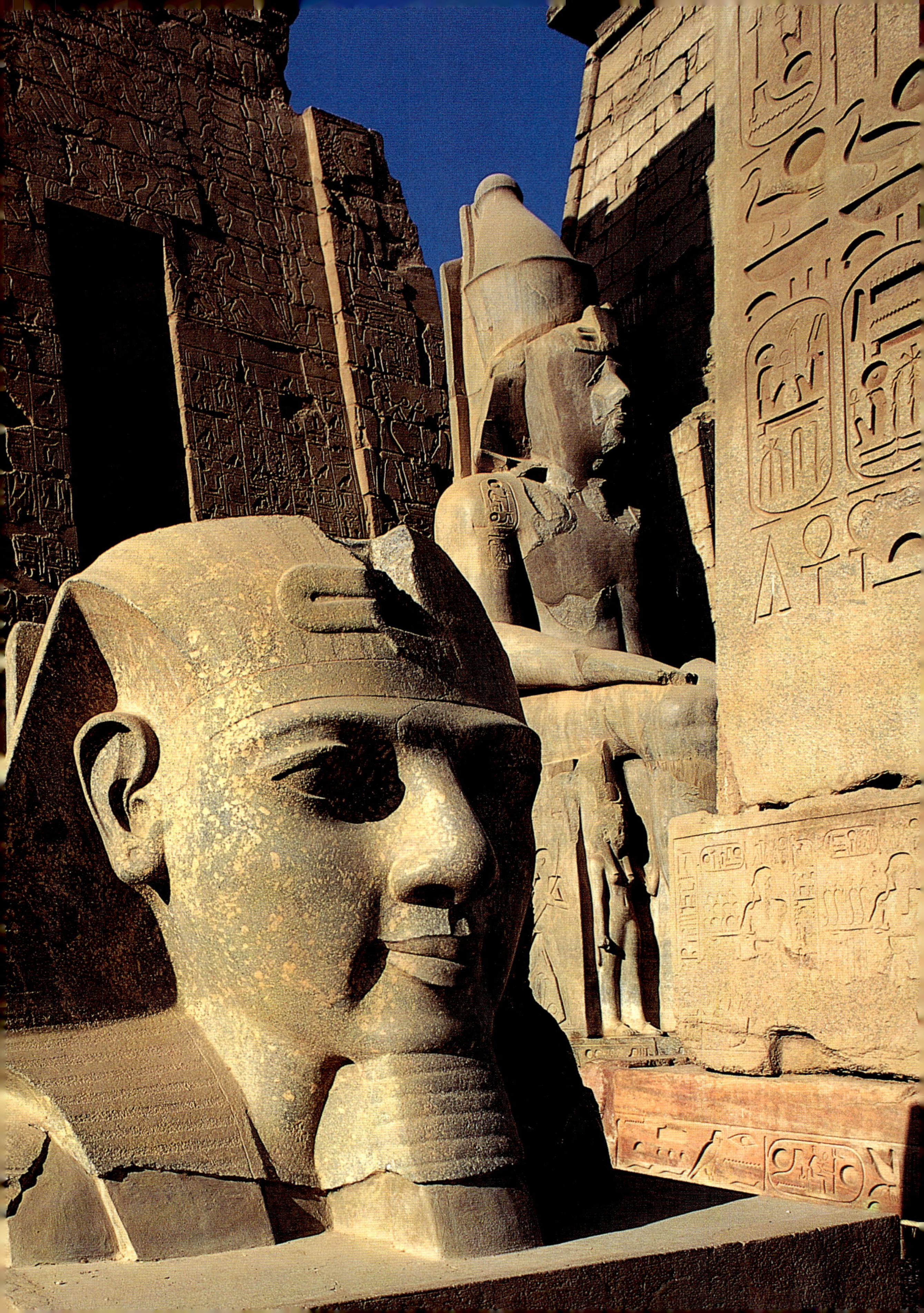

上页图　两尊拉美西斯二世巨像，他坐在宝座上，监视着卢克索神庙的入口。前景中法老的头部属于站在第一塔门前的其他四尊巨像之一。

上图　拉美西斯二世经常篡夺其前任国王的历史遗迹，在上面刻上自己的名字，例如，从第一庭院通往大柱廊的通道两侧的两个阿蒙诺菲斯三世巨像上就有拉美西斯二世的名字。

卢克索神庙东侧塔门前的粉红色花岗岩方尖碑。它的每一面上都有三列圣书字，以纪念拉美西斯二世的统治。

下页图 卢克索神庙的大柱廊由两排，每排各七根柱子组成，柱头为开花纸莎草式柱头。柱廊连接拉美西斯二世和阿蒙诺菲斯三世的庭院。

庙，而是通过西门进入，俯瞰尼罗河，东门则供广大民众使用，神庙的正门在每年的阿蒙－敏－卡玛泰夫（Amun-Min-Kematef）节日期间使用，庆祝阿蒙生育之神的身份。在内克塔内布一世时代，连接卢克索和卡纳克的大道两旁有数百个斯芬克斯头像，其中一部分现在仍然可见。在罗马统治下，特别是在公元300年左右的戴克里先皇帝统治期间，神庙的最南端用于皇帝崇拜，神庙本身并入驻扎在卢克索的罗马驻军的卡斯特鲁姆。

1885年，加斯顿·马斯伯乐开始在神庙区域进行挖掘工作，当时那里几乎被沙子和卢克索村居民的房屋所掩埋，他将这片建筑群修复到现在的状态。就其简约纯粹的结构设计和造型典雅的柱子而言，这座神庙是新王国时期最杰出的建筑成就之一。

近年来最重要的发现之一就是在这里发生的。在阿蒙诺菲斯三世的庭院里，人们发现了一个藏有许多宏伟雕像的秘窖，其中最精美的是用红色石英岩雕刻的法老本人的雕像。

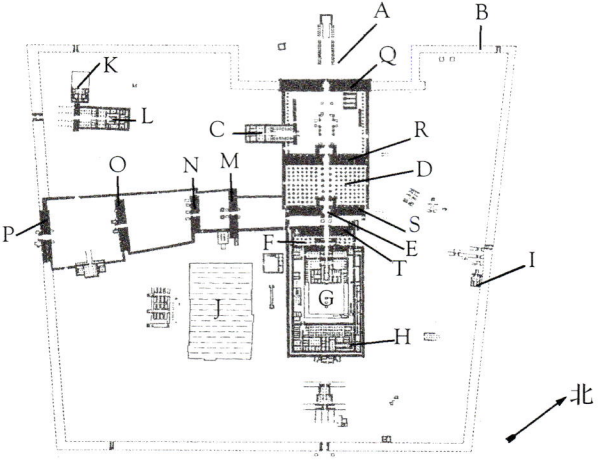

A 公羊头斯芬克斯像大道
B 阿蒙区围墙
C 拉美西斯三世神庙
D 柱式大厅
E 方尖碑
F 瓦吉特厅（Wadjit，小柱式厅）
G 中王国时期庭院
H 阿赫梅努（Akhmenu）
I 普塔神庙
J 圣湖
K 欧佩特神庙
L 孔苏神庙
M 第七塔门
N 第八塔门
O 第九塔门
P 第十塔门
Q （内克塔内布一世）第一塔门
R 第二塔门
S 第三塔门
T 第四塔门

北

卡纳克神庙，阿蒙神领地

卢克索以北仅几千米处就是卡纳克神庙群，它是最大、最复杂的古埃及宗教建筑。在卡纳克，有三个主要的宗教区域，每个区域都有自己的神庙，分别供奉当地的古老战神**孟图(Montu)**、底比斯的主神阿蒙和女神穆特。穆特是底比斯三柱神之一，另外两个是她的丈夫阿蒙和他们的儿子孔苏。

宏伟的阿蒙神庙是该建筑群中最重要的部分，可能始建于中王国时期，但在第十八王朝期间才呈现出这惊人的规模。

由于几乎每一位法老都希望扩建或修缮这座神庙——他们经常破坏和重新利用之前的建筑材料和建筑体，整个遗址建筑结构非常复杂。这座神庙有4个庭院、10座塔门、一片圣湖和众多相关建筑。

最后一位对神庙进行重大建设的法老是第三十王朝的内克塔内布一世，正是他使神庙定型。他下令建造巨大的第一塔门，公羊头斯芬克斯像大道（公羊对阿蒙来说是神圣的）通向这座塔门，它现在仍然是神庙的入口。阿蒙神庙有两条轴线：东西轴线和南北轴线，东西轴线上包括第一至第六塔门，对应太阳的轨迹，因此它是太阳轴和天轴，南北轴线包括第七至第十塔门，与尼罗河的

跨页图 从东部鸟瞰卡纳克广阔的阿蒙－拉神庙区。卡纳克建筑群被称为伊佩特－伊苏特，分几个不同阶段建造而成，从第十二王朝的塞索斯特利斯一世统治时期到第三十王朝内克塔内布一世统治时期，时间跨度16个世纪。卡纳克神庙可以被解读为一篇用石头写成的神学文献，与其他埃及神庙不同，它有两条独立的轴线——从东到西，从北到南，分别代表天和地、神权和王权。圣湖始建于图特摩斯三世统治时期，但在法老塔哈尔卡统治期间（第二十五王朝，前690—前664）才建成，湖中充满了象征原始海洋生命力量的水，这个湖还提供了净化仪式所需的淡水，也是神庙圣鸟的家园。

左图 装饰图特摩斯三世（前1479—前1425年在位）"动植物园"的浮雕局部，描绘了非凡的动物和带有异域风情或者独具特色的植物。

跨页图 卡纳克神庙的第一塔门建于内克塔内布一世（第三十王朝）统治期间，未完工，其东面有八个槽口，用来支撑挂横幅的巨型旗杆。神庙始建于中王国时期塞索斯特利斯一世统治时期（前1960—前1926），历时1600年才完成。

河道平行，是真正的轴线，也是地轴。第一塔门通向第一庭院，塞索斯二世和拉美西斯三世在庭院中建造了两个小祈祷室，圣船游行在此暂停。

当这两个小祈祷室建成时，它们在神庙区域之外，第一庭院的东侧止于第二塔门，塔门两侧是几尊拉美西斯二世巨像，其中最大的一尊在北侧，被第二十一王朝底比斯大祭司帕涅杰姆一世篡夺。穿过第二塔门后，就来到了神庙最壮观的部分：位于第二塔门和第三塔门之间的巨大柱式大厅，这里有134根巨大的柱子，每根柱子都超过19米高，象征着原始沼泽，建造神庙的这一部分花费了大约一个世纪，由塞索斯一世开始、拉美西斯二世继续，并由拉美西斯二世的继任者完成。第三塔门由阿蒙诺菲斯三世建造，通向一个非凡的空间，即天轴与地轴相交处，相交的标志物是图特摩斯一世和图特摩斯三世的四个方尖碑（其中只有一个图特摩斯一世的方尖碑幸存）。在第四塔

右上图 阿蒙神庙的南北轴线景观，从第八塔门开始。背景是哈特谢普苏特方尖碑，神庙的两条轴线在一个精确的位置——第四塔门前的区域相交，有六个方尖碑作为标记。

左下图 "宴会厅"是被称为阿赫梅努的建筑群的一部分，由图特摩斯三世建造，位于中王国时期庭院东部，可能用于与王权更新相关的周年庆典仪式。厅内20根柱子分为两排，每排10根，微呈喇叭形。

左上图 阿蒙-拉神是卡纳克的主要神祇,他与妻子穆特和儿子孔苏一起构成了底比斯三柱神。

左下图 众多公羊头斯芬克斯像(狮身羊头像)之一,对阿蒙神来说它们是神圣的生物,排列在通往第一塔门的大道上。

下页图 雄伟的第二塔门标志着大柱式大厅的西部边界,第二塔门由霍朗赫布建造,大量使用从埃赫那吞神庙(位于阿蒙神庙辖区外的东部)开采的材料,是卡纳克神庙实际上的正面。

门和第五塔门(建于图特摩斯一世统治时期)之间有一个横向的前厅,在古埃及语中称为瓦吉特(茂盛的),最初有柱子装饰——哈特谢普苏特女王下令在这里竖立两座方尖碑,只有其中之一仍然存在。在第六塔门之外是由亚历山大大帝同父异母的兄弟腓力·阿里达乌斯(前323—前317年在位)建造的小祈祷室,然后是可追溯到中王国时期的大庭院,东边是图特摩斯三世建造的阿赫梅努建筑,里面除了"宴会厅"外,还有所谓的"动植物园"。"动植物园"包含多个大厅,都装饰有植物和动物图案,这些植物和动物要么来自遥远的国家(主要来自叙利亚或巴勒斯坦,法老在那里进行了多次军事行动),要么具有不同寻常的特色。

神庙的这一区域与在埃及发现的任何其他地方都不同,关于它究竟有什么功能这个问题

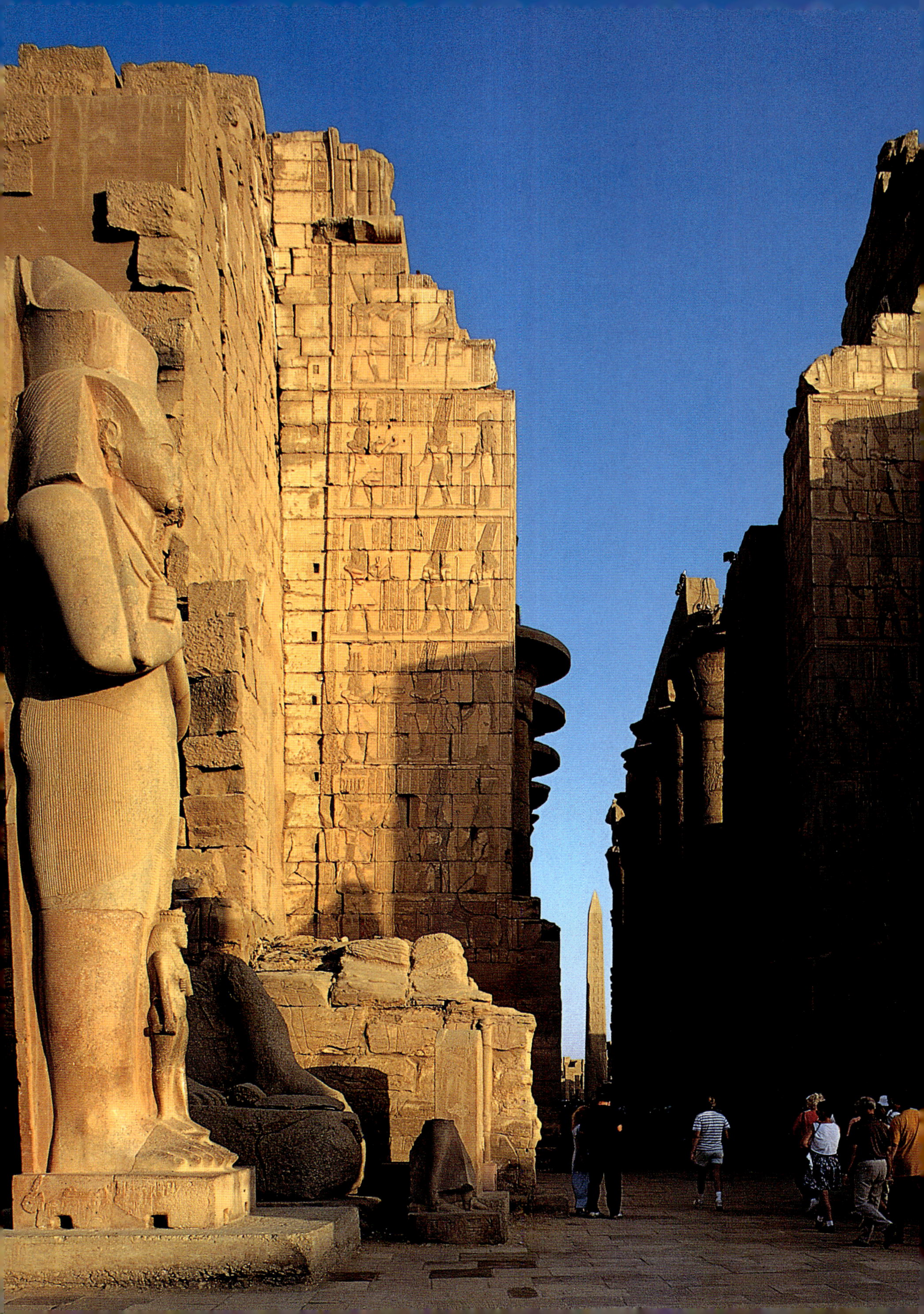

上图 在第二塔门前区域的东南角，拉美西斯三世建造的路达的祈祷室前排列着一系列奥西里斯巨像。建造这座祈祷室是为了在伟大宗教游行暂停期间容纳底比斯三柱神的圣船。

下页图 支撑着卡纳克柱式大厅巨大楣梁的有 122 根柱子，柱头是纸莎草式，建于塞索斯一世（北翼）和拉美西斯二世（南翼）统治期间，这片柱状森林可能象征着原始沼泽，可能是整个神庙最壮观的部分。

有大量讨论，最有可能的假说是，古埃及人希望描绘自然界中可以找到的数量繁多的物种，同时展示它们在潜在的宇宙系统中的位置。再往东，在阿蒙神庙的围墙外，是阿蒙诺菲斯四世或称埃赫那吞建造的神庙的废墟，在他离开底比斯前往位于阿玛纳的新首都埃赫塔吞之前。沿着南北轴线是所谓的秘窖庭院。1901 年，一位法国考古学家在那里发现了一个秘窖，（可能是托勒密王朝统治时期的）阿蒙神祭司在那里藏有不少于 17000 尊小青铜雕像，以及大约 900 尊大型石像。

秘窖庭院南边与第七塔门相接，塔门旁边是圣湖，代表着原始海洋，世界就是从原始海洋中创造出来的。阿蒙神的圣鹅在圣湖中游泳，湖水来自尼罗河，用于祭司的

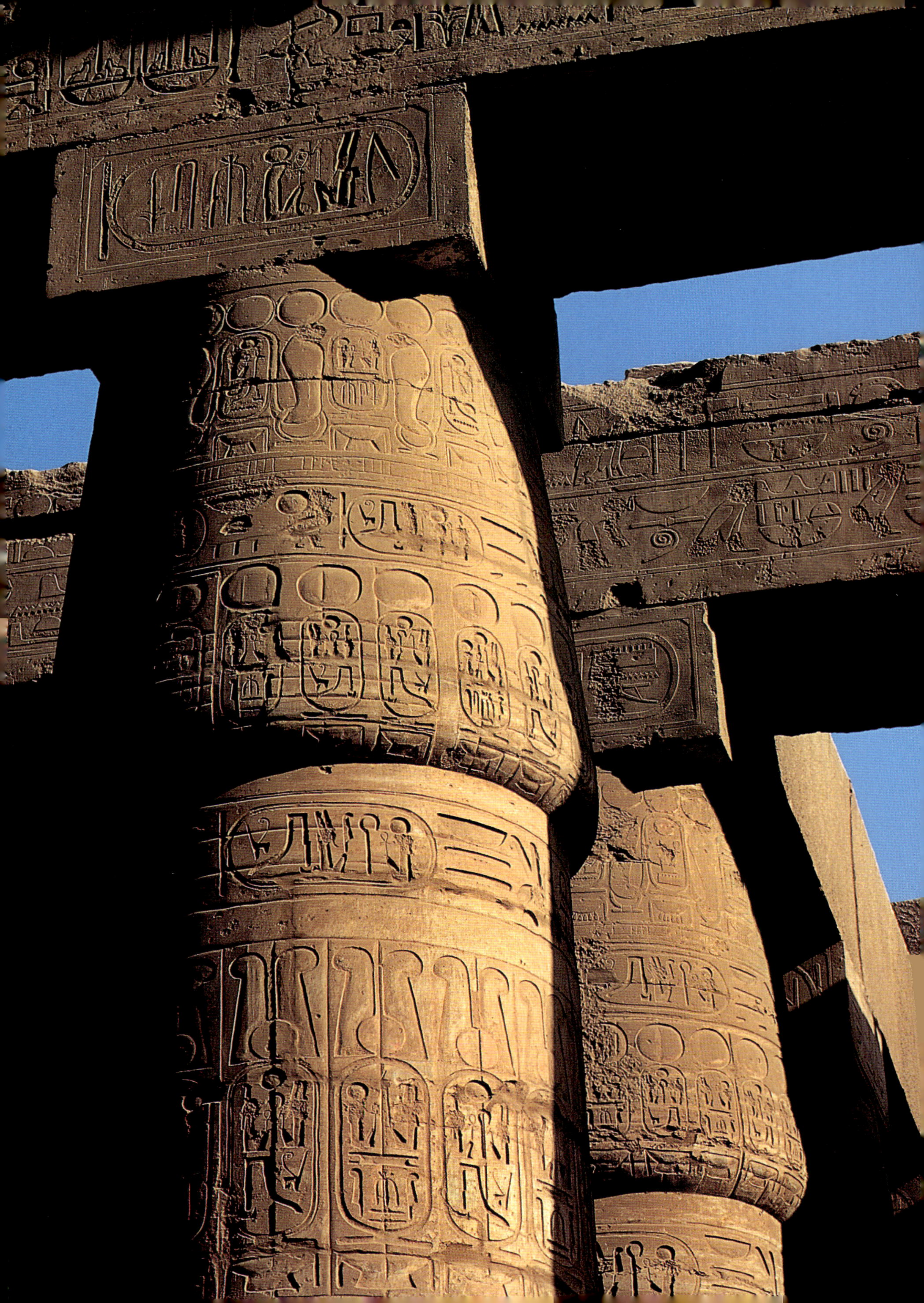

洗礼仪式和圣船航行。南北轴线上接下来是第八和第九塔门，第九塔门在霍朗赫布命令下建造，重新使用了阿吞神庙装饰华丽的石块。自 1965 年以来，法国和埃及联合团队一直在研究这个建筑，并在完成必要的加固后将它重新组装。

第九塔门的西边矗立着孔苏神庙，他与父亲阿蒙和母亲穆特一起被尊为底比斯三柱神。第十塔门高于神庙的外围围墙，在围墙外，一条公羊头斯芬克斯像（狮身羊头像）大道曾经将阿蒙神庙与穆特神庙连接起来；还有一条狮身人面像大道将卡纳克与卢克索连接起来。

如今很难想象阿蒙神庙在其最重要、最辉煌时的力量和财富。阿蒙神的祭司被认为是神的守护者，这些神职人员因为人们向神灵提供的大量祭品而变得越来越富有，他们的财产可以媲美（在某些情况下甚至超过）法老本人。根据哈里斯大纸莎草书记载，共有 2 万多人在不同的工作中为神庙提供劳力。

跨页图　阿蒙神庙南北轴线，背景为第八塔门和哈特谢普苏特方尖碑，旁边是较小的图特摩斯一世方尖碑。南北轴线包括从第七到第十共四个塔门，与尼罗河的河道平行。方尖碑标志着神庙两轴的交点。

下一跨页图 一面展示圣船运输的浮雕，在腓力·阿里达乌斯（前323—前317年在位）路边小祈祷室南墙外侧。这座建筑复制了一座可以追溯到图特摩斯三世统治时期（第十八王朝，前1479—前1425）的祈祷室。每年欧佩特节期间，阿蒙-拉、穆特和孔苏的圣船将沿着尼罗河航行，从卡纳克到伊佩特-雷西特，即卢克索神庙，人们在这里庆祝阿蒙神与王后的结合，王后将生下一个孩子，从而证实法老的神圣出身。

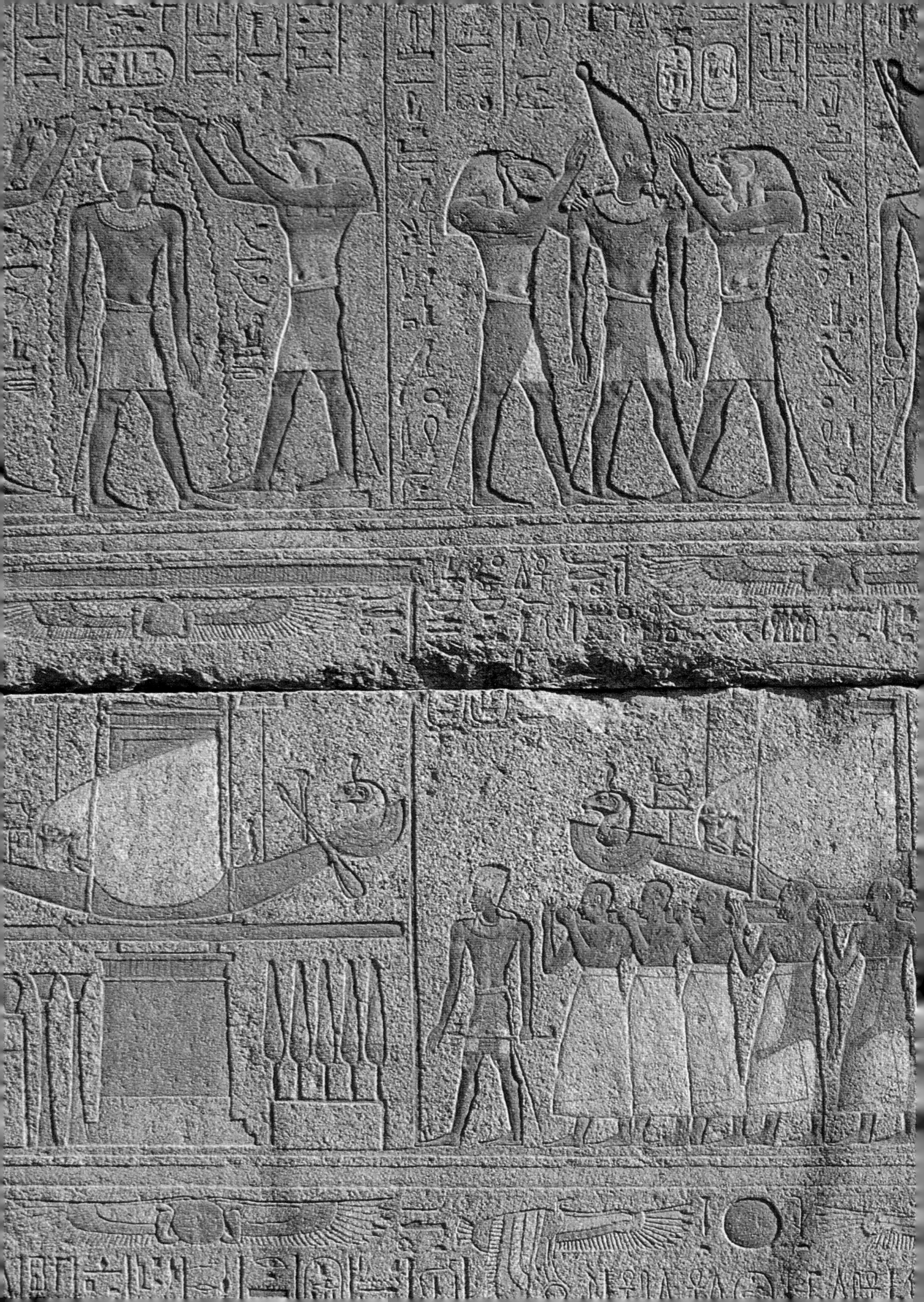

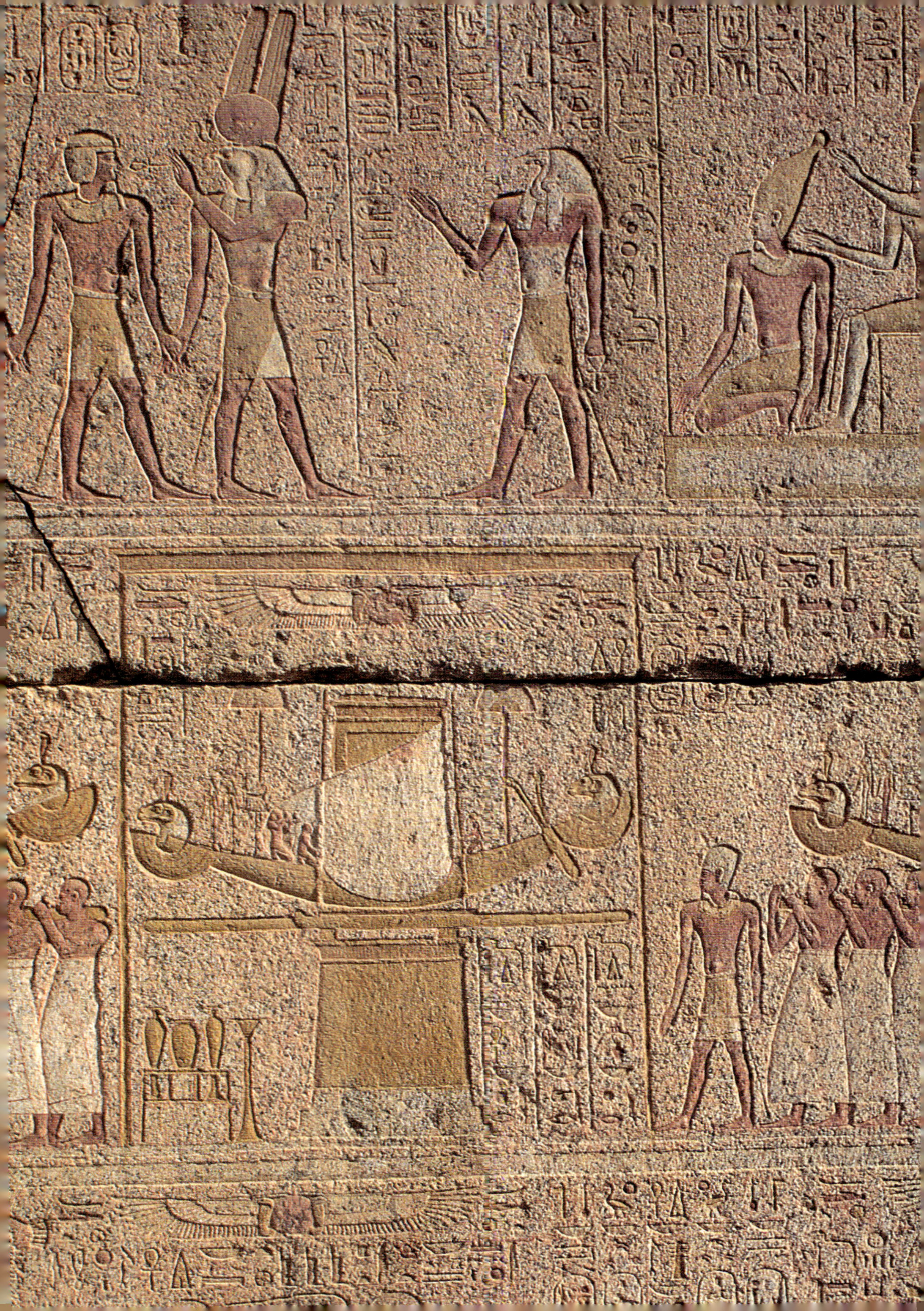

比班穆鲁克，帝王谷

拉美西斯四世墓（帝王谷2号墓）的墓室中绘有《地狱之书》（Book of Gates，又译《门之书》）中的多个场景。墓室中央是一个巨大的花岗岩石棺，高约3米，装饰着冥界的场景。陵墓长66米，规划相当简单：一条长长的墓道直通放石棺的墓室，墓室前面是一个小前厅。这是唯一一座将建筑规划图纸保留至今的陵墓，都灵埃及博物馆收藏的一张纸莎草纸清楚地显示了这座陵墓的布局，可能出自一位王室建筑师之手。

帝王谷在阿拉伯语中被称为比班穆鲁克（Biban el-Muluk），这个名字的意思是"帝王之门"，显然指的是众多即使在古代也能从山腰上看到的陵墓入口。帝王谷在底比斯山的石灰岩中形成了一道深深的裂谷，山谷西部被称为西谷，或猿谷，那里有两座法老陵墓——阿蒙诺菲斯三世和阿伊的陵墓。有一座名为库尔恩（el-Qurn，号角），也被称为底比斯峰的山俯瞰着整个山谷，它的三角形形状让人想起金字塔，金字塔是古王国时期标志着王室陵墓的纪念性建筑，或许正是因为底比斯峰（后来与蛇女神麦里特塞盖尔有关）这一自然景观，第十八王朝的法老才最先选择了这处被沙漠太阳炙烤的宏伟奇观作为他们的最后一站和永恒的安息之地。它的主要优点之一是易守难攻。阿摩西斯（第十八王朝的第一位法老）可能是第一个选择这个地方的人，尽管他的陵墓从未被发现，或者可能是他的儿子阿蒙诺菲斯一世提出了这个想法，但我们可以肯定地说，第一个被埋在山谷中的法老是图特摩斯一世。

法老陵墓的确切地点是在他统治早期选定的，而后制定建筑计划，并雇用住在附近代尔麦地那的工人——大约60人，分成两个小组，随后工作立即开始，持续时间根据法老在位的时间长短而

A 主谷

1 拉美西斯七世墓　　16 拉美西斯一世墓
2 拉美西斯四世墓　　17 塞索斯一世墓
6 拉美西斯九世墓　　34 图特摩斯三世墓
7 拉美西斯二世墓　　35 阿蒙诺菲斯二世墓
9 拉美西斯六世墓　　57 霍朗赫布墓
11 拉美西斯三世墓　　62 图坦卡蒙墓

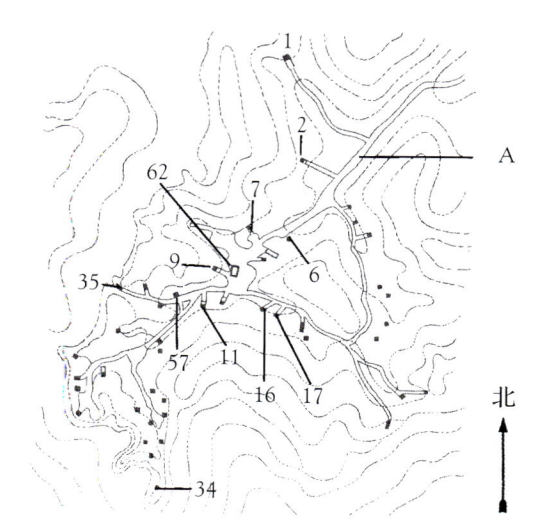

从气球上拍摄的帝王谷鸟瞰图。帝王谷在古代被称为塔－塞赫特－阿特（Ta-sekhet-aat，伟大领域）。帝王谷是石灰岩中一道深深的裂缝，旁边底比斯峰（在阿拉伯语中称为库尔恩）高高耸立，底比斯峰是眼镜蛇女神麦里特塞盖尔的圣峰，她的名字意为喜欢沉默的人。图特摩斯一世和哈特谢普苏特是已知的第一批在这里挖掘陵墓的统治者，也许正是底比斯峰的金字塔形状使山谷在他们统治时期成为王室墓地的理想地点。迄今为止，山谷内共有 62 座陵墓记录在案，其中一些没有装饰，另一些则未完成，显然是由于岩石的不稳定状况而被遗弃，装饰风格因时代而异，但主题不可避免地与宗教相关，并源自伟大的丧葬文献：《阴间书》《亡灵书》《地狱之书》和《洞穴之书》（Book of Caverns）。

定——从几个月到几年不等。帝王谷是第十八王朝其余国王、第十九王朝和第二十王朝所有国王的王室墓地,直到拉美西斯九世时期,他是最后一位安葬在那里的法老。现在山谷底部的道路沿着古代运送石棺到法老永恒安息之地的路线延伸开来。

一旦法老被埋葬,人们就没有再回到帝王谷的理由,因为王室祭祀在山谷和尼罗河之间建造的"百万年神庙"中进行,在墓地挖掘陵墓的工人沿着更直接的路线前往该地点,该路线今天仍然可以使用。

与人们普遍认为的相反,墓穴的入口并没有隐藏,而是很容易就能看见,墓地的守卫定期检查它们,确保墓穴入口的封印完好无损,并在通

左图 北部天空细节图,来自塞索斯一世墓画有天文图的天花板(帝王谷17号墓)。这些天文图按照与传统的巴比伦天文系统(现代天文系统的基础)不同的形式组合恒星,至今未被完全解读。

跨页图 塞索斯一世墓中石棺墓室北墙:描绘了有翼女神奈芙蒂斯和《阴间书》的第二和第三个小时,以及拉神圣船由一队其他船只随同,航行穿过冥界水域的场景。彼岸世界之主奥西里斯多次出现。

往山谷的通道上巡逻。然而,正如我们从许多纸莎草纸中了解到的那样,所有这些预防措施都是徒劳的,早在第二十王朝时期,就有不少墓葬被盗。到了第二十一王朝,情况已经十分严重,几乎每座墓葬都被洗劫一空。然后,祭司们便将许多法老(包括拉美西斯二世)的尸体转移到一个秘密藏身之处,即著名的代尔巴哈里秘窖。帝王谷被遗忘了许多个世纪,直到托勒密时代,第一批希腊和罗马"游客"到来。历史学家狄奥多罗斯·西库卢斯公元前57年来到埃及,他写道:"据说这些是古代统治者的陵墓——它们非常壮观,后世不可能再创造出更美丽的东西来了。"

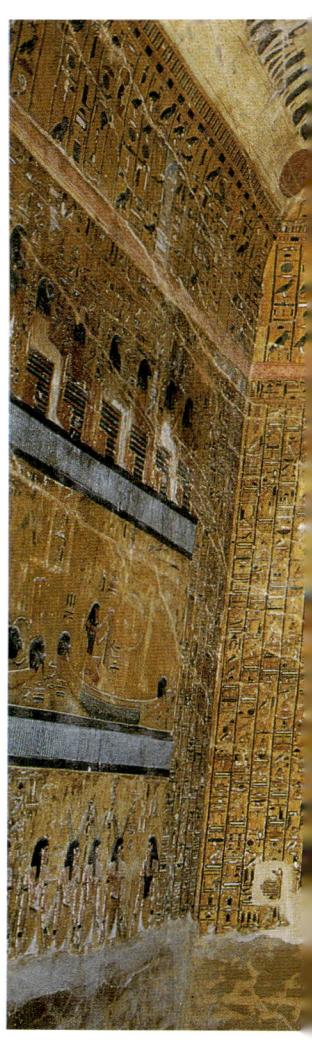

上图 装饰塞索斯一世墓东侧天花板的北方天空的星座图。这个天花板中的天文图包括恒星和星座，其中一些已被确定为猎户座或天狼星，其设计不仅是为了让王室的**巴（Ba，灵魂的元素之一）**进入天堂，还起到了将法老之身与苍穹联系在一起的作用。

塞索斯一世墓，
帕多瓦力士的最大发现

　　1817年10月18日，帕多瓦力士乔瓦尼·巴蒂斯塔·贝尔佐尼在他非凡直觉的指引下，费尽心力地清除了大量瓦砾后，发现了帝王谷最大、最美丽的陵墓。它属于拉美西斯二世的父亲塞索斯一世，他于公元前1294年至前1279年在位。陵墓规模庞大，长度超过100米，一系列复杂的楼梯、走廊和墓室延伸开来，装饰着华丽的浮雕，但被一种荒凉的空虚感所攫取，可能在法老时代所有宝藏都已被掠夺，然后被遗忘。墓室的拱券顶上绘有星体，只有在墓室这里放着一具精美的雪花石石棺，贝尔佐尼将其运回英国。它被收藏家约翰·索恩（John Soane）爵士买下，至今仍陈列在伦敦的索恩博物馆中。

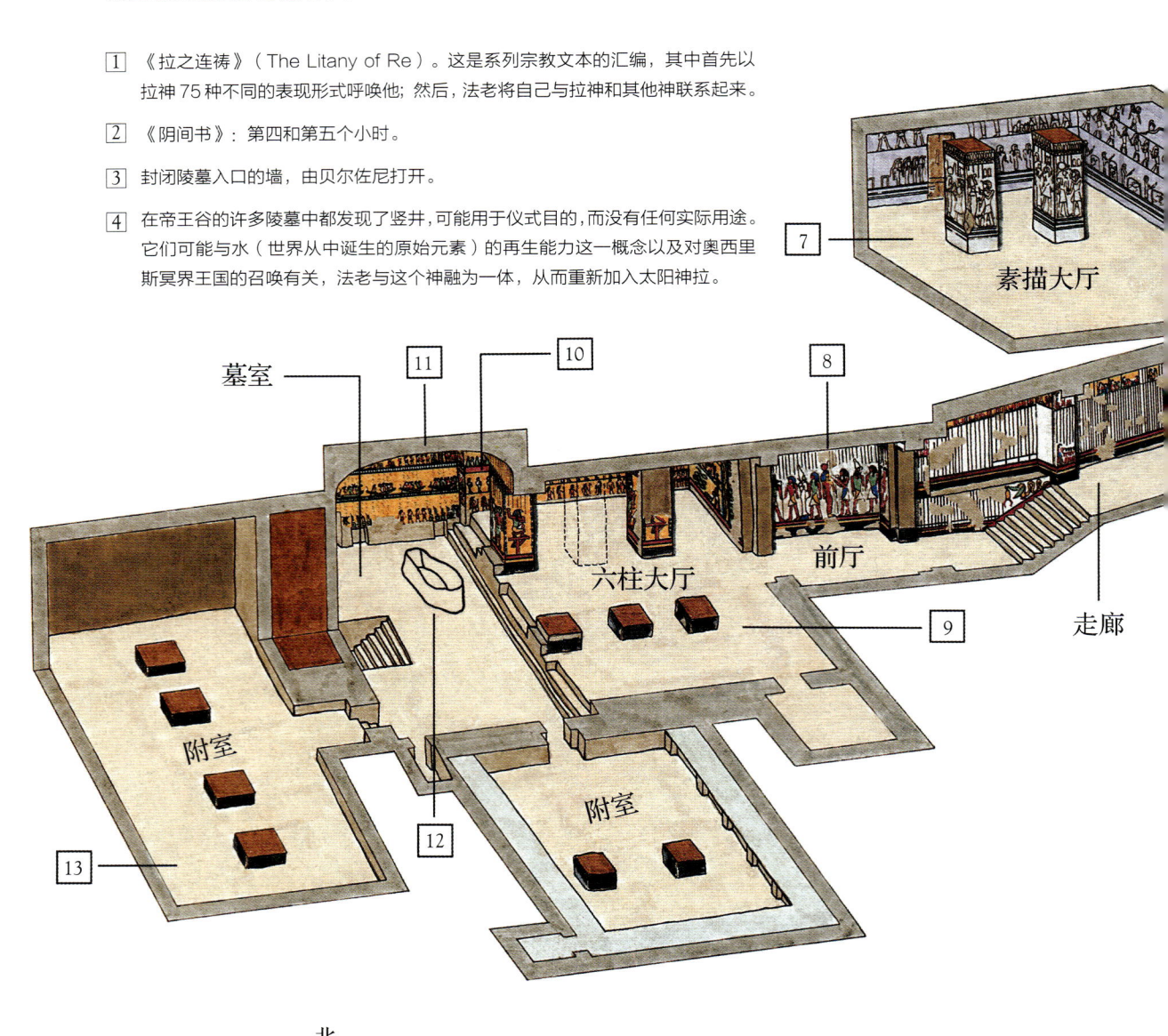

1. 《拉之连祷》（The Litany of Re）。这是系列宗教文本的汇编，其中首先以拉神75种不同的表现形式呼唤他；然后，法老将自己与拉神和其他神联系起来。

2. 《阴间书》：第四和第五个小时。

3. 封闭陵墓入口的墙，由贝尔佐尼打开。

4. 在帝王谷的许多陵墓中都发现了竖井，可能用于仪式目的，而没有任何实际用途。它们可能与水（世界从中诞生的原始元素）的再生能力这一概念以及对奥西里斯冥界王国的召唤有关，法老与这个神融为一体，从而重新加入太阳神拉。

7. 素描大厅
8. 前厅
9. 走廊
10. 六柱大厅
11. 墓室
12.
13. 附室
附室

北

5 墓中的第一个墓室位于第一条走廊尽头。墓室的天花板由四根柱子支撑，墙壁上装饰着浅浮雕，描绘了《地狱之书》中的片段，以及荷鲁斯向法老引见奥西里斯和哈索尔的画面。在柱子的侧面，法老被许多不同的神灵所环绕：阿努比斯、哈西西斯（Harsiesis）、**伊门泰忒（Imentit）**、拉－哈拉克提、**舒（Shu）**、塞尔基斯、伊希斯、哈索尔、阿图姆、奈芙蒂斯、奈斯和普塔－索卡里斯（Ptah-Sokaris）。国王在参拜这些神灵。

6 柱子上展示法老王站在许多神灵面前的画面。

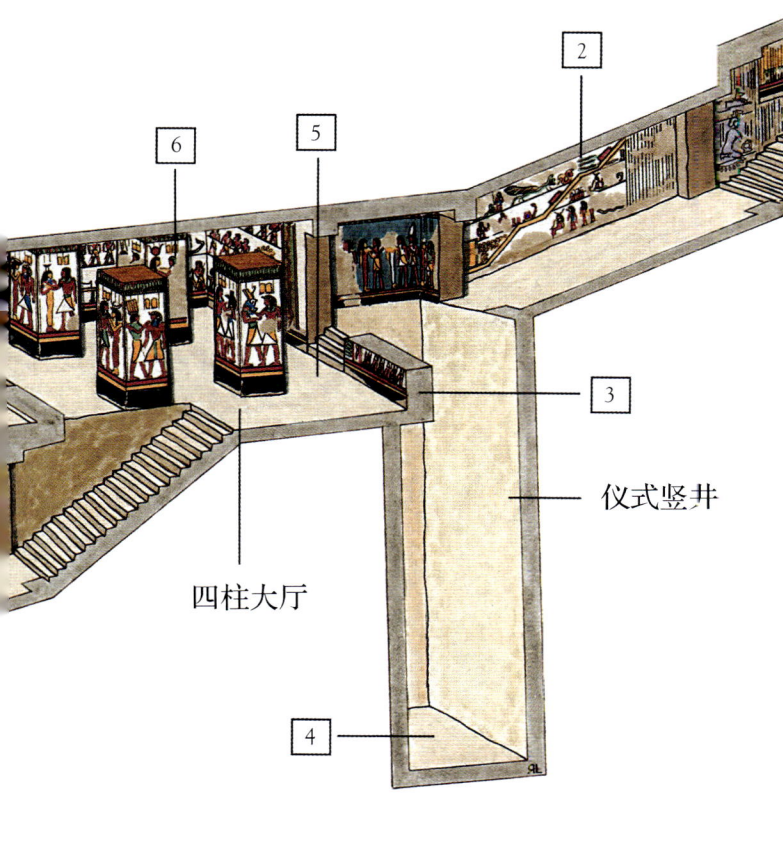

7 素描大厅。一间未完工的房间，墙上只有草图和未上色的图画——没有浮雕，描绘了《阴间书》的第九、第十和第十一小时。通过对墙壁的分析，我们揭示了古代艺术家使用的工艺：墙壁用一层由沙子和石膏制成的细灰泥抹平，然后涂上灰泥水，画家用一块黑炭勾勒出图像的轮廓，然后用红色校正。接下来，雕塑家用低浮雕塑造已经勾勒出来的人物。

8 这个房间与六柱大厅相连，贝尔佐尼称它为"美丽大厅"，因为墙壁装饰风格精美，描绘了法老在众多神灵面前的情景。

仪式竖井

四柱大厅

9 六柱大厅：柱子上装饰着奥西里斯、哈西西斯、拉－哈拉克提、阿努比斯、舒、盖布、荷鲁斯、伊恩穆特夫（Iunmutef）、普塔－索卡里斯，以及佩（Pe）和尼肯（Nekhen）的灵魂。这个房间实际上是墓室的上半部分，它与墓室仅以高低隔开，墙壁上装饰着《地狱之书》和《天牛之书》（Book of the Celestial Cow，一部与《地狱之书》相关的系列文本汇编）中的场景。

10 带有《地狱之书》和《阴间书》插图的篇章。《地狱之书》是一部描绘夜晚十二小时的系列文本汇编。《阴间书》也分为十二部分，对应夜晚的十二个小时，文献考察了冥界的地形，还说明了拉神穿越冥府的航行。

11 墓室的拱券顶是陵墓中唯一没有彩绘浮雕只有绘画的部分（除了未完成的"素描大厅"），这些绘画描绘了天空中的星体和主要星座，其中一些可以认出来，而其他一些仍然笼罩在神秘之中。埃及人根据与巴比伦不同的天文系统对恒星进行分类，而巴比伦天文系统是今天仍在使用的天文系统的基础。在石棺正上方描绘天空是为了让法老的灵魂如魔法般在不死的星辰之间盘旋。

12 墓中只剩下一件重要文物——坚实的雪花石石棺，上面有《地狱之书》的篇章，雕刻精美绝伦。这具石棺后来被运到英国，被著名的古董收藏家约翰·索恩买下，至今仍在他位于伦敦的博物馆中展出。塞索斯一世木乃伊于1881年由马斯伯乐在著名的代尔巴哈里秘窖发现。

13 附室没有装饰，部分倒塌。

上图 《地狱之书》中的场景，来自第十九王朝第一位法老拉美西斯一世的墓室（帝王谷 16 号墓）。由于这位法老在位时间极其短暂，这座陵墓是整个帝王谷中最小的陵墓之一，仅在放石棺的墓室有装饰，场景画面极其生动鲜艳，在浅灰色的背景下显得格外醒目。

下页图 在拉美西斯一世墓（帝王谷 16 号墓）的墓室中，冥界之主奥西里斯手持弯钩权杖和连枷，这是这位神的经典特征。

　　寂静再次笼罩这个神圣的地方，直到一位名叫克劳德·西卡德的耶稣会士到来，他在 1708 年至 1712 年间确定了古代底比斯的遗址并重新发现了帝王谷的陵墓。许多旅行者追随他的脚步，其中一些人做出了重要研究，有了重大发现：1768 年，一个名叫詹姆斯·布鲁斯的苏格兰人发现了拉美西斯三世的陵墓；1798 年，拿破仑远征军中的学者们对山谷进行了第一次科学考察；1817 年，乔瓦尼·巴蒂斯塔·贝尔佐尼发现了拉美西斯二世的父亲塞索斯一世的陵墓；1898 年，法国人维克多·洛雷特（Victor Loret）发现了阿蒙诺菲斯二世的陵墓；1922 年，英国考古学家霍华德·卡特发现了图坦卡蒙的陵墓。在帝王谷已知的 62 座墓葬中，只有大约 20 座安放着法老的遗体，许多墓葬在施工完成之前就被遗弃了，因为工人遇到了不适合施工的岩石，其他墓葬则放着不同王室成员的遗体。

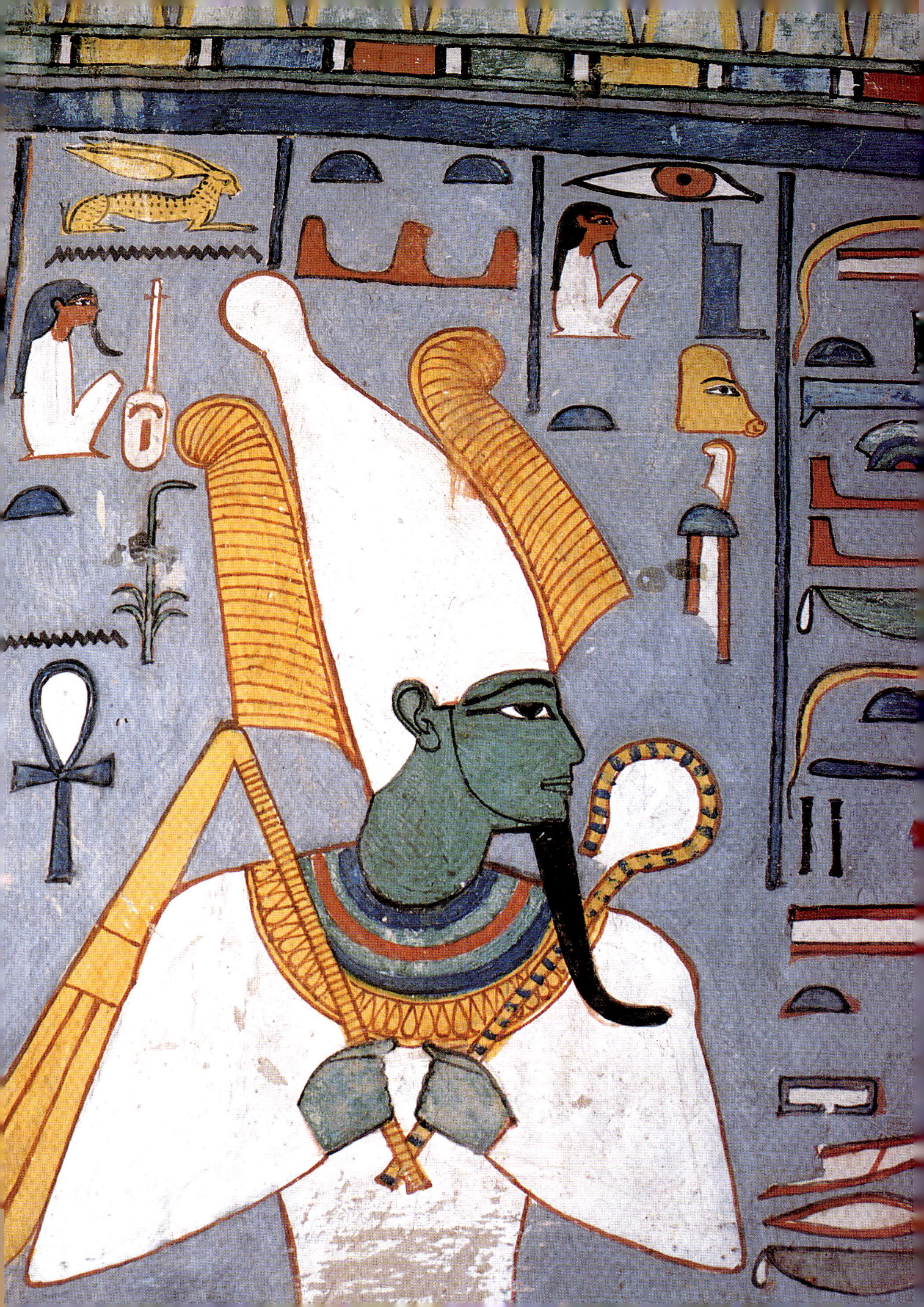

壁画和装饰不涉及日常生活场景，也不涉及历史事件或统治者的生活，而只涉及来世和法老即将经历的旅程，他要通过许多考验和磨难才能到达奥西里斯的领地。墙上的文本来自《亡灵书》《阴间书》《地狱之书》和《洞穴之书》，通常附有插图作为注释，这些文本为死者提供了有关咒语的重要知识，这些知识对克服他们将面临的困难至关重要。

上图 在图特摩斯三世墓（帝王谷34号墓）中包含石棺的墓室的一根柱子上，描绘了法老手持节杖和仪式权杖，他的妻子和女儿紧随其后。这幅画前面是法老被化身**西卡莫无花果树（sycamore）**的女神伊希斯哺乳，并有一段简短的文字说明："被他的母亲伊希斯哺乳。"图特摩斯三世即位时的名字是曼克海佩尔拉（Menkheperre）。

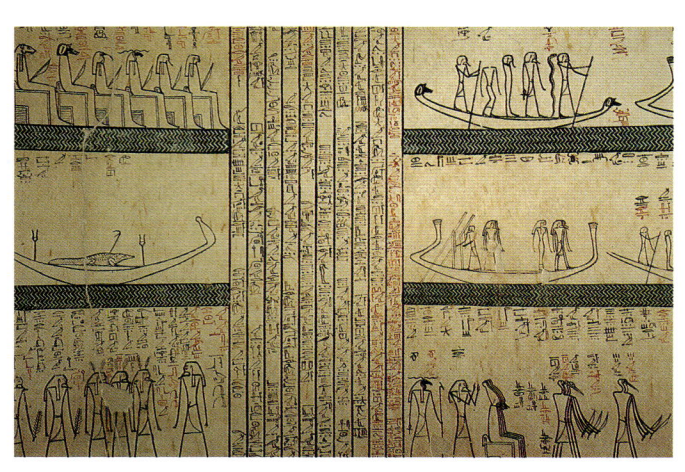

下图 《阴间书》中的篇章，用行书体圣书字（cursive hieroglyphs，或称hieroglyphic book hand）写在图特摩斯三世墓石棺墓室的墙壁上。《阴间书》的内容在这座陵墓中随处可见。它是丧葬文献之一，概述了死后世界的地形。

跨页图 巨大的图特摩斯三世石棺由微红色石英岩制成，在法老的墓室中占据着重要位置。石棺和墓室都呈椭圆形，与王名圈的形状相呼应，墓室的墙壁被漆成素净的色调，只有少数色调变化，没有浮雕，文字和插图都来自《阴间书》，讲述了太阳穿越冥界的故事，它们被转录成行书体圣书字，再加上柔和的颜色，让人感觉墓室内衬着一张展开的纸莎草纸。这座陵墓于1898年由维克多·洛雷特发现，他接替加斯顿·马斯伯乐担任埃及文物局局长。不幸的是，发现这座陵墓的时候，墓室已经被洗劫一空，石棺的棺盖被砸碎，散落在地上。然而，早在1881年，法老图特摩斯三世的木乃伊就已经被发现，在代尔巴哈里著名的王室木乃伊秘窖中。

上图 拉美西斯六世墓（帝王谷 9 号墓）石棺墓室的东墙上装饰着《大地之书》（Book of the Earth）的文本，主题与创造日轮有关。《大地之书》（也称 Book of Aker，即《阿克尔之书》）这部文献与太阳神进入冥界的夜间旅程有关。

右上图 拉美西斯六世墓室中的绘画细节图，展示了《大地之书》中的篇章。

右下图 拉美西斯六世墓室北墙上的《大地之书》细节图：日轮在"天空和星辰之母""太阳之母"女神努特的怀抱中从冥界深处升起。努特控制着星星的运动，每天都赋予太阳生命，从而重启大地的生产。

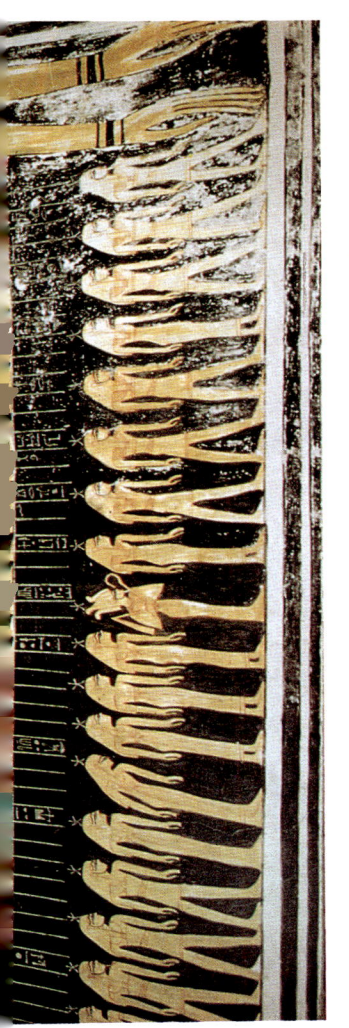

跨页图 拉美西斯六世墓（帝王谷9号墓）中画有天文图的天花板，描绘了《日之书》（Book of the Day）和《夜之书》（Book of the Night）中的场景。图中，天穹的化身、天空女神努特被弯曲成拱形以模仿天穹，在天花板的右半部分和左半部分都有。努特晚上吞下太阳并在早上使它重生。这位女神因此以"天空和星辰之母"的身份，但主要是以"太阳之母"的身份，获得了赋予生命和再生的能力。由于已故法老与太阳神联系在一起，所以法老通过努特参与了太阳的重生。努特还有另一个功能，即作为保护神为死者驱除邪恶。

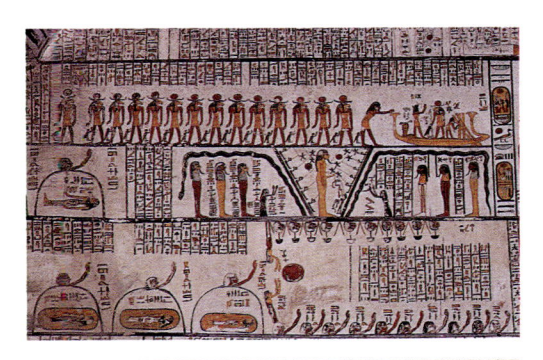

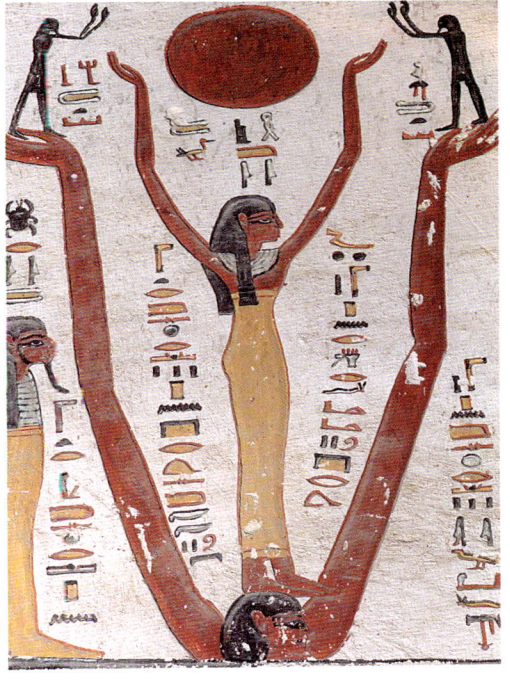

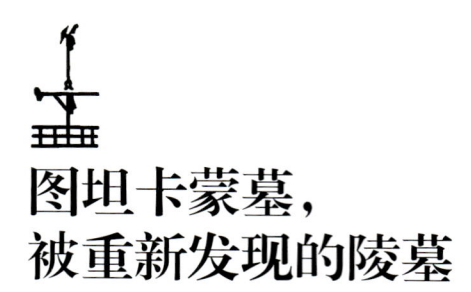

图坦卡蒙墓，
被重新发现的陵墓

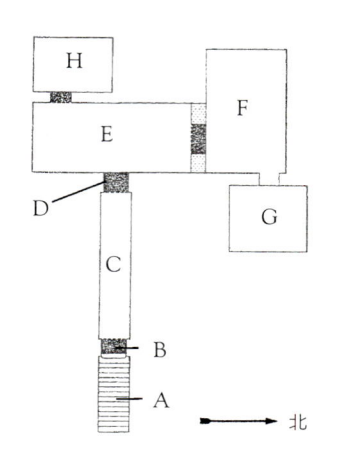

A 楼梯　　　　D 第二扇门　　　G 宝库
B 第一扇门　　E 前厅　　　　　H 附室
C 墓道　　　　F 墓室

　　1923年2月17日图坦卡蒙墓的墓室正式开放时，前厅已经被清空，距离1922年11月26日的那个傍晚已经过去了两个多月，当时卡特、卡那封伯爵及他的女儿伊芙琳和亚瑟·卡伦德几乎是偷偷摸摸地第一次进入了陵墓。清空前厅花了将近五十天时间，拆除和移除墓室的所藏之物（包括镀金的木制外椁和石棺）所需的时间更是长得多，直到1930年11月，也就是最初发现墓室8年后，这项工作才完成。所藏之物清空后，就可以仔细检查整座陵墓中唯一装饰过的墓室里的壁画了，墙壁以黄色为底色，几乎接近金色，仿佛在强调古埃及人给这间墓室起的名字——"金色房间"。

跨页图　图坦卡蒙墓的墓室是整个陵墓中唯一有装饰的房间，当被发现时，它几乎完全被镀金木椁填满，现在只有大型石英岩石棺和最外面的棺材，里面放着国王的木乃伊。三幅图坦卡蒙的画像装饰着后面的墙：在右边，法老被描绘成在"开口"仪式上的奥西里斯，仪式由图坦卡蒙的继任者法老阿伊主持；在中间，图坦卡蒙身着生者的外衣，出现在天空女神努特面前；在第三个场景中，图坦卡蒙穿着内梅什巾冠出现在奥西里斯面前，身后是他的卡。

下页下图　极其精美的图坦卡蒙第三具棺材（255号）由纯金制成，重110.4千克，长1.88米。这具棺材里装着这位年轻法老的木乃伊，木乃伊上覆盖着著名的面具。它被放置在由覆有金箔的木头制成的第二具棺材（254号）中，第二具棺材又放置在第一具也就是最外面的棺材中，也由覆有金箔的木头制成（253号）。所有三具棺材上法老的姿势都相同：双臂交叉在胸前，双手握着王室特征弯钩权杖和连枷。整套三具棺材装在一个大型石英岩石棺（240号）中，仍然可以在墓中看到，最外面的棺材也在里面。（开罗博物馆）

219

左图 图坦卡蒙的纯金面具直接戴在法老的木乃伊上，具有神奇的保护功能。这件华丽的物品重10千克，饰有半宝石（绿松石、光玉髓宝石和青金石）和彩色玻璃浆。法老以古典方式描绘，戴着仪式胡须和宽领，宽领由十二个同心圆组成，镶嵌着绿松石、青金石、光玉髓宝石和天河石。传统的内梅什巾冠有黄色的纯金条纹，这些纯金条纹之间被深蓝色的玻璃浆带隔开。面具的前额上有一条王室乌赖乌斯和一个秃鹰头，象征着下埃及和上埃及的两位守护神：瓦吉特和奈赫贝特。（开罗博物馆）

下页图 纯金的第三具棺材，里面装着法老图坦卡蒙的木乃伊。被发现时，它几乎完全被一层硬化的沥青覆盖，完全掩盖了它的光彩，最后用溶剂和手术刀去除了沥青。对木乃伊的研究表明，法老在18岁左右去世，身高162厘米。（开罗博物馆）

下一跨页图 图坦卡蒙的出生名是图坦卡吞，他可能是异教法老阿蒙诺菲斯四世（埃赫那吞）和王后琪雅（Kiya）的儿子。在很小的时候，他就娶了同父异母的妹妹安克赫娜蒙，她是阿蒙诺菲斯四世和纳芙蒂蒂王后的女儿。图坦卡蒙（意为"阿蒙活着的形象"）于公元前1333年登上王位，第一名字（praenomen，又称王位名、王衔，写于王名圈之中）是尼布凯普鲁拉。他死于公元前1323年左右，大约18岁。图坦卡蒙的王位由阿伊继承，阿伊在位四年，而后是第十八王朝最后一位法老霍朗赫布。（开罗博物馆）

画作表面保存完好，尽管由于微生物菌落的繁殖，上面布满了无数微小的圆形污点。装饰非常简单，风格普通：进入房间就能看到北墙中间是图坦卡蒙，穿着生者的衣服，手持节杖和仪式权杖，正在女神努特面前举行尼尼（nyny）仪式。这个中心场景的两侧是另外两个场景：在右边，图坦卡蒙在他的继任者法老阿伊面前打扮成奥西里斯的样子，阿伊穿着塞姆祭司的服饰和独特的豹皮，主持"开口"仪式，死者通过该仪式复活。左边是图坦卡蒙头戴内梅什巾冠站在奥西里斯面前，紧随其后的是他的卡。在相邻的西墙上绘有取自《阴间书》的篇章插图，展示了太阳船在夜间十二小时（分别由十二位狒狒面孔的神祇代表）内的航行。东墙上描绘了运输王室石棺的场景，石棺放置在一个安装在橇车上的神龛内，由12个人拉动，其中有两个人穿着不同，表明社会地位较高。南墙是最后绘制的，是图坦卡蒙在阿努比斯的陪伴下来到女神哈索尔面前的场景。墓室的中心现在放着装有最外层棺材的石英岩棺材。

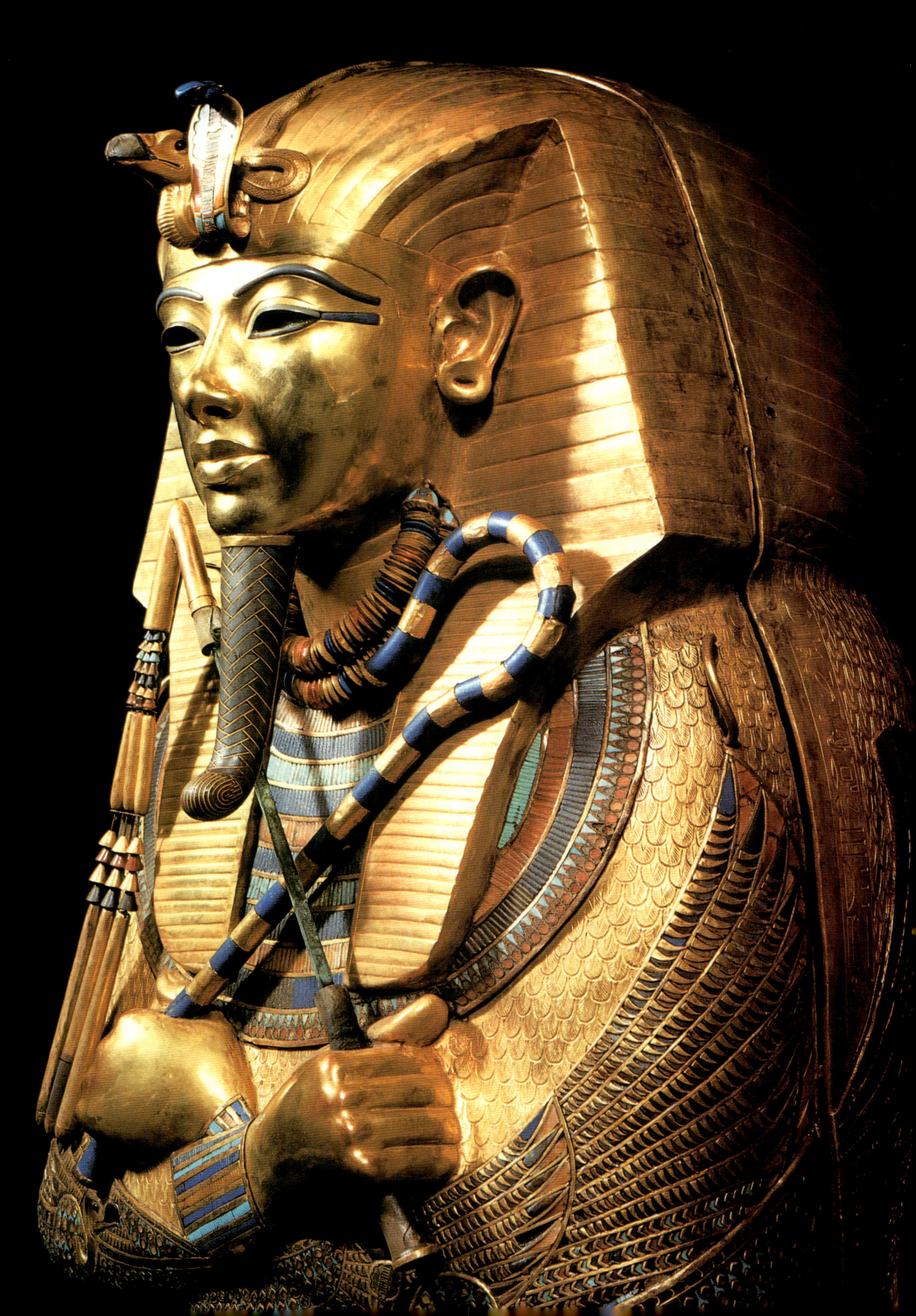

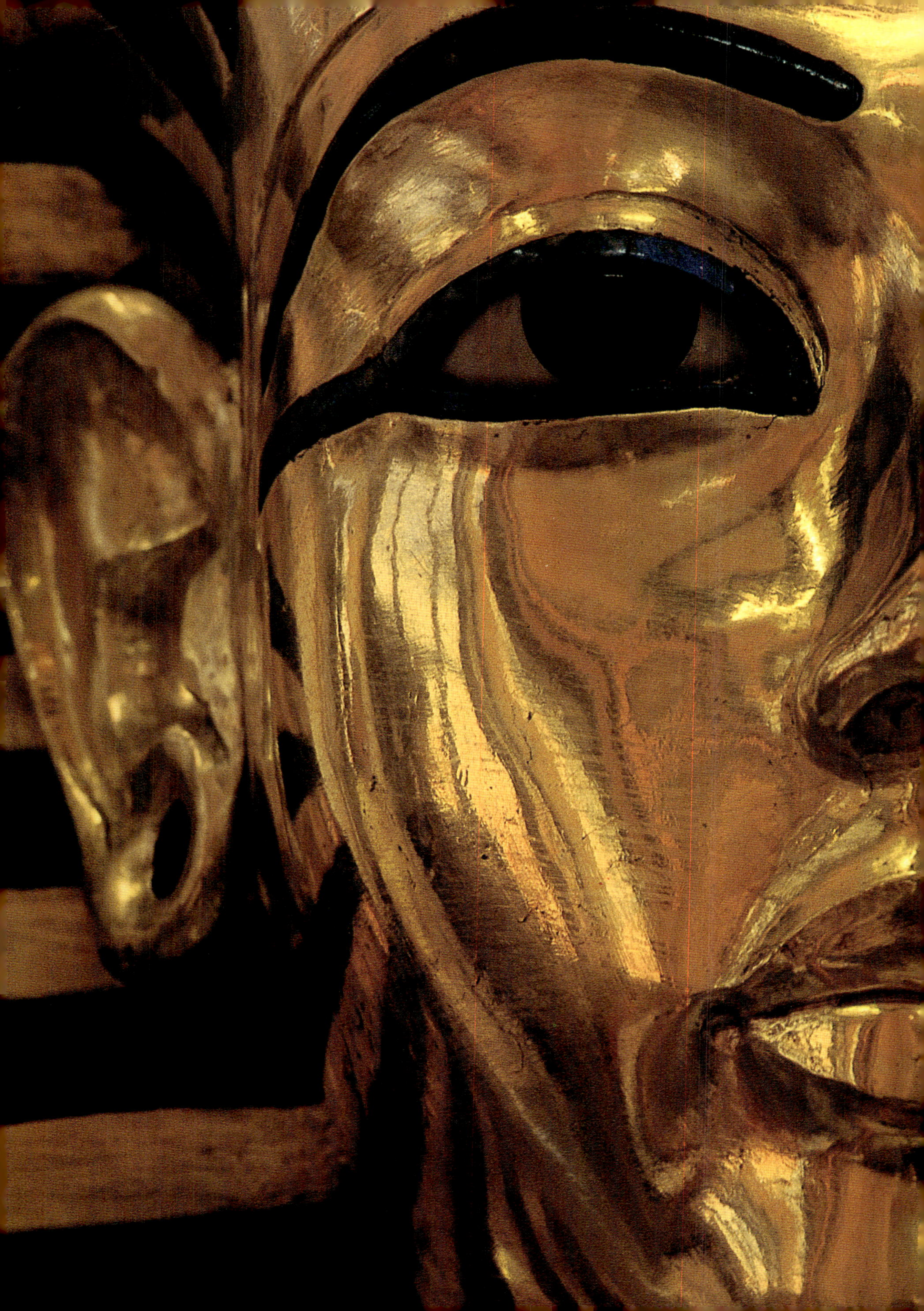

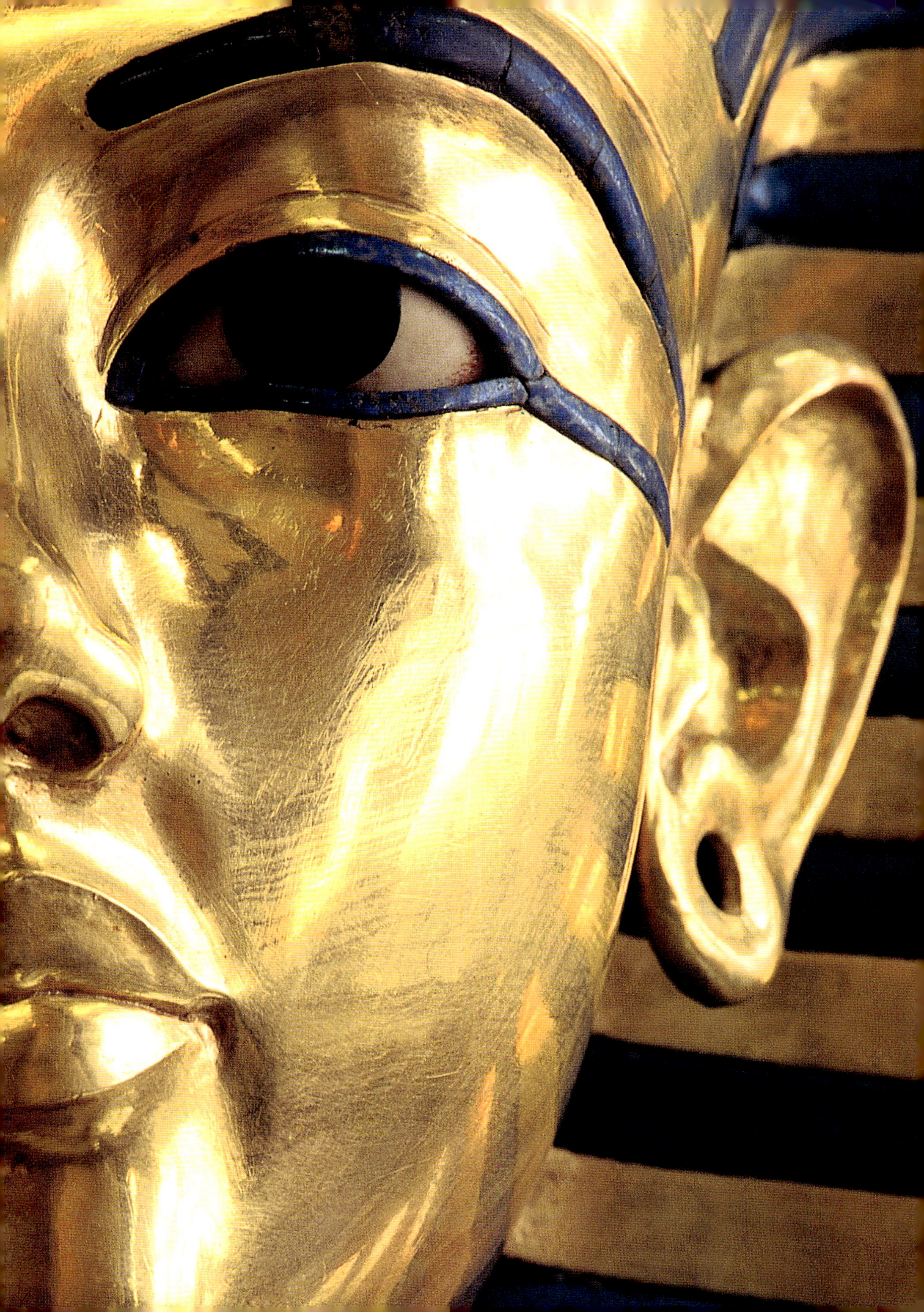

两尊真人大小的雕像之一，守卫在位于前厅北侧墓室密封的门前。这两尊雕像除了头饰外几乎完全相同，都是用木头制成，涂有黑色树脂，并在部分地方镀金。它们描绘了法老，或者更确切地说是法老的卡迈着大步的姿势，他一只手拿着权杖，另一只手拿着长杖。镀金的三角形裙子上写着这是"哈拉克提的王室卡，内布克普鲁拉奥西里斯，两地之主，公正创造者"。（开罗博物馆）

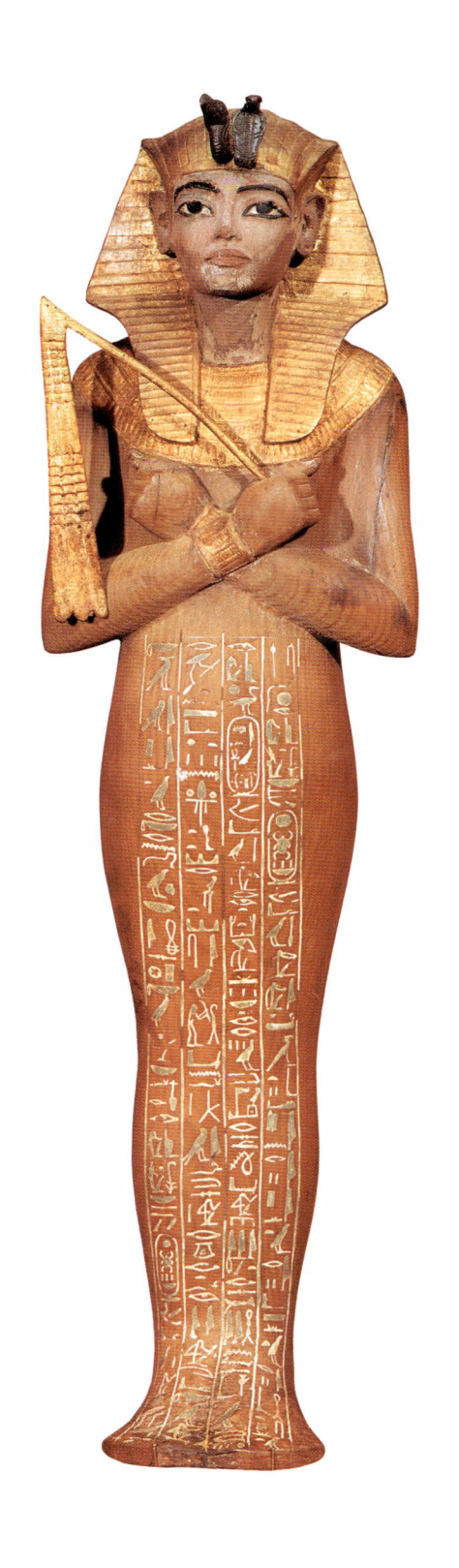

非常精美的图坦卡蒙**沙比提俑**(*shabti* or *shawabti*)，手持弯钩权杖和连枷，并刻有《亡灵书》第六章的文字。这段文字详细说明了这些木乃伊造型的雕像的功能，这些雕像由木头、赤陶、彩陶或金属制成，在某些情况下会有数百件留在陵墓中。沙比提俑（这个名字的意思是"回答者"）旨在代替死者在来世工作，死者可以通过背诵特殊咒语命令他们。尤其是在新王国时期，沙比提俑被视为财产，与奴隶没什么不同。在图坦卡蒙墓中，总共发现了数量惊人的413个沙比提俑，分别放置在附室和宝库的26个箱子中，排列有序，但其中只有29个刻有《亡灵书》中的咒语。（开罗博物馆）

下页图 一尊优雅的塞尔基斯女神镀金木像,她是卡诺皮克神龛外檐的四位保护神之一,神龛内有已故法老的内脏。图中,女神穿着一件长袍,头上盖着凯特(khayt),上面有一只蝎子,象征着女神的名字。对人物体型和面部的精致描绘显示了阿玛纳风格的强大影响力。(开罗博物馆)

在前厅发现的图坦卡蒙黄金王座的后面板细节图。王座用木头制成,上面覆盖着金箔,并用半宝石和彩色玻璃浆装饰。法老的妻子安克赫娜蒙王后站在他面前,头上装饰着两根高高的羽毛和一个日轮,法老慵懒地坐在宝座上,王后一只手放在他的肩上,另一只手则递上一瓶香膏,太阳神阿吞的光芒照耀在这对王室夫妇上,赋予他们生命力。从这一场景的艺术敏感性和自然主义风格中可以清楚地看到阿玛纳风格和宗教观念的影响。(开罗博物馆)

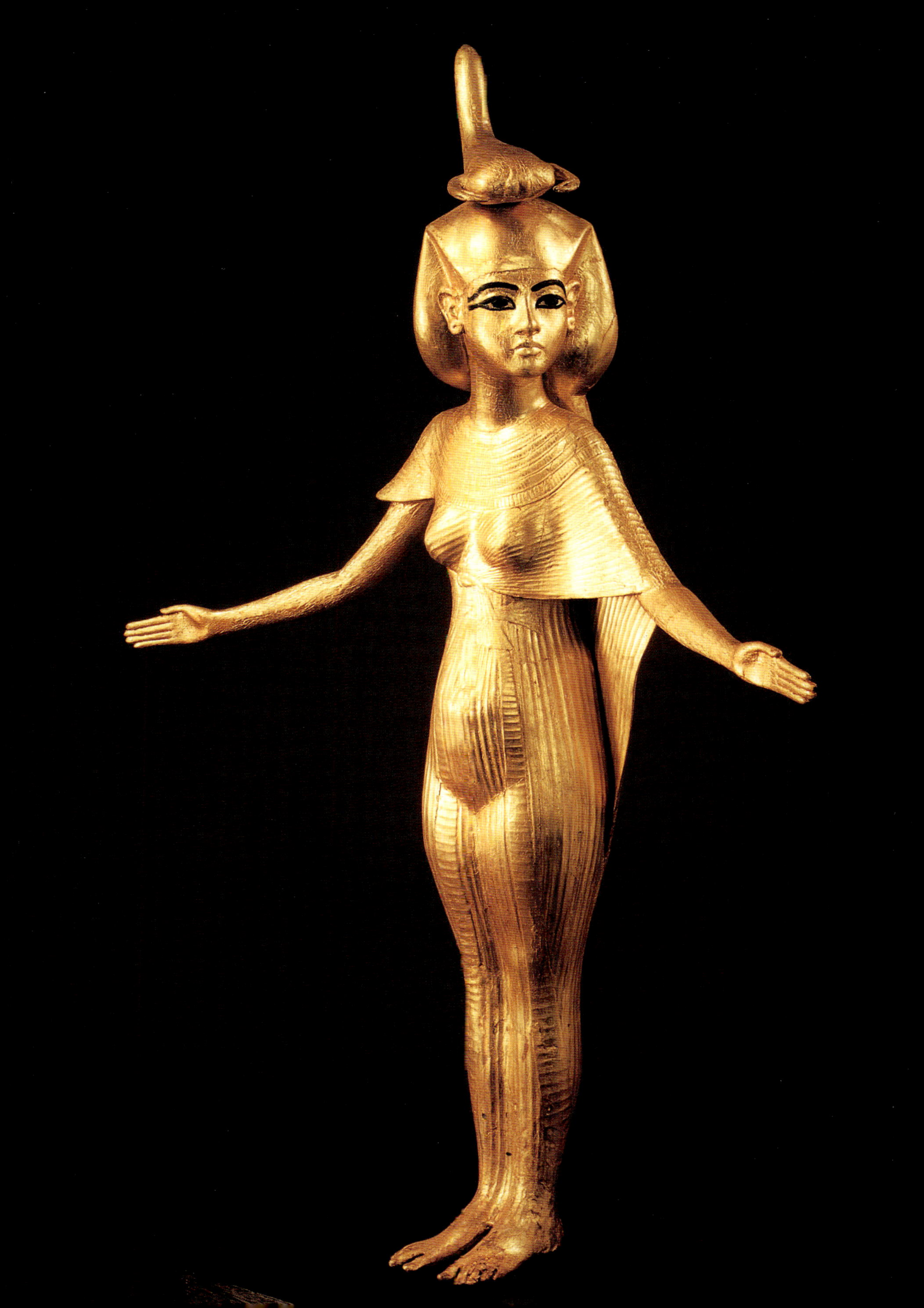

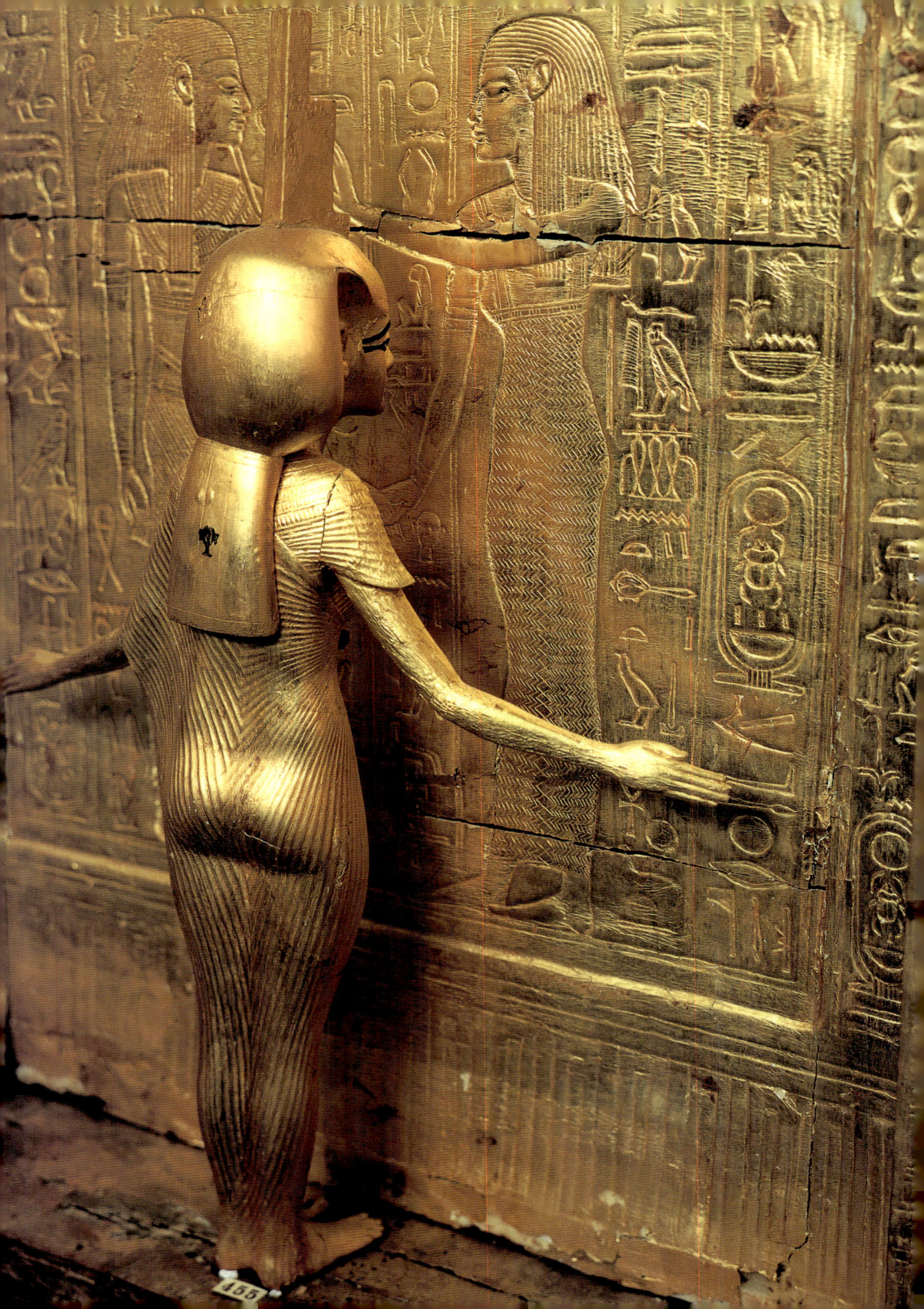
455

在陵墓前厅发现的木制小神龛，覆盖着厚厚的金箔，放置在用银箔包裹的木橇上。原本它一定内含一尊法老的金雕像，在此墓于古代发生的两起盗墓事件中被盗。神龛的侧壁上布满了工艺精湛的图，描绘了法老和妻子安克赫娜蒙狩猎和日常生活的场景。（开罗博物馆）

上页图　伊希斯女神伸出双臂做保护姿态围住图坦卡蒙卡若反克神龛外罩的侧壁，外罩为木制，并有镀金。这个神龛内有许多较小的神龛，由木头和方解石制成并镀金。这套箱子是在墓室附近一个叫作宝库的房间里发现的。其他三位保护神龛的守护神是奈芙蒂斯、塞尔基斯和奈斯，她们中的每一个都与指南针的一个基准方位相关联。外檐的箱子里有四个金制小棺材，里面装着法老的内脏。（开罗博物馆）

229

本页图　众多图坦卡蒙胸饰之二。上图：有翼圣甲虫，黎明时分的太阳神形象，它推动日轮拉（Re ☉）向上。凯普（*kheper* 🪲）圣甲虫站在一个表示复数的圣书字符号（Ⅲ）之上，凯普变成复数形式凯普鲁（*khepru*），下面还有一个尼布（*neb*，⌒）符号，这样这个胸饰就可以被解读为图坦卡蒙的第一名字尼布凯普鲁拉（Nebkheprure）。下图：在法老木乃伊上发现的秃鹫形状的女神奈赫贝特，她的爪子里抓着两个舍努符（强大的护身符）。（开罗博物馆）

下页图　一个珍贵的油膏座，由黄金制成，呈双王名圈形状，带有高高的羽毛和一个日轮。容器的每一面都有法老的图像，展示了他在人生不同阶段的形象（年轻的王子、成年人、已故的法老和重生的法老），他坐在一个尼布标志上，一个日轮拉之下。描绘法老所用的颜色序列（橙色、红色、黑色和橙色）可能代表了太阳周期，因此构成了一个小的图形字谜，表示凯普这个词。在这里，我们也可以看到法老的第一名字。（开罗博物馆）

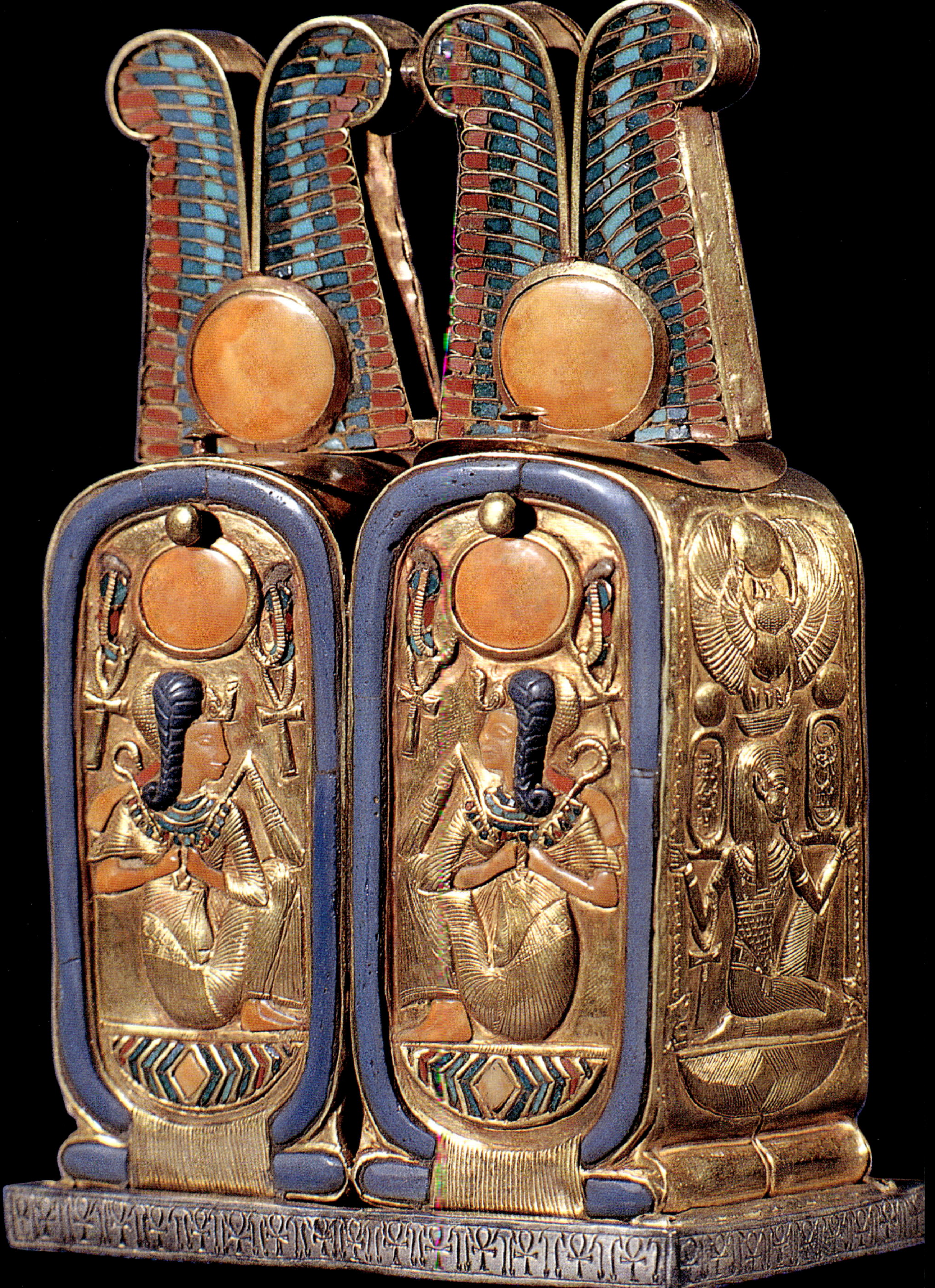

跨页图　项圈和带有胸饰的胸甲，由黄金和宝石制成，是象征王权和神圣的盛装礼服的一部分。胸甲由层层玻璃珠带组成，模仿鸟类的羽毛，通过两对吊带与项圈连接。在胸甲和项圈之间有一个胸饰，其中法老被阿图姆神和尤萨阿斯（Iusaas）女神介绍给阿蒙－拉神。图中，阿蒙－拉神赐予图坦卡蒙手杖和周年庆典符号，以及代表生命气息的**安卡（Ankh）**。另一边是有翼圣甲虫，它支撑着日轮，两侧是眼镜蛇形态的女神奈赫贝特和瓦吉特。（开罗博物馆）

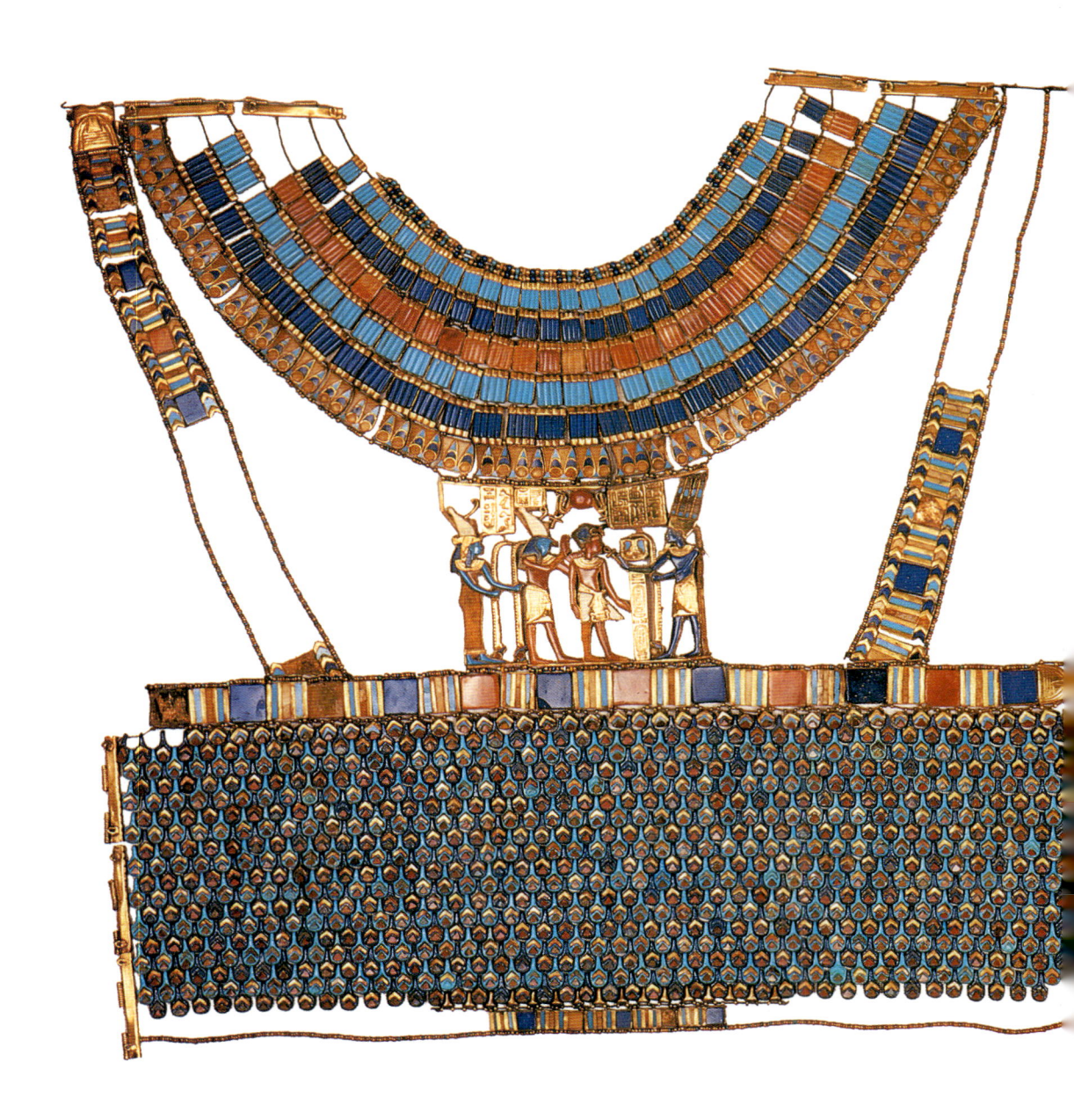

233

在图坦卡蒙木乃伊脖子上发现的金色护身符,描绘了一个长着女人头的有翼乌赖乌斯(保护王室的神圣眼镜蛇)。法老的木乃伊上装饰着大约 150 件珠宝和护身符,这些珠宝和护身符不仅用于装饰,还可以发挥魔法保护死者。(开罗博物馆)

下页图 在墓室第三重和第四重木椁之间发现的金扇,装饰得非常精美。图中,法老坐着他的战车,从狩猎中凯旋。沿着把手垂直延伸的铭文指出,扇子上的鸵鸟毛是法老本人在"赫利奥波利斯以东的沙漠中"获得的。

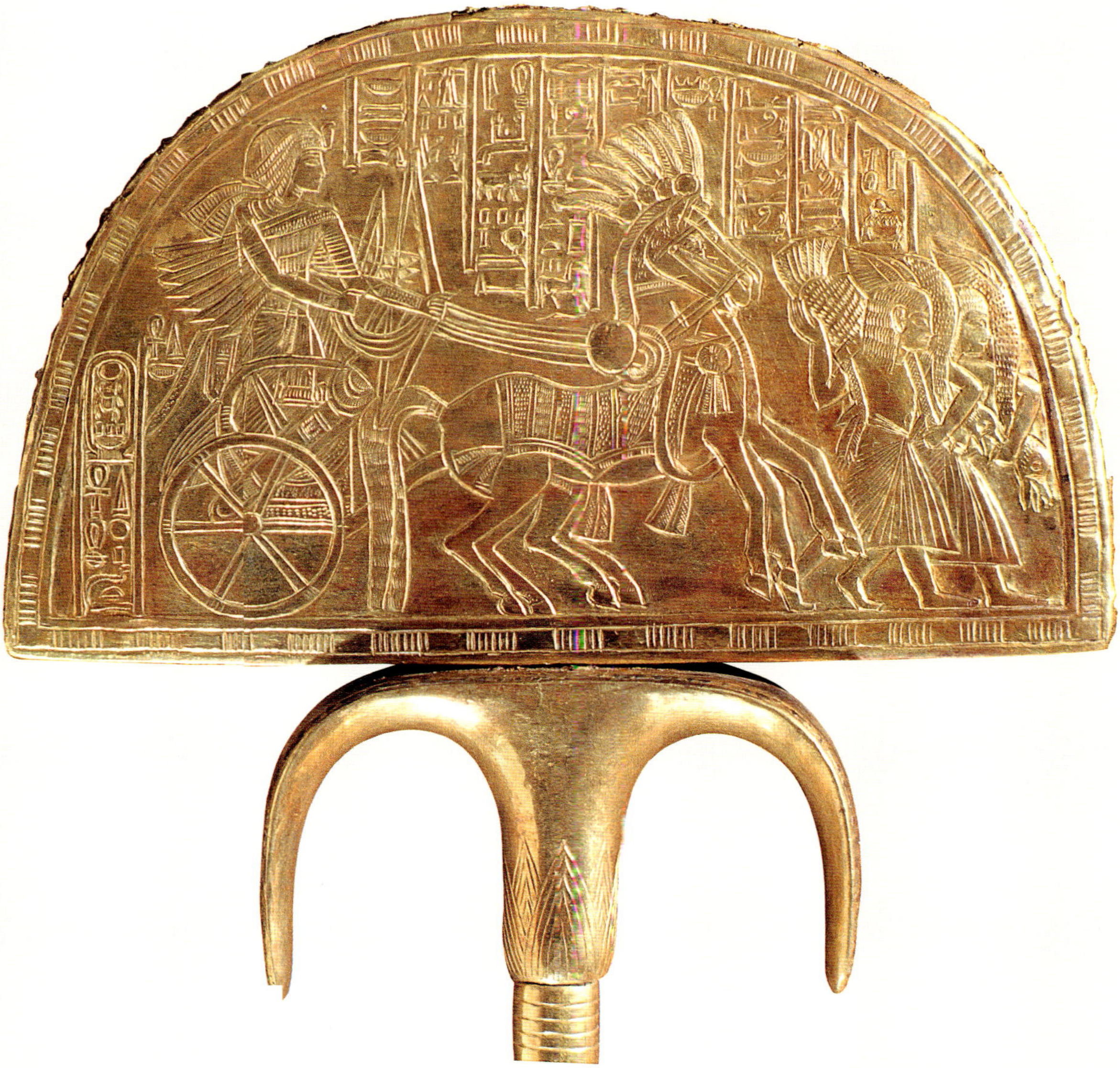

塔塞内弗鲁，王后谷

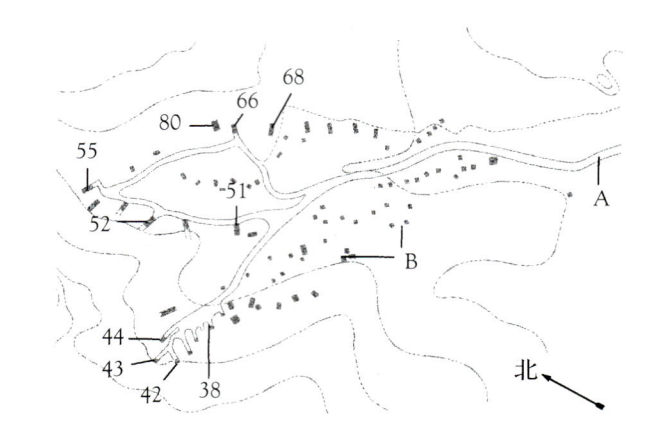

王后谷，阿拉伯语为比班哈里姆（Biban el-Harim），位于古代底比斯巨大墓地的最南端，几乎被19世纪的旅行者和探险家所忽视，由让·弗朗索瓦·商博良和英国人约翰·加德纳·威尔金森（John Gardner Wilkinson）命名，他们是19个世纪初第一批探索王后谷的人。

古埃及人将这座山谷称为塔塞内弗鲁（Ta-set-neferu），"法老之子的地方"，这里有一百多座陵墓，其中第一座是在第十八王朝时期（约前16世纪）挖掘的。它原本是王室血统的王子和公主的最后安息地，后来，从拉美西斯一世统治时期开始，法老的妻子也被埋葬在这里。

这个地点被认为是神圣的，因此与它作为王室墓地的功能十分相宜。与帝王谷一样，它靠近库尔恩，即底比斯峰——这座金字塔形的山峰是眼镜蛇女神麦里特塞盖尔的领地，这是一个原因。另一个原因在于山谷尽头的瀑布和洞穴，其结构和自然特征暗示了宗教和葬礼的概念。

上图 王后谷是底比斯最南端的墓地，包含来自第十八、十九和二十王朝的大约100座竖穴墓葬和陵墓。古埃及人称这个地方为塔塞内弗鲁，根据最新和普遍接受的翻译，它的意思是"法老之子的地方"，显然是指这个墓地中不仅有国王的配偶，也包括王子、公主和其他王室成员。

下图 拉美西斯三世之子阿蒙（-荷）-柯普塞夫王子的陵墓（王后谷55号墓），1904年由埃内斯托·斯基亚帕雷利领导的意大利考古团发现。由于其彩色浅浮雕保存完好，质量优良，它被认为是这片墓地中继尼斐尔泰丽墓之后最精美的陵墓。

38 希特拉墓
42 普拉-荷-尤内梅夫墓
43 塞特-荷-柯普赛夫墓
44 卡伊姆瓦赛特墓
51 伊希斯墓
52 蒂蒂克拉墓
55 阿蒙（-荷）-柯普塞夫墓
66 尼斐尔泰丽墓
68 梅里塔蒙墓
80 图雅墓
A 主谷
B 第十八王朝竖穴坑

卡伊姆瓦赛特王子的肖像，拉美西斯三世另一个被埋葬在王后谷的儿子。这座陵墓（王后谷44号墓）也是斯基亚帕雷利发现的。这位王子留着小孩的发式，头发剃得很干净，只剩一缕头发在侧面束成一条辫子，用小男孩通常使用的发卡固定。

尼斐尔泰丽与她的陵墓

尼斐尔泰丽王后的陵墓拥有壮观的壁画，可能是全埃及最美丽的陵墓。1904 年，埃内斯托·斯基亚帕雷利在王后谷发现了它。由于许多严重威胁到这些壁画的问题，该墓自 20 世纪 50 年代开始不对外开放。直到 1986 年，埃及文物组织和盖蒂保护研究所才联合行动，采取紧急措施稳定这些画作的状况。1988 年 2 月，在一支由各国科学家组成的国际团队进行了多项跨学科研究之后，修复工作正式开始。首先加固灰泥，然后将从墙上脱落的壁画碎片贴回去，最后开始清理画作，清除过去拙劣的修复痕迹，用与法老时代相同的灰泥代替，1992

左图 尼斐尔泰丽王后在伊希斯女神的带领下拜见圣甲虫头的凯普里神，绘制在她的陵墓（王后谷 66 号墓）前厅。尼斐尔泰丽墓 1904 年由埃内斯托·斯基亚帕雷利带领的意大利考古团发现。近日，在盖蒂保护研究所和埃及文物组织的联合行动下，这座陵墓经过精心修复，非凡的壁画恢复了原有的光彩。

跨页图 在她的陵墓前厅的过厅里，尼斐尔泰丽受到女神塞尔基斯（最左）和奈斯（最右）（两位在葬礼崇拜中起保护作用的神）的欢迎，她由女神伊希斯和哈西西斯领导来到两大太阳神面前。在左边，伊希斯将王后带到长着圣甲虫面的凯普里神面前，他代表着黎明时的太阳；而在右边，哈西西斯（这个名字指伊希斯的儿子荷鲁斯）将尼斐尔泰丽带到拉－哈拉克提神面前，他是太阳神和地平线之主宰，受到哈索尔－伊门泰忒的保护。哈索尔－伊门泰忒是女神哈索尔与西方和丧葬世界发生联系时的一种形式，画上的简短文字包含了接见尼斐尔泰丽的众神的话：他们声明将赋予她"永恒"，使她成为天上的拉，以及赐予她"永生、力量和耐力"。

年4月,陵墓修复工作完成,但为了保存精美的画作,埃及当局决定永久关闭陵墓,不再对外开放。

尼斐尔泰丽·梅里穆特王后(这个名字的意思是"被穆特所钟爱的美丽之人")可能在伟大的法老拉美西斯二世登上王位之前就嫁给了他。看来她最受尊重,是法老众多妻子中最重要的一个,之所以能证实她的地位,是因为她总是伴拉美西斯左右,甚至包括重要出行,如拉美西斯在位第24年(约前1255),她也一同前往努比亚参加阿布辛贝小神庙的落成典礼,该神庙用于供奉女神哈索尔和尼斐尔泰丽王后本人。在这座神庙的正面,王后与法老本人一样大,这是她身份的形象说明,因为法老的妻子通常以仅略高于他膝盖的比例出现在他身边。

尼斐尔泰丽的来历仍然笼罩在神秘之中——许多线索表明她来自底比斯周边地区,且实际上是第十八王朝最后一位统治者法老阿伊的亲属:她可能是阿伊的女儿。虽然她和拉美西斯有五六个孩子,但没有一个继承王位,拉美西斯的继承人——麦伦普塔赫王子——是另一位王室新娘伊塞-诺弗列特女王的儿子,她的陵墓尚未被发现。

下页图 尼斐尔泰丽站在供桌前向女神哈索尔献上两个仪式瓶子。此图绘在通往墓室的楼梯东墙上。

上图 第一东附室南壁所绘的公牛、七头天上之牛和四个天之舵,出自《亡灵书》第148章。这一章的标题是"在死者王国让灵魂获得生活所需之物的咒语"。

下图 尼斐尔泰丽在托特神面前背诵必要的咒语,以获得这位抄写员的调色板,这位神圣的抄写员被赋予了魔法力量;这种仪式在《亡灵书》第94章中有规定。

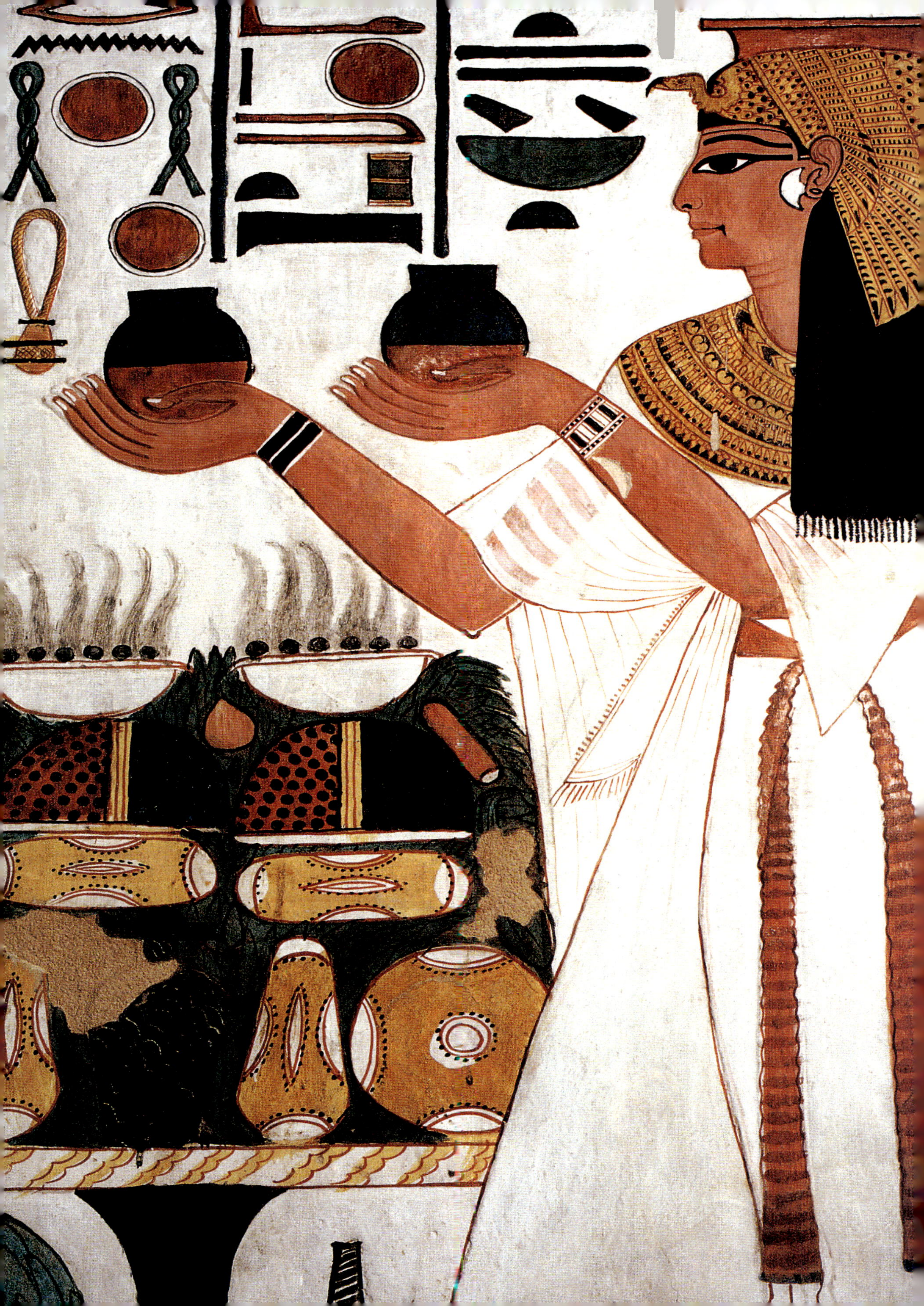

尼斐尔泰丽——
"被穆特所钟爱的美丽之人"：
陵墓东侧

埃内斯托·斯基亚帕雷利是都灵埃及博物馆馆长，也是意大利考古团背后的灵魂人物。1904年秋天，他在王后谷挖掘发现著名的埃及王后、拉美西斯二世的妻子尼斐尔泰丽的陵墓时，新发现的惊喜对于他来说已不再陌生。尽管这座陵墓已被洗劫一空，所有物品都被移走，但它还是与众不同：壁画覆盖了整个陵墓，至善至美，在整个埃及都无与伦比。当这些精美的画作被发现时，由于水和盐分的渗入，它们的状况已经十分糟糕，斯基亚帕雷利进行了初步的临时修复，但随着时间推移，情况越来越糟，陵墓被关闭，直到完全修复完成。通过洛杉矶盖蒂保护研究所和埃及文物组织的干预，这项修复工作于1988年开始，1992年完成。为了将这颗艺术瑰宝留给子孙后代，负责陵墓的机构决定不再向公众开放这座陵墓。

1 尼斐尔泰丽在奥西里斯和阿努比斯神面前。

2 乌赖乌斯和鸵鸟羽毛饰带。中心是一位神灵，手握着两个与永恒概念相关的符号。

3 女神奈斯：她头上的徽章显示了她的名字。

4 《亡灵书》第148章提到的"七头天上之牛"。

5 尼斐尔泰丽向冥界之主奥西里斯和赫利奥波利斯的创造神阿图姆献祭，阿图姆被认为是拉神的一种形式。

6 王后在来世王国胜利的象征性描绘，如《亡灵书》第94和148章所示。

7 尼斐尔泰丽向哈索尔和塞尔基斯伸出装有祭品的瓶子，而女神**玛阿特 (Maat)** 则张开翅膀呈保护姿态。

8 阿努比斯，防腐之神。

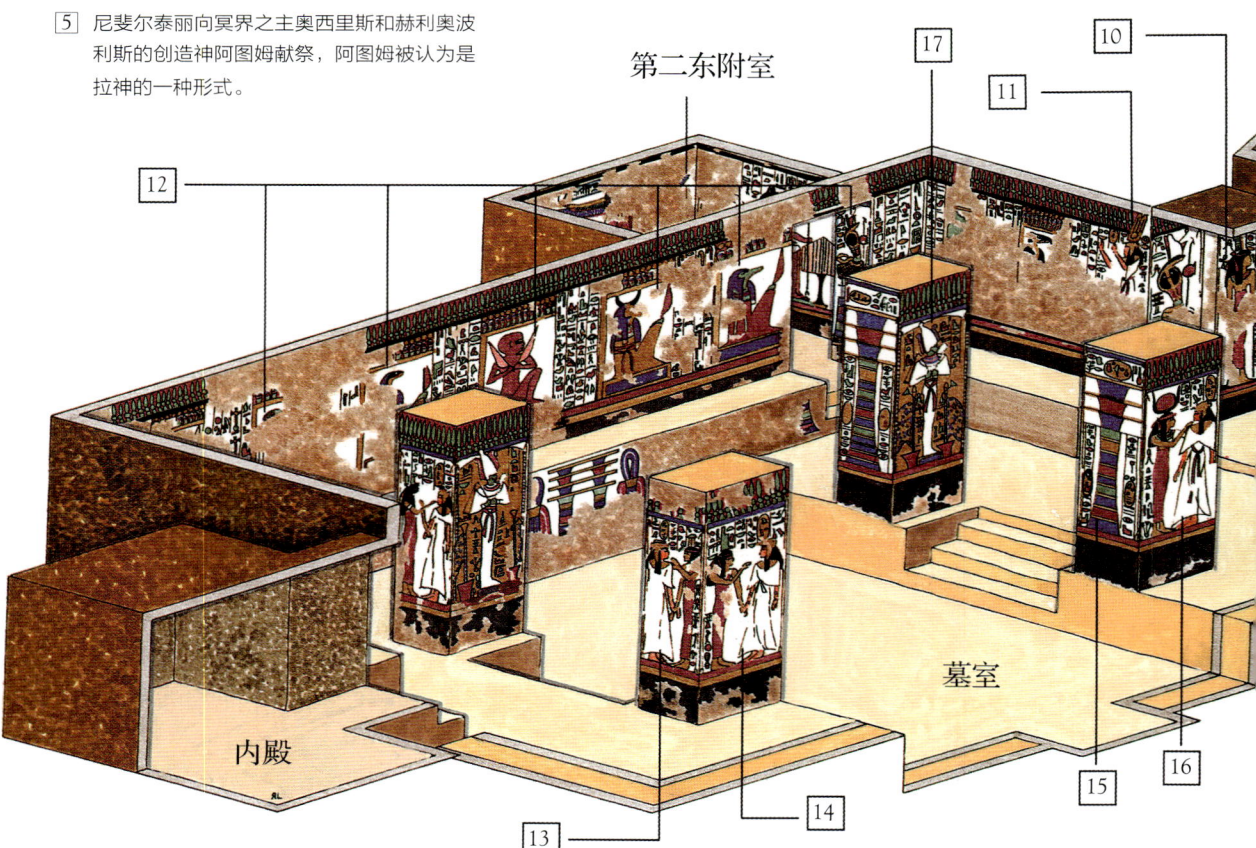

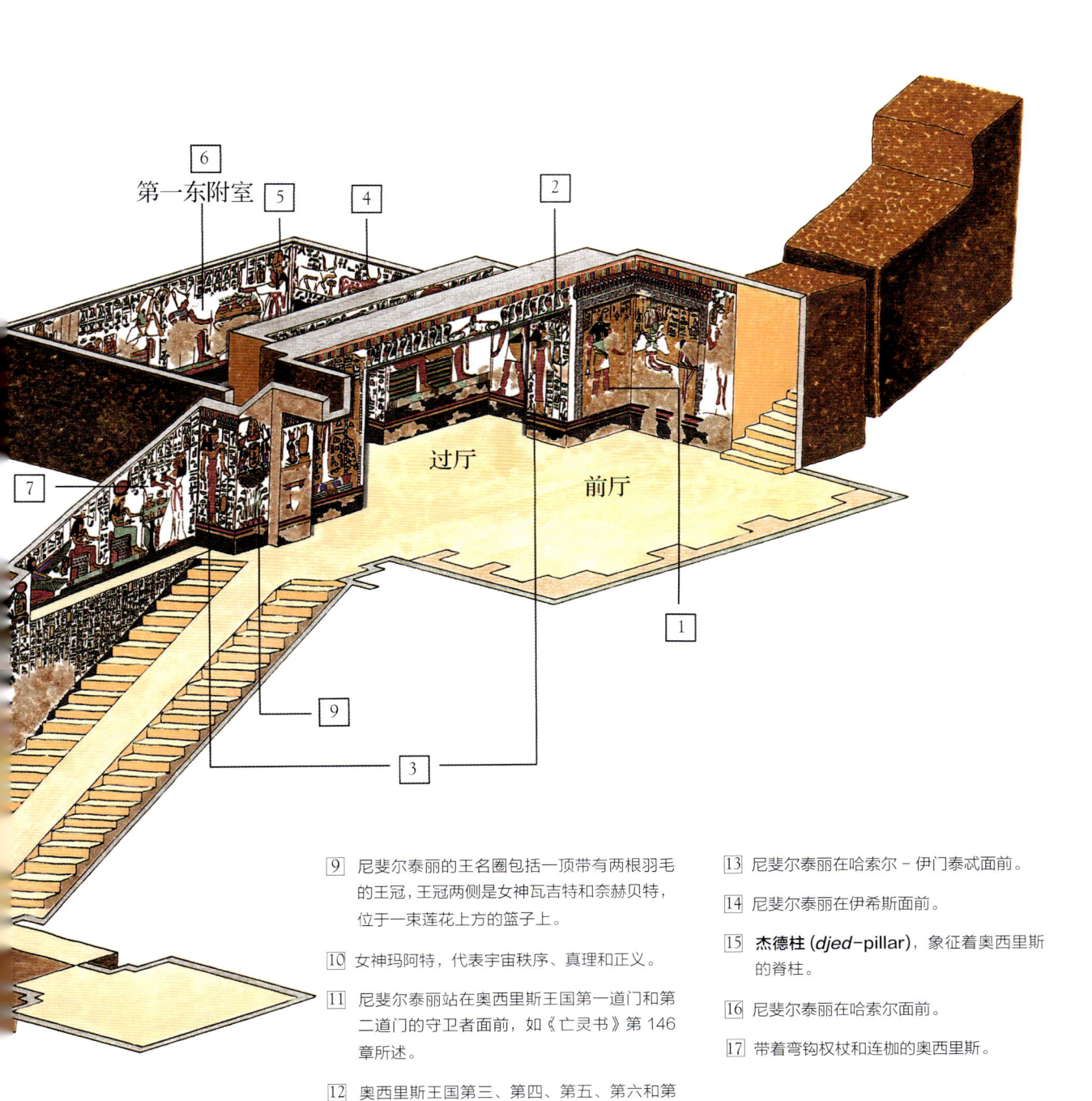

第一东附室

过厅

前厅

北

9. 尼斐尔泰丽的王名圈包括一顶带有两根羽毛的王冠，王冠两侧是女神瓦吉特和奈赫贝特，位于一束莲花上方的篮子上。

10. 女神玛阿特，代表宇宙秩序、真理和正义。

11. 尼斐尔泰丽站在奥西里斯王国第一道门和第二道门的守卫者面前，如《亡灵书》第146章所述。

12. 奥西里斯王国第三、第四、第五、第六和第七道门的守卫者，附有《亡灵书》第146章的文字。

13. 尼斐尔泰丽在哈索尔－伊门泰忒面前。

14. 尼斐尔泰丽在伊希斯面前。

15. **杰德柱** (*djed*-pillar)，象征着奥西里斯的脊柱。

16. 尼斐尔泰丽在哈索尔面前。

17. 带着弯钩权杖和连枷的奥西里斯。

陵墓西侧

1. 王后死后将落入死者王国，在那里发生转变，所以整个陵墓被设计成她的灵魂进行的一次精神之旅，经过漫长的旅程，她回到白天，并与太阳神拉融为一体。楼梯象征着这个过程的最后阶段。

2. 一根拟人化的杰德柱描绘了冥界之主奥西里斯的脊柱。柱子有两条手臂，手持这位神的典型特征：连枷和弯钩权杖。

3. 在前厅的墙壁上，垂直的文字是《亡灵书》第 17 章的段落，其中包含王后的灵魂回到白天所必需的魔法咒语。最上面的一列文字是对文本的注释。

4. 带有中央坡道的双楼梯，石棺通过它向下移动。

5. 下坡通道，象征着王后落入冥界。

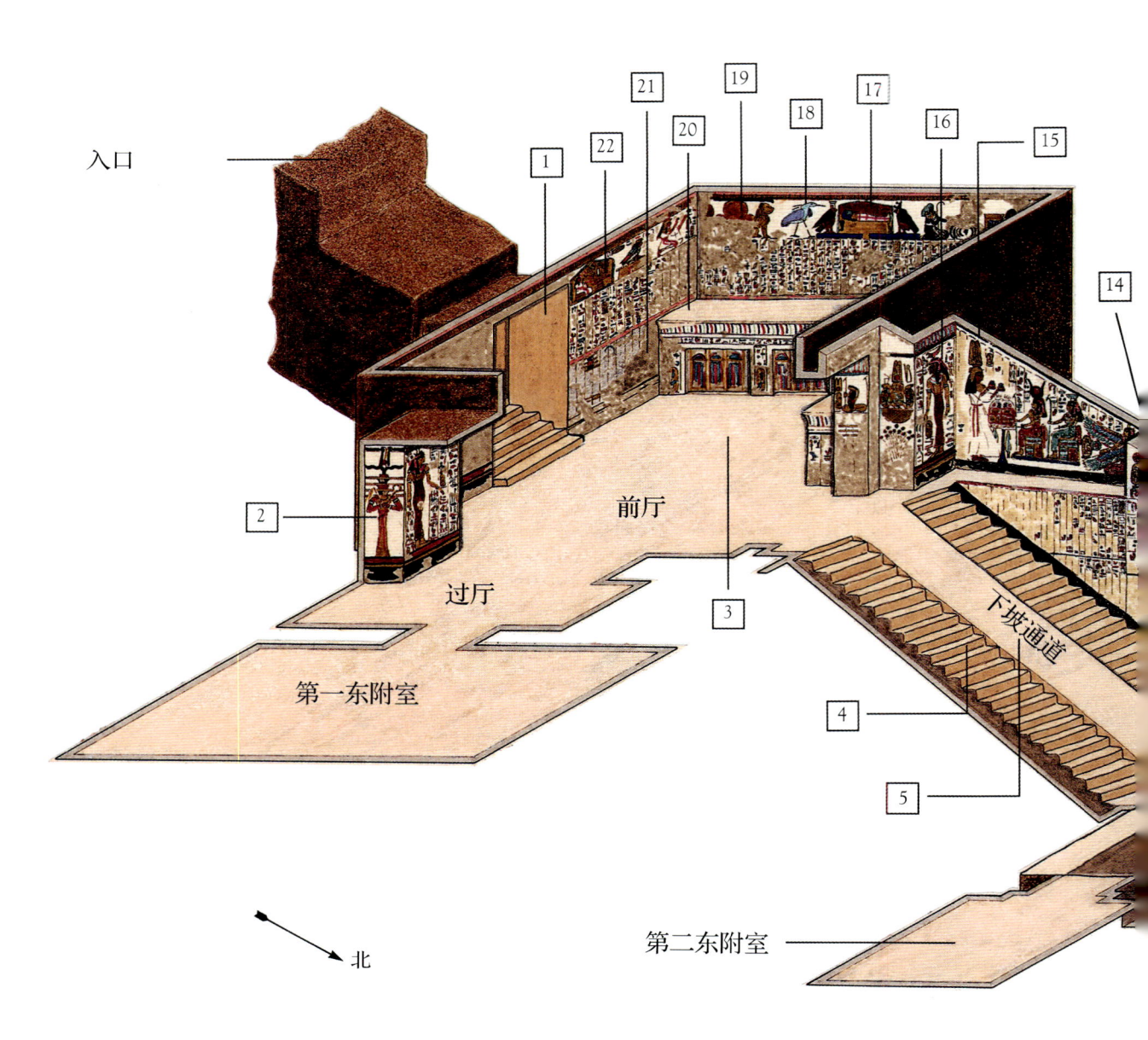

入口

前厅

过厅

第一东附室

下坡通道

第二东附室

北

6. 尼斐尔泰丽在女神伊西斯面前，女神向她伸出一个安卡符号作为永恒生命的象征。
7. 放置石棺的墓室，有四根柱子，西侧的墙壁上是《亡灵书》第 144 章的段落，描述着奥西里斯统治的地下世界，这里也是王后为象征性的重生做准备的地方。
8. 尼斐尔泰丽在阿努比斯神面前。
9. 尼斐尔泰丽在伊希斯面前。
10. 奥西里斯神，冥界之主。
11. 用绳子绑在一起的植物茎梗。
12. 奥西里斯王国第二道门的三位守卫者，在《亡灵书》第 144 章中有所描述，每个人都有特定的角色，三人都摆出威胁的姿势，两个人拿着刀，另一个人拿着小树枝。
13. 尼斐尔泰丽用适当的咒语与奥西里斯王国第一道门的三位守卫者交谈。死者的灵魂要经过无数道门，最后才被允许进入奥西里斯的领域，《亡灵书》的第 144 和 146 章包含了帮助灵魂完成这项任务的咒语。
14. 防腐之神阿努比斯转向尼斐尔泰丽，欢迎她来到死者王国。
15. 尼斐尔泰丽在一张奢华的供桌前放下两个祭祀用的瓶子，里面盛着献给女神伊希斯和奈芙蒂斯的酒。在他们身后是女神玛阿特，她双翼张开，呈保护姿态。
16. 女神塞尔基斯，她头上装饰着一只蝎子，代表着她的名字。
17. 伊希斯和奈芙蒂斯，以两只鹰的形象出现的神，保护着女王的木乃伊。
18. 贝努鸟，一种像凤凰的鸟，象征复活。
19. 两只狮子在阿赫特地平线象征的两侧，阿赫特地平线代表创造神阿图姆，他是舒神和女神**泰芙努特 (Tefnut)** 的父亲。
20. 带有装饰檐口的壁架，可能作为丧葬家具。
21. 原始装饰的痕迹，由杰德柱与**泰特 (tit)** 结交替组成。
22. 女王在玩塞尼特棋（senet），这是现代国际跳棋的前身。

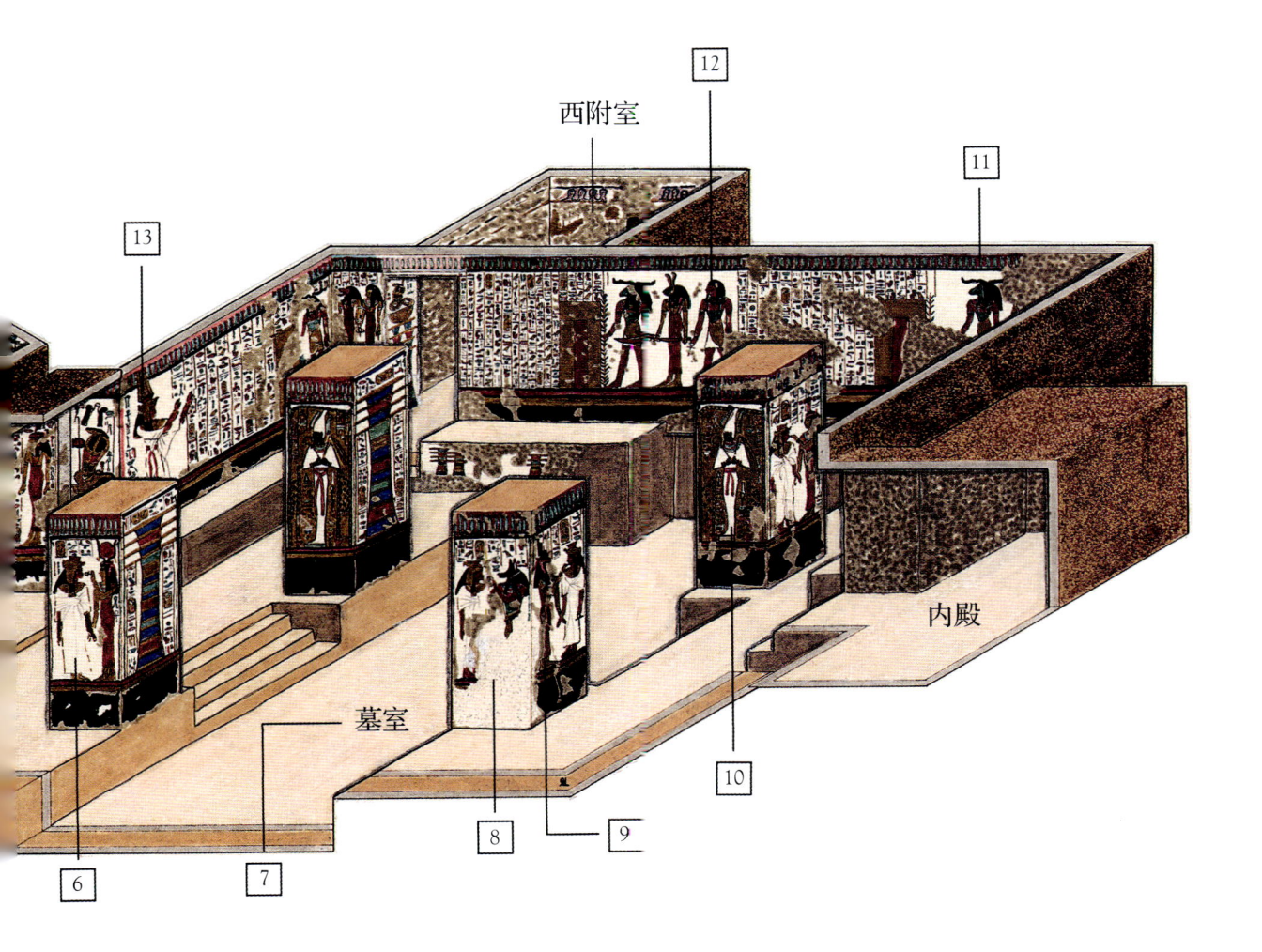

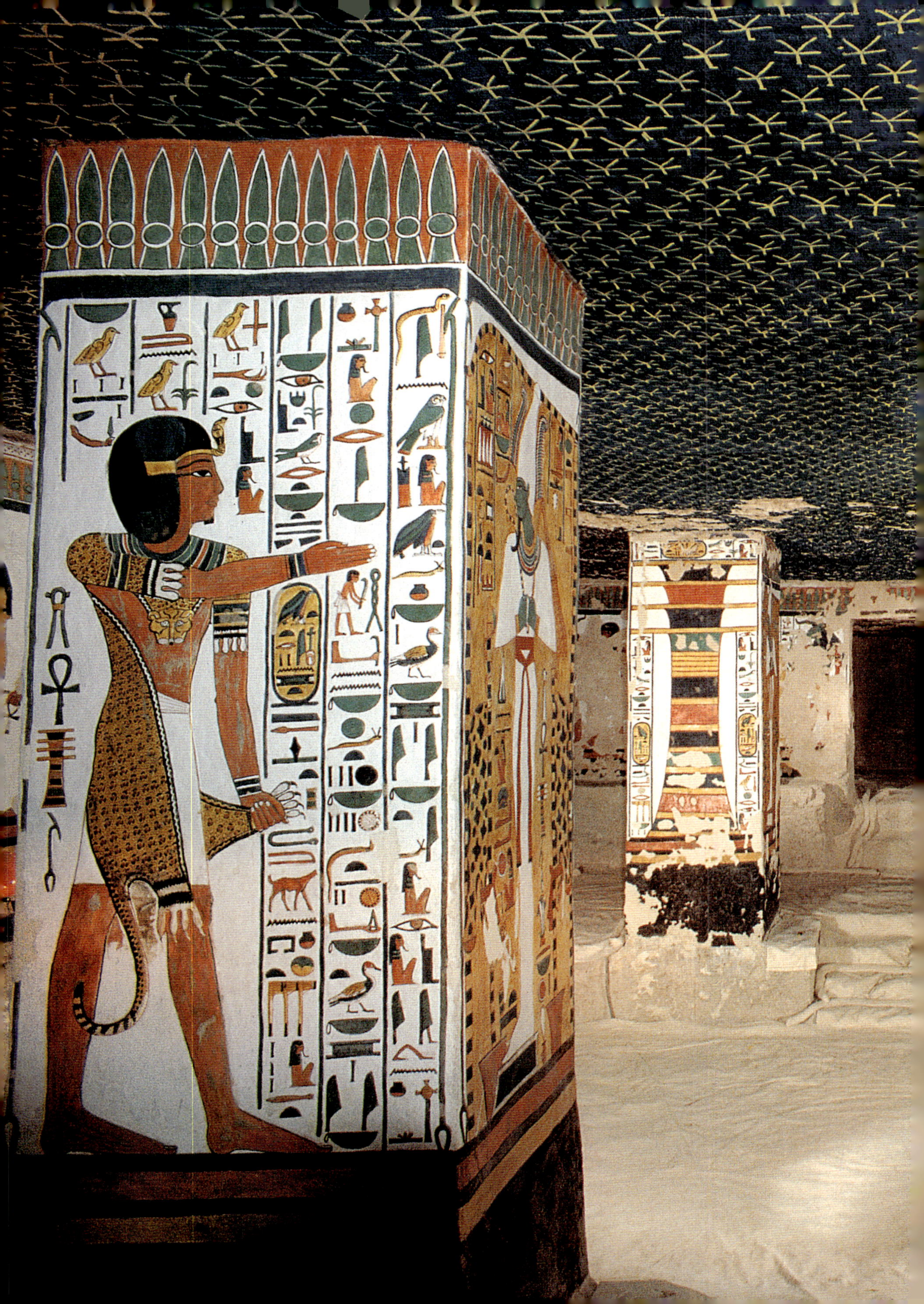

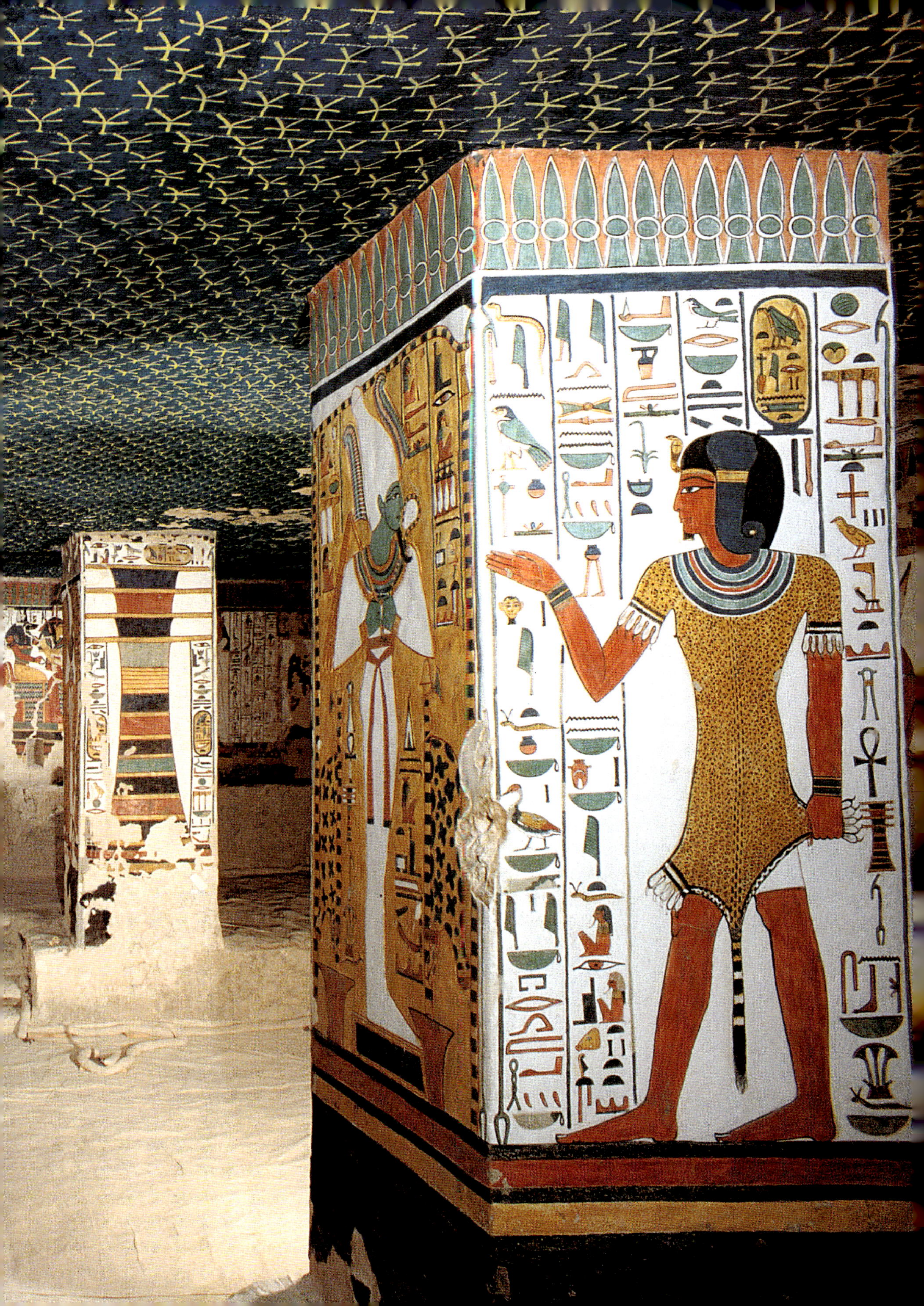

上一跨页图　尼斐尔泰丽墓的墓室，有四根大柱子支撑着天花板。前两根柱子的南面描绘了荷鲁斯的两种形态，在古代与丧葬仪式和祭司职能有关：荷鲁斯－伊恩－默夫（Horus-iun-mutef）和荷鲁斯－内杰－伊特夫（Horus-nedj-itef）。当斯基亚帕雷利发现尼斐尔泰丽的陵墓并进入这个墓室时，只发现了几块石棺碎片和王后木乃伊的碎片，石棺原本立在中间，在这两根柱子之间，这些碎片现在都保存在意大利都灵埃及博物馆。

跨页图　所谓的"贵族陵墓"和代尔巴哈里山谷的鸟瞰图。哈特谢普苏特宏伟的神庙占据了整个场景的主要位置，旁边是天然圆形凹地，著名的王室木乃伊秘窖就是在这里发现的。被误称为"贵族陵墓"的平民坟墓分布在不同的墓地中（从北到南：因特夫墓地、德拉阿布纳加、科哈、阿萨西夫、谢赫·阿卜杜勒·库尔纳、古尔内特穆莱和代尔麦地那），已知的墓葬有数百座，但只有一小部分向公众开放。库尔纳村的居民将许多坟墓改建为住宅。

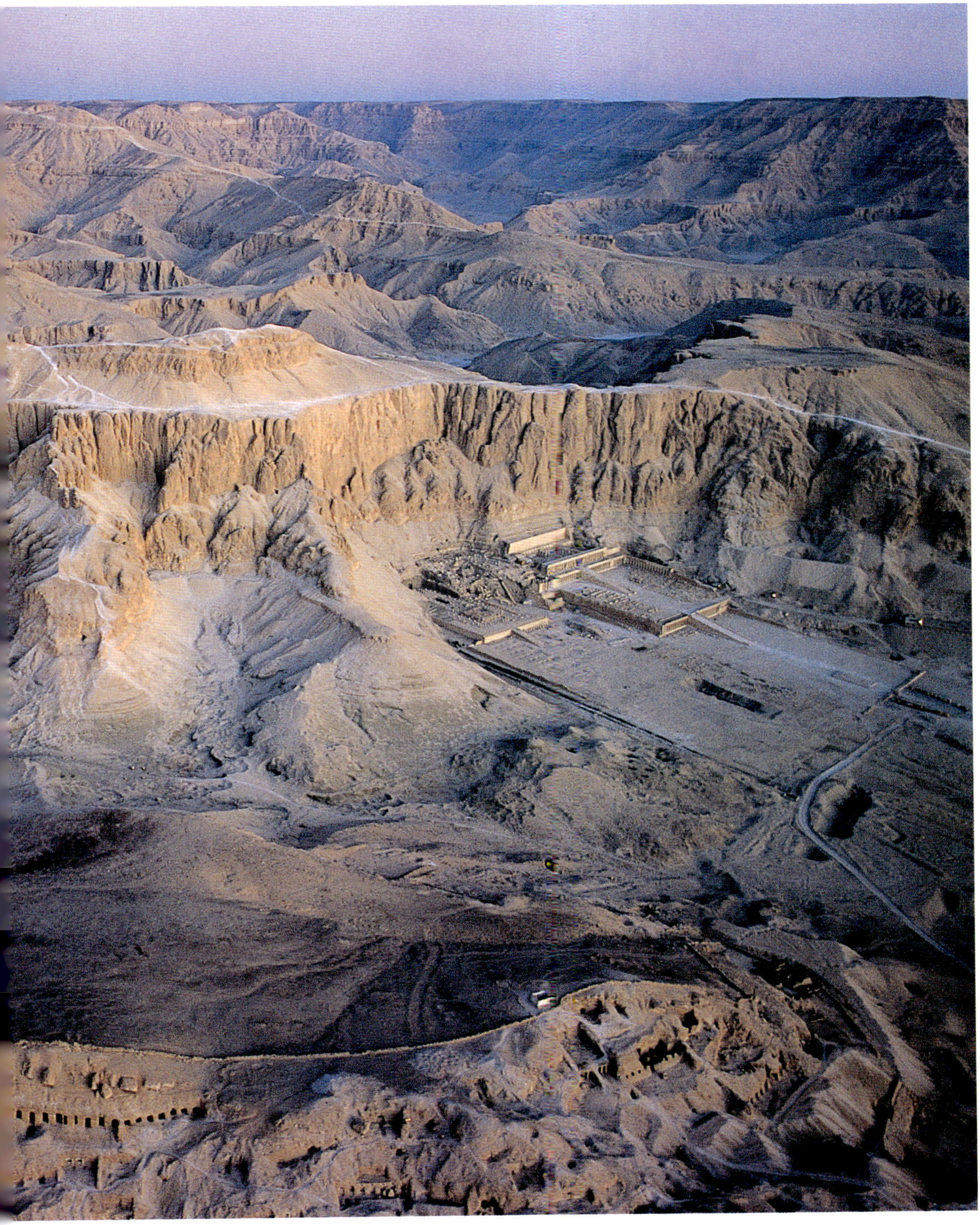

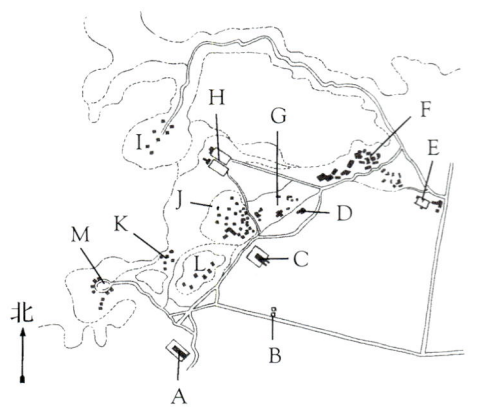

山中之墓

底比斯墓地的平民坟墓常被误称为"贵族陵墓",它们分散在不同的墓地,贯穿王后谷和帝王谷:因特夫墓地、德拉阿布纳加、科哈、阿萨西夫、谢赫·阿卜杜勒·库尔纳、古尔内特穆莱和代尔麦地那。数百座墓葬中大部分都有装饰,但与王室陵墓不同:王室陵墓装饰的主题完全取材于主要的宗教文献,如《亡灵书》和《地狱之书》,而这里的绘画则通常是日常生活场景或丧葬仪式和庆典。

一般来说,墓葬包括一个外院、一个小祈祷室(葬礼的中心)和一个地下墓室,墓室通过一条长长的倾斜墓道与祈祷室相连。有时入口处有一个小金字塔。就风格特征而言,底比斯的陵墓可分为两大类:第十八王朝的陵墓,以及拉美西斯时期的陵墓。拉美西斯时期之后塞易斯王朝时期(前7—前5世纪)的陵墓,和相较之下数量少得多的中王国时期(前2100—前1750)的陵墓都可归入拉美西斯时期的陵墓一类。

A 哈布城
B 曼农巨像
C 拉美西姆祭庙
D 科哈墓地
E 塞索斯一世神庙
F 德拉阿布纳加墓地
G 阿萨西夫
H 代尔巴哈里
I 帝王谷
J 谢赫·阿卜杜勒·库尔纳墓地
K 代尔麦地那:工匠村和墓地
L 古尔内特穆莱墓地
M 王后谷

左图 三位女音乐家在纳赫特(Nakht)的葬礼上抚慰哀悼者的心灵。她们分别演奏竖琴、鲁特琴和管乐器,是底比斯绘画中最著名的作品之一(底比斯墓地52号墓,谢赫·阿卜杜勒·库尔纳)。纳赫特可能在公元前1396年至前1349年图特摩斯四世和阿蒙诺菲斯二世统治时期担任阿蒙神的抄写员和占星师,当时埃及艺术达到了极高水平,音乐是宴会不可或缺的,它为优雅的舞者伴奏的同时,也使宾客振奋起来。

这幅迷人的底比斯妇女肖像清楚地展示了第十八和十九王朝时期典型的着装和发型。她的头发向后梳,扎头发的布带围住了太阳穴。一条辫子盖住了她巨大的圆形耳环,垂落在肩膀上。在她的头发上方,可以瞥见女性通常戴在头上的圆锥形香膏,而她的前额则装饰着莲花。写实主义和诗意融合在对肖像熟悉而细致的描绘中,这张极其现代的面孔似乎无视了千年时间的流逝。(底比斯墓地69号门纳墓,谢赫·阿卜杜勒·库尔纳墓地)

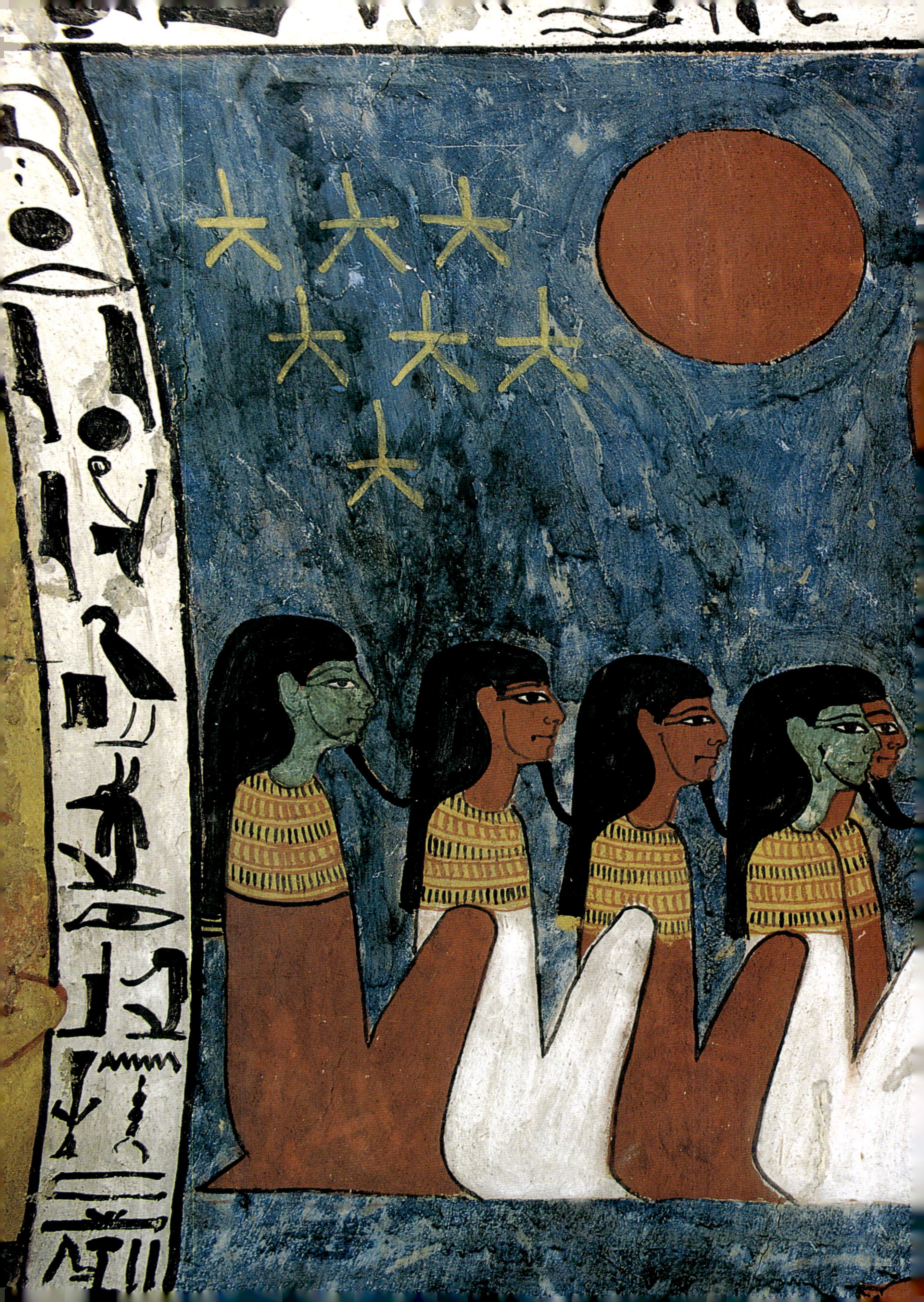

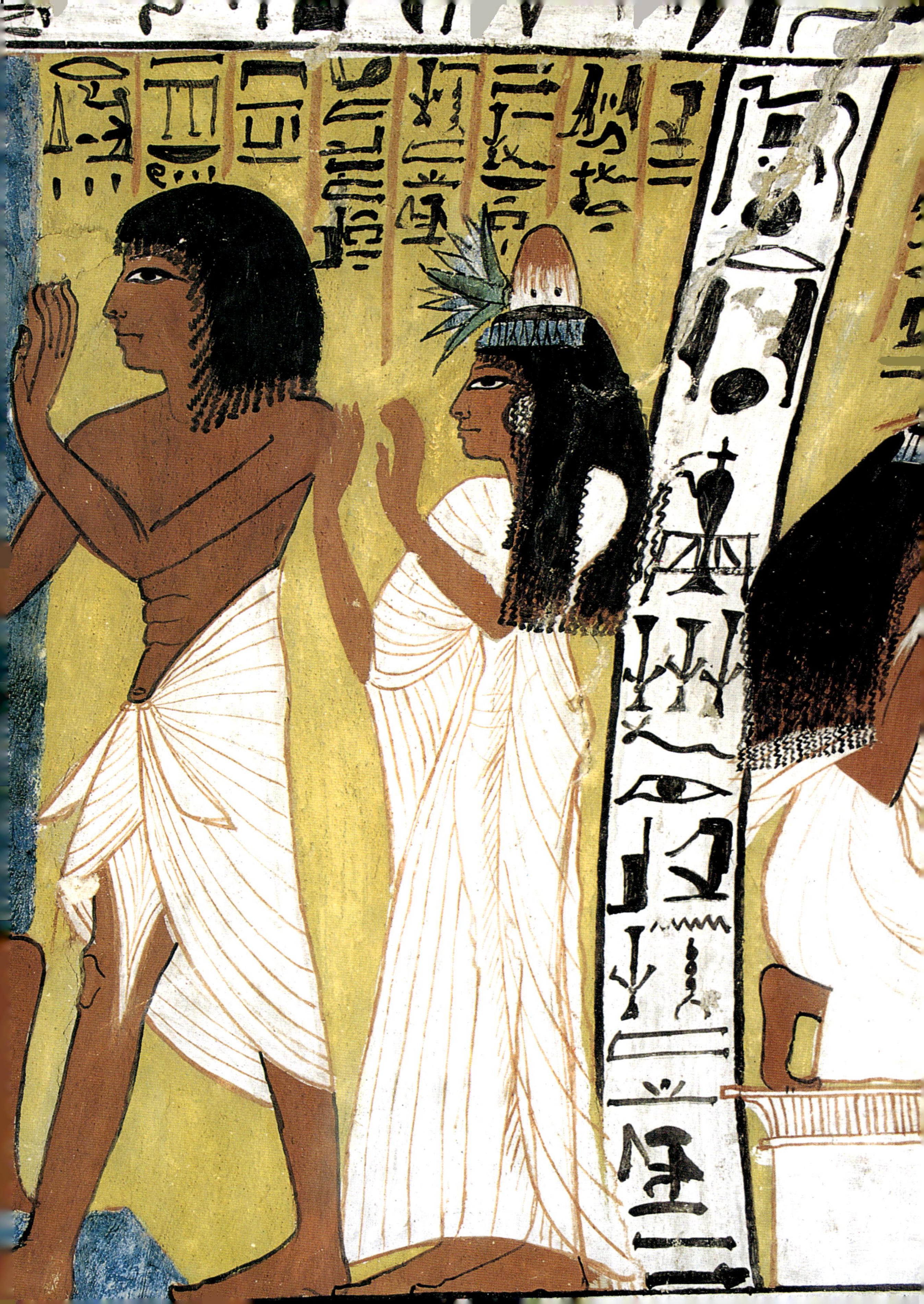

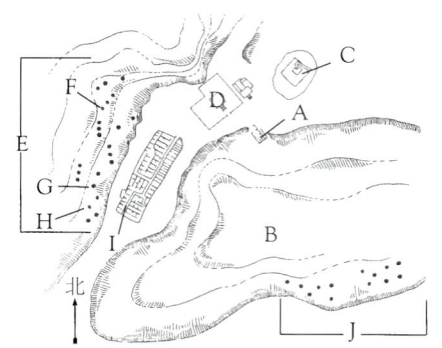

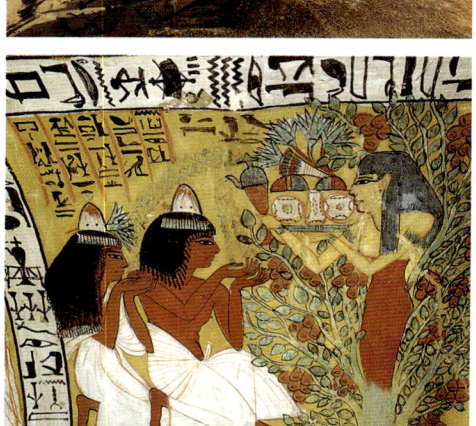

A 阿蒙神庙　　　　F 帕什杜墓
B 古尔内特穆莱墓地　G 森尼杰姆墓
C 大沟　　　　　　H 因赫考墓
D 托勒密神庙　　　I 工匠村
E 墓地　　　　　　J 墓地

左上图　代尔麦地那工匠村在古代被称为塞特－马特，意思是"真理之地"。这是建造和装饰王室陵墓和"贵族陵墓"的工人的住所。该村建于图特摩斯一世统治时期，围墙内有约70座民居，墙外还有约50座民居。据计算，在历代拉美西斯国王统治时期，代尔麦地那约有400人居住。

左下图　图中，森尼杰姆和他的妻子在无花果女神面前。森尼杰姆的坟墓1886年被发现，完好无损，大部分奢华的陪葬品都被带到了开罗博物馆。（底比斯墓地1号墓，代尔麦地那墓地）

跨页图　森尼杰姆和他的妻子爱因费蒂生活在第十九王朝时期，可能是在拉美西斯二世统治期间。他们墓室东墙上的画显示他们在雅卢平原上干农活，雅卢平原位于死后世界，死者在这里过上与尘世平行的第二次生活，他们在这里跟农民一样耕作劳动，如果工作变得繁重，死者随时可以使用《亡灵书》第6章中的魔法咒语，让沙比提俑代替他们工作。沙比提俑是为此目的放置在坟墓中的小雕像。（底比斯墓地1号墓，代尔麦地那墓地）

　　建造底比斯陵墓的工人和匠人住在一个叫作塞特－玛阿特（Set Maat）的村庄。这个词可以翻译为"真理之地"或"秩序之地"，现在被称为代尔麦地那。这个村落是整个墓地中唯一的居住地，建于第十八王朝初期图特摩斯一世统治时期，是为数不多的从古埃及幸存下来的城市建筑之一。村子由大约70座住宅组成，四周是一堵砖坯砌成的墙，并通过两条路与帝王谷和王后谷相连，这两条路如今仍然可以使用。工人的房屋结构都或多或少相同，工人及其家人的日常生活细节可以从考古学家发掘的大量证据和铭文资料中重建起来。工人们组织严密，作为公会成员拥有房屋和仆人。住宅区的西边，挖进山的一侧的是工人的坟墓，其装饰可与附近墓地中权贵的最精美的陵墓相媲美。

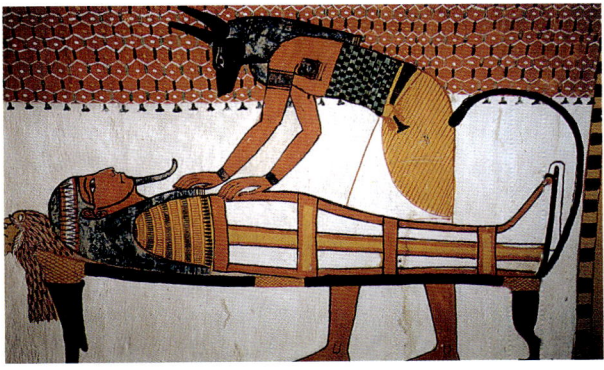

下图 神圣的防腐之神阿努比斯正在对死者的尸体进行防腐处理,为制作木乃伊做准备。(底比斯墓地1号墓,代尔麦地那墓地)

上一跨页图 森尼杰姆(Sennedjem)墓墓室的拱券顶上绘有《亡灵书》的段落和其他八个场景:这张图片显示死者和他的妻子爱因费蒂(lyneferti)参拜五位星神。(底比斯墓地1号森尼杰姆墓,代尔麦地那墓地)

255

左上图 帕什杜（Pashedu）跪在一个巨大乌加特眼下供奉蜡烛。乌加特眼，意思是"再次恢复健康"，是一个强大的护身符，它使人们想起一个传说，传说讲述了荷鲁斯在与邪恶的**塞特 (Seth)** 战斗时伤了一只眼睛，这个伤口随后被托特神治愈。（底比斯墓地 3 号墓，代尔麦地那）

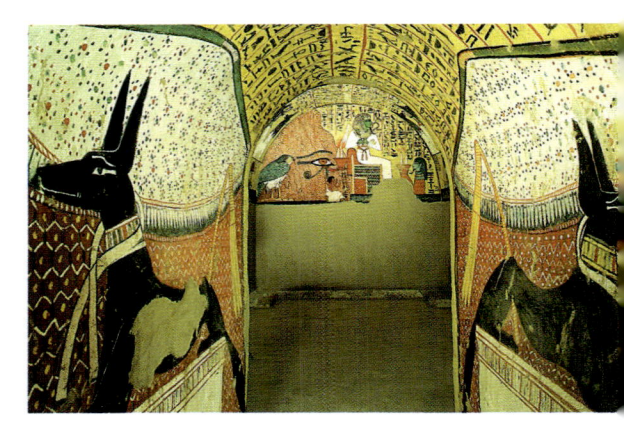

右下图 两张胡狼形象的阿努比斯神的图占据了帕什杜墓中通往墓室的狭窄拱券顶甬道。远端（西墙）描绘了猎鹰形象的荷鲁斯神、冥界之主奥西里斯和一只大乌加特眼。

跨页图 "西底比斯真理之地的仆人"帕什杜的墓室东墙，位于代尔麦地那。门楣中央被普塔－索卡里斯神的巨大图像占据，图为一只栖息在船上的鹰，上面是一只乌加特眼。下面，入口左侧，死者从棕榈树下的一条小溪中取水解渴。入口右侧是三行**画带 (register)**，展示了死者的父母和各类亲属。（底比斯墓地3号墓，代尔麦地那）

下图 胡狼形象的阿努比斯趴在神龛顶部，在他之后，帕什杜和他的亲戚、他的妻子内格穆特贝德（Negemtebehdet）以及他的两个儿子门纳（Menna）和卡哈（Kaha）（在父母的脚边）在参拜荷鲁斯神（图中不可见）。竖直条带中写有《亡灵书》中的篇章。（底比斯墓地3号墓，代尔麦地那）

左图 田间工作（包括翻土、种植、收割小麦和亚麻以及记账）在门纳墓中被详细描绘，他生活在第十八王朝时期，可能在图特摩斯四世统治期间。图中，农民使用特殊的木器将脱粒后的麦粒抛向空中以去除谷壳，两种颜色占据了这幅描绘农业活动的壁画：黄色，成熟小麦的颜色；赭色，人体的颜色。（底比斯墓地69号墓，谢赫·阿卜杜勒·库尔纳）

跨页图 谷物种植可能是古埃及众多农业活动中最重要的一项。这个场景描绘了收获的主要阶段之一，两个农民站在新割的小麦捆成的稻谷堆上，用三叉木干草叉将它们撒在打谷场上，第三个农民拿着一根棍子，驱使两队牛踩着麦捆，把谷粒和不可食用的谷壳分开。（底比斯墓地69号门纳墓，谢赫·阿卜杜勒·库尔纳墓地）

下图 整面墙都是田间劳作的场景：可以看到"上埃及和下埃及两地之主的田野抄写员"门纳监督别人受罚，同时也监督小麦的收割和脱粒。（底比斯墓地69号墓，谢赫·阿卜杜勒·库尔纳墓地）

百万年神庙：
拉美西姆祭庙

A 第一塔门
B 第一庭院
C 王宫
D 拉美西斯二世巨像
E 第二塔门
F 第二庭院
G 柱式大厅
H 拉美西斯二世巨像
I 拉美西斯二世巨像，头部被贝尔佐尼移除并运往英国
J 图雅和尼斐尔泰丽神庙
K 圣船大厅
L 连祷文大厅
M 神殿

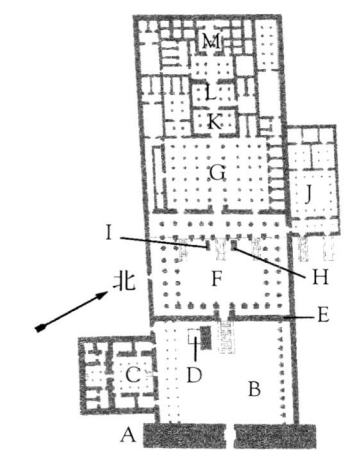

在尼罗河西岸的底比斯，第十八、十九和二十王朝的法老们建造了巨大的庙宇。这些庙宇通常被称为祭庙——这个术语不完全准确，因为使用它们的是活着的法老。它们被古埃及人称为"百万年神庙"，与神王崇拜（即将法老与神等同）有关，并与底比斯的主要神祇阿蒙联系在一起。

法老在这些庙宇中庆祝塞德节，这是在国王在位三十年时举行的一项具有古老起源的仪式，其目的是重振统治者的力量，并通过它重振整个国家。在"百万年神庙"中，阿蒙神和法老——法老被认为是这位神的尘世之子——以一种有助于加强王权的崇拜形式紧密相连。这些神庙建在尼罗河冲积平原的西部边缘，都是东西向的，与太阳和星星的轴线相对应。其中许多神庙是用砖坯建造的，但现在只不过是杂乱的废墟，这

位于底比斯西部的拉美西斯二世纪念神庙拉美西姆祭庙的第二庭院和柱式大厅鸟瞰图，这座神庙被希腊历史学家狄奥多罗斯·西库卢斯称为"奥兹曼迪亚斯之墓"。

就是降临在阿蒙诺菲斯三世、麦伦普塔赫、图特摩斯三世、图特摩斯四世和拉美西斯四世神庙身上的悲惨命运。

被商博良称为拉美西姆祭庙的拉美西斯二世神庙是这种建筑形式最完美和雅致的范例之一，尽管和地震和时间流逝以及其建筑材料被掠夺以用于后来的建筑已经极大地改变了它的原貌。拉美西姆祭庙建筑群对古埃及人来说是"国王乌瑟玛特瑞－塞特潘利（Usermaatre-Setepenre）的百万年神庙，与阿蒙领地底比斯的西底比斯相连"。它由许多不同的建筑组成：用于王室参拜的神庙；供国王仪式时使用的王宫；供奉拉美西斯的母亲图雅和妻子尼斐尔泰丽的神庙；用砖坯砌成的大仓库，在这些仓库里，来自各个神庙的货品被存放起来，用于日常祭祀和祭司的衣食。

在第一庭院西侧，一尊来自阿斯旺的红色花岗岩拉美西斯巨像平躺在地上，将拉美西斯描绘为"统治者中的拉神"。这一幕启发雪莱创作了诗歌《奥兹曼迪亚斯》（*Ozymandias*），"奥兹曼迪亚斯之墓"是拉美西姆祭庙的名字之一，来自拉美西斯二世名字乌瑟玛特瑞的希腊音译。希腊地理学家斯特拉波称它为曼农神庙，这个词用于许多古代建筑，取自希腊英雄曼农（Memnon），欧若拉之子。在第二庭院里发现了拉美西斯二世的华丽头像，被称为"年轻的曼农"。1816年，它被贝尔佐尼移除并运往大英博物馆，至今仍可在埃及雕塑展厅中欣赏到。

拉美西姆祭庙在第二十王朝末期被遗弃，在那之后有多种用途：第三中间期作为底比斯祭司的墓地、第二十九王朝时期作为建筑材料采石场和4世纪作为在底比斯西岸居住的科普特社区的教堂。目前，巴黎法国国家科学研究中心和开罗古埃及研究与文献中心的法埃团队开展了一项大规模的研究和修复活动，拉美西姆祭庙就是其研究和修复的对象。

"统治者中的拉神"拉美西斯的花岗岩巨像，高20米，背景是第一塔门，为了增加整个结构的整体稳定性，塔门的大门已经被临时封闭。

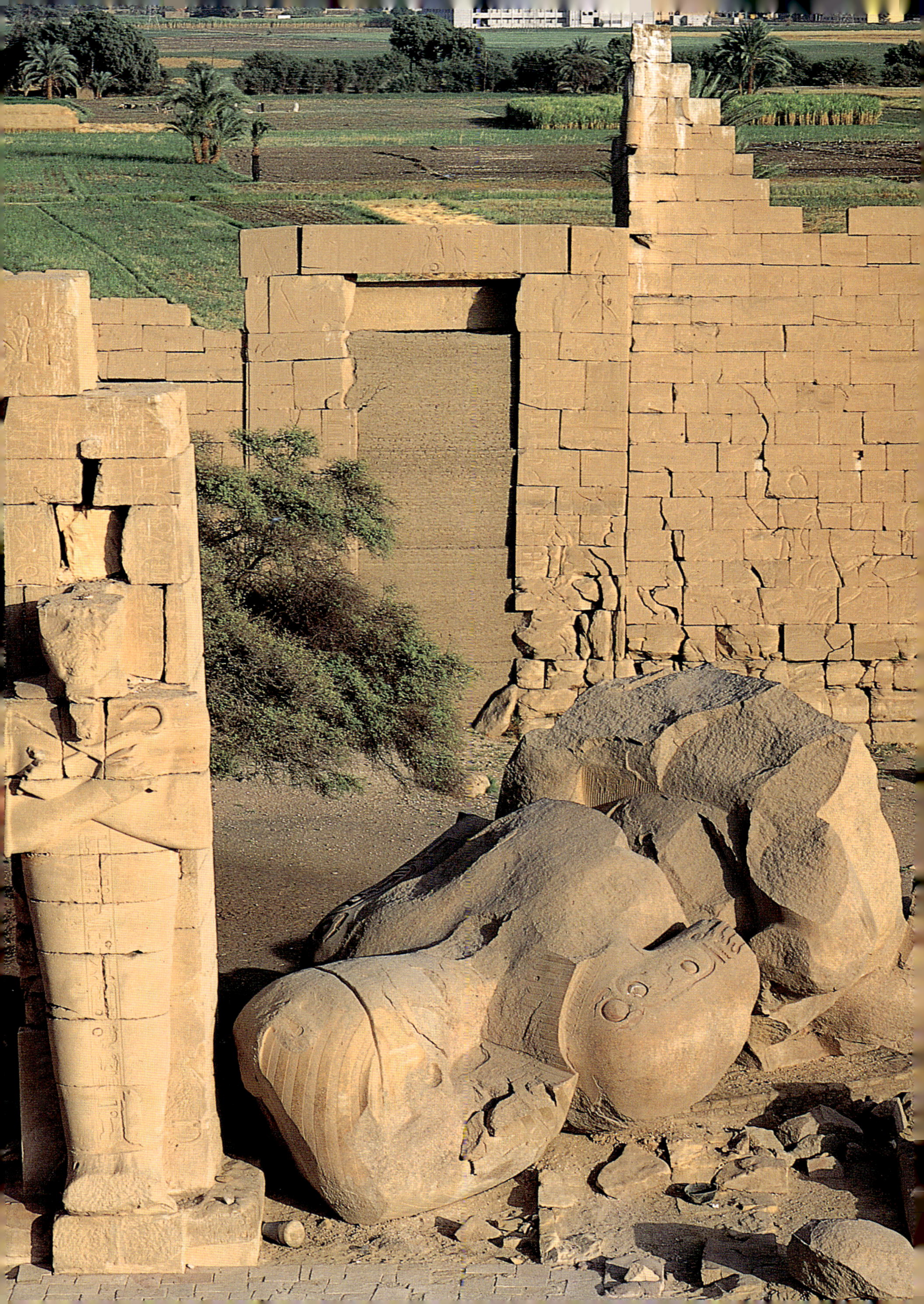

哈布城
的拉美西斯三世神庙

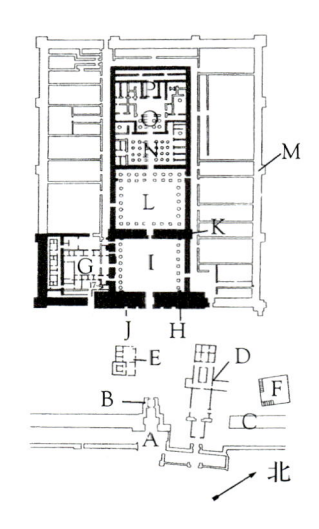

哈布城庞大的建筑群包含许多不同的建筑：供奉拉美西斯三世的神庙、王宫、另一座供奉阿蒙的神庙、仓库和祭司的住所区域。拉美西斯三世神庙无疑是所有底比斯神庙中保存最完好的，它建在拉美西姆祭庙以南仅 800 米处，主要用于供奉法老，法老被尊为阿蒙－拉的一种形式。在"山谷节"期间，阿蒙的圣船被运送到这里，以便他参观墓地，将自己的生命能量赋予死者。与所有其他祭庙不同，这座神庙巨大的入口采用亚洲人建造的那种军事堡垒，即所谓的米格多尔（*migdol*）的形式，它与神庙的围墙相连，为神庙提供了一个仪式性的保护屏障。围墙的南端是王

A 入口
B 米格多尔
C 砖坯砌成的围墙
D 第十八王朝神庙
E 神圣崇拜者（Divine Adoratrices）祈祷室和阿蒙尼尔迪斯（Amenirdis）神庙
F 圣湖
G 王宫
H 第一塔门
I 第一庭院
J 视窗
K 第二塔门
L 第二庭院
M 拉美西斯三世神庙
N 第一柱式大厅
O 第二柱式大厅
P 神殿

下页图 哈布城第一庭院南侧的门廊由一系列巨大的柱子支撑。这个门廊标出了王宫正面和神庙之间的界限。其中心的一个大孔——"视窗"——允许法老观看在神庙举行的仪式。

左图 哈布城的第一塔门长 63 米，装饰着拉美西斯三世在位第八年的胜利纪念画。图中，法老在阿蒙－拉（南塔）和阿蒙－拉－哈拉克提（北塔）面前屠杀他的敌人（亚洲人和海上民族）。

右图 哈布城拉美西斯三世祭庙第二庭院的景观，包括装饰着门廊的奥西里斯巨像和通往第一柱式大厅的坡道。这座用于法老崇拜的巨大神庙被称为"加入永恒的拉美西斯的神庙"，肯定是受到拉美西姆祭庙的启发，它包括两个大塔门，然后是两个庭院和三个柱式大厅，还有一些小祈祷室。

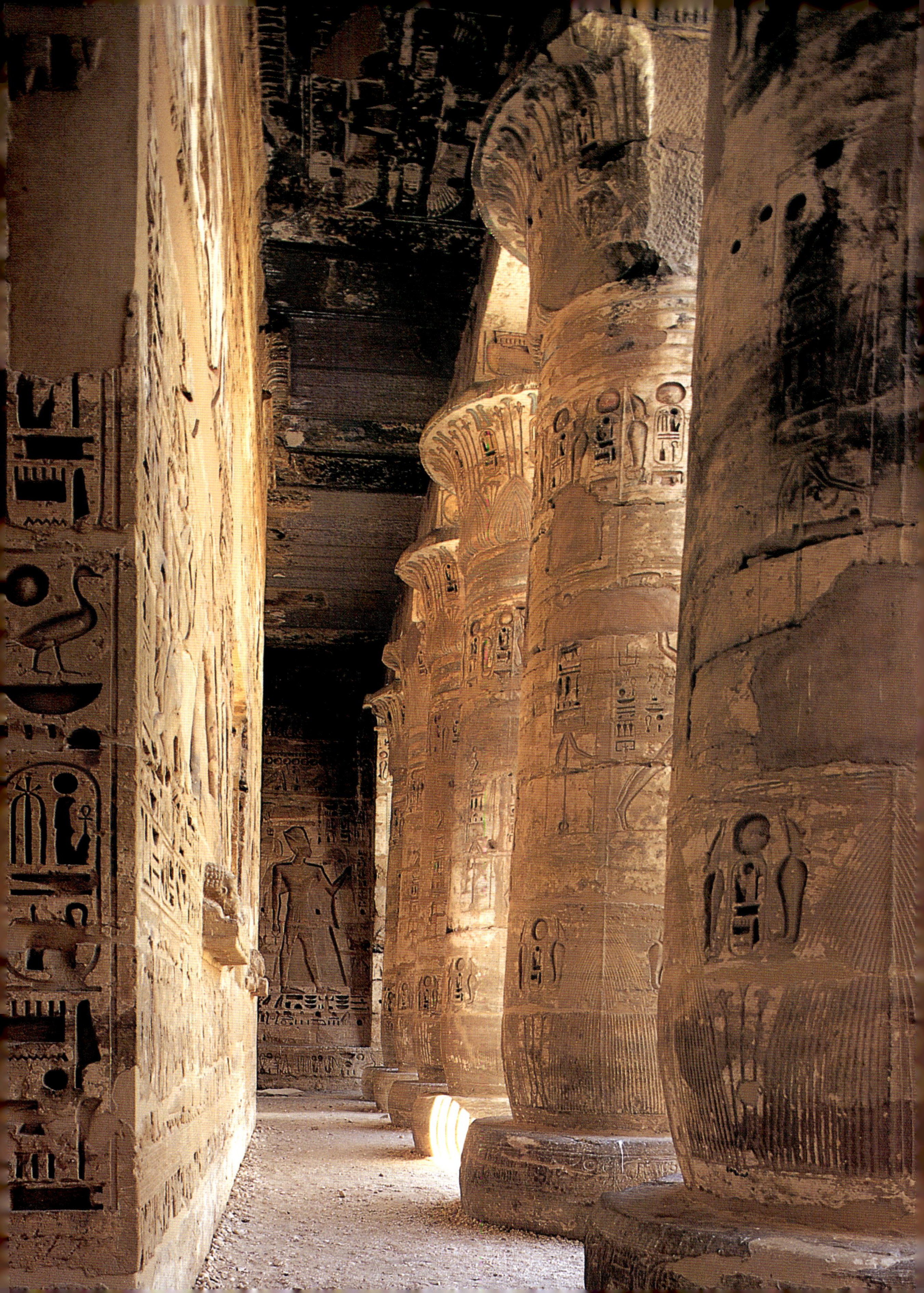

宫的地基，王宫供法老在仪式时使用，并通过"视窗"与神庙的第一庭院直接相连，法老则通过"视窗"公开露面。

在神庙的北外墙上，大量浮雕描绘了拉美西斯三世与海上民族（来自北方的入侵者，可能来自爱琴海—安纳托利亚地区）的战斗，而在第一塔门的南塔后面，则描绘了一场壮丽的猎牛场景，被认为是第二十王朝的艺术杰作。

在拉美西斯三世神庙的东北方，另一座神庙建于第十八王朝时期，由哈特谢普苏特和图特摩斯三世献给阿蒙神。在公元前1千纪期间，哈布城被认为是奥格多阿达的墓地，奥格多阿达是由四对男女组成的八位神祇。在一个被称为"第十日节"的特殊节日期间，卢克索（奥格多阿达八神诞生地）的阿蒙神将前往哈布城为他的祖先举行

跨页图 哈布城神庙最著名的浮雕之一是这个沼泽地背景的壮丽猎牛场景，刻于第一塔门南塔西壁。拉美西斯三世骑着战车，手持长矛，在一队年轻王子的保护下杀死了他的猎物。

右图 哈布城神庙第一庭院的浮雕，描绘了一队非利士囚犯，他们在一场大战中被拉美西斯三世击败，这场大战绘在神庙的北外墙上。非利士人和其他团体组成了"海上民族"，这是一个由来自北方的民族组成的松散联盟，对埃及领土的威胁越来越大，他们曾被拉美西斯二世的儿子和继任者麦伦普塔赫击败过一次，在拉美西斯三世统治的第八年和第九年，他们又两次被拉美西斯三世击败。

葬礼，让他们重生，从而更新创造本身。

  在第二十王朝期间，哈布城成为底比斯西岸的行政中心，也是卡纳克阿蒙大祭司与库施总督战争期间民众的避难所。随后，在第二十五和第二十六王朝期间，在神庙围墙的东南部建造了专门的丧葬祈祷室，用于供奉阿蒙的神圣崇拜者，即享有盛誉的女祭司，她们也是王室成员。哈布城的建筑群在希腊–罗马时期进一步扩大，其悠久的历史进一步延长，一直延续到9世纪，当时科普特人（指埃及的基督徒）的城市杰姆（Djeme）在那里成型。

  自1924年以来，芝加哥大学东方研究院的一个团队一直在该遗址工作，并发表了他们的考古和铭文研究成果。

阿蒙诺菲斯三世神庙

A 哈普之子阿蒙诺菲斯神庙
B 阿蒙诺菲斯三世神庙
C 普塔-索卡（Sokar）-奥西里斯墓
D 砖墙
E 曼农巨像
F 行进大道（德罗莫斯）
G 第一塔门
H 第二塔门
I 第三塔门

　　这个西底比斯曾经最大的神庙几乎没有任何东西幸存下来。阿蒙诺菲斯三世神庙位于尼罗河冲积平原以东远处，由泥砖建造，可能被每年的尼罗河泛滥侵蚀，随后被用作建筑材料的来源，其早已消失的辉煌过往所留下的唯一痕迹是这位被神化的法老的两尊巨大雕像。它们站在入口两侧，被称为曼农巨像。

　　这位法老位于马尔卡塔的巨大王宫命运也类似。该王宫位于哈布城以南约 1.6 千米处，通过一个巨大的人工湖哈布湖与尼罗河相连。

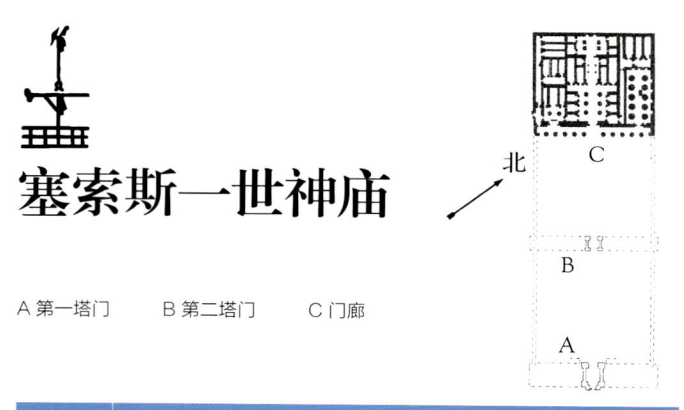

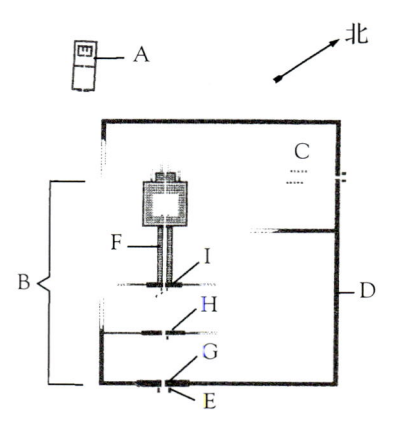

塞索斯一世神庙

A 第一塔门　　B 第二塔门　　C 门廊

左图　塞索斯一世祭庙是西底比斯最北端的神庙。由于拉美西斯一世在位不到两年（前 1295—前 1294）就去世了，没有建造自己的神庙，塞索斯一世便在他自己的神庙中增加了一个小祈祷室，用于敬奉他神化的父亲。整个建筑群由拉美西斯二世完成，最初包括两个由泥砖制成的塔门，后来都被摧毁。如今，神庙只剩下最里面的部分，包括门廊、带有侧祈祷室的柱廊、神殿和一个内院。

下页图　这两尊由整块巨大石料雕成的雕像矗立在阿蒙诺菲斯三世祭庙的第一塔门前，最初，这是在伟大的建筑师、哈普的儿子阿蒙霍特普（后来被神化）的监督下建造的所有底比斯神庙中最大的，可惜的是，这座宏伟的建筑完全是用泥砖建造的，并且位置选择不当——太靠近尼罗河，因而被完全摧毁。这两尊阿蒙诺菲斯三世巨像有力地证明了这座神庙原来的样子，它们由石英岩制成，每个高约 17 米，底座高超过 2 米，希腊旅行者将它们命名为曼农巨像（曼农为神话中欧若拉之子），其中一座雕像可能在公元前 1 世纪时的地震中严重受损，每天早上气温开始升高时，它都会发出一种声音，这种声音被理解为被阿喀琉斯杀死的英雄曼农的呻吟声。塞普蒂米乌斯·塞维鲁下令修复雕像后，这种现象戛然而止。

268

"百万年神庙"的最北端是拉美西斯二世之父塞索斯一世的神庙，建在库尔纳村附近。神庙四周环绕着高高的围墙，其建筑图案让人想起古王国时期典型的神庙围墙，神庙以泥砖制成的塔门为特色，只有最里面的部分是用石头建造的，也只有这一部分幸存下来。神庙中央的祈祷室在一年一度的仪式游行期间用来安置阿蒙圣船，这座神庙是圣船停留的第一站，而神庙的侧祈祷室则用来安置属于神化的法老的圣船。由于塞索斯一世的父亲拉美西斯一世在短暂的统治后去世，没有建立自己的神庙，塞索斯一世便建造了一座小祈祷室来敬奉他被神化的父亲。就像在哈布城的神庙和拉美西姆祭庙一样，这座神庙的围墙范围内也有仓库和粮仓。塞索斯去世时，神庙尚未完工，直到拉美西斯二世统治期间才完工。很久以后，人们在其中建造了一座科普特修道院和一座教堂，邻近的库尔纳村的居民也在围墙内建造房屋，直接从神庙中获取建筑材料。在过去的 20 年里，开罗的德国考古研究所的专家一直致力于修复整个建筑群。

代尔巴哈里，
"北方修道院"

在将帝王谷与库尔纳墓地山丘隔开的山的另一边，在卡纳克神庙的正对面，就是代尔巴哈里山谷（Deir el-Bahri 是个阿拉伯语名字，意为北方修道院，指的是在这里建造的一座科普特修道院），该山谷被埃及人认为是哈索尔女神的圣地，沿东南—西北轴线延伸到底比斯山脉中约 1.6 千米，止于一个巨大的天然圆形凹地。

统一了埃及的第十一王朝的法老尼布赫帕特拉·孟图霍特普在此修建了他的祭庙，这是底比斯西岸唯一一座真正的祭庙。从建筑角度来看，这座建筑物包括一些创新特征：这座神庙第一次将建筑群的不同部分设置在不同的水平层次上，形成由柱廊排列的阶梯式，这可能是受到"柱廊式坟墓"建筑的启发。与古王国和中王国时期的所有王室墓葬建筑群一样，祭庙通过一条通往墓室的地下通道与坟墓主体相连。

这座神庙所剩无几，只有俯瞰才能了解它的大小和形状。然而，它旁边的那座神庙情况却并非如此，旁边那座神

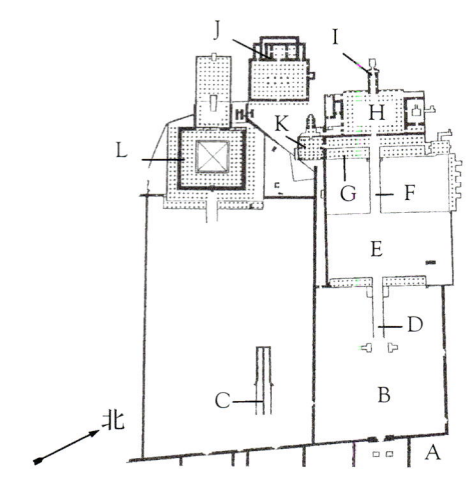

A 行进大道
B 第一庭院
C 马门（Bab el-Hosan）
D 斜坡
E 第二庭院
F 斜坡
G 朋特门廊
H 哈特谢普苏特神庙
I 神殿
J 图特摩斯三世神庙
K 哈索尔祈祷室
L 孟图霍特普祭庙

跨页图　在哈索尔女神神圣的山谷尽头矗立着代尔巴哈里的神庙群（代尔巴哈里意为北方修道院，来自曾经矗立在那里的重要科普特修道院，该修道院早已被摧毁）。该建筑群以哈特谢普苏特女王神庙为主，由著名建筑师塞嫩穆特（Senenmut）设计，它建在三个连续上升的阶台上，这些阶台建于一堵雄伟的悬崖壁下的斜坡之中，而这堵悬崖正好将这处神庙群与帝王谷分隔开。第三个阶梯上的阿蒙祈祷室是美丽山谷节大游行的目的地，卡纳克的阿蒙会在这个节日来到西底比斯。哈特谢普苏特神庙旁边是一座1962年发现的图特摩斯三世神庙的遗迹，以及第十一王朝孟图霍特普二世祭庙的遗迹，孟图霍特普是第一个在这个地方建造神庙的法老。在波兰考古团和埃及文物组织的参与下，一场大规模的修复行动已经进行了多年。

本页图 远征朋特的两个阶段。朋特的国土位置尚未完全确定，但可能位于非洲之角（索马里半岛附近地区），它为埃及统治者提供了珍贵的非洲产品，如兽皮、象牙、优质木材，尤其是还有在神庙的宗教仪式中使用的广受欢迎的香。哈特谢普苏特组织了一次前往朋特的伟大远征，代尔巴哈里神庙第二级阶梯西部门廊上的浮雕对其进行了细致入微的说明。

庙建于大约5个世纪后哈特谢普苏特女王统治的第七年，它确实是底比斯西岸整个建筑群中最宏伟的"百万年神庙"，古埃及人称之为杰塞尔－杰塞鲁（djeser-djeseru），或"崇高中的崇高"。

该建筑方案由著名建筑师"阿蒙总管家"塞嫩穆特提出，利用了先前在孟图霍特普神庙建造中提出的想法。它由不同层次的阶梯结构组成，前面是一条巨大的行进坡道，坡道从一座已被摧毁的山谷神庙引出。这种建筑方案在建筑本身与周围景观的原始美景之间取得了惊人的和谐效果。

三个巨大的神庙庭院由一系列坡道连接，被覆盖着著名彩绘浮雕的柱廊隔开，特别值得一提的是神圣的诞生时刻和加冕的场景、两对巨大的方尖碑之一在船上运输的场景，以及著名的陆路远征朋特（Punt）国的叙述。这次远征是哈特谢普苏特统治时

华丽的哈特谢普苏特女王头像，由石灰石制成，并施以彩绘，1926 年和 1927 年由纽约大都会艺术博物馆在代尔巴哈里神庙工作期间发现。哈特谢普苏特是图特摩斯一世的女儿，她嫁给了同父异母兄图特摩斯二世。他英年早逝，然后她代表她的侄子图特摩斯三世摄政，但从图特摩斯三世在位的第二年开始，她就宣布自己为上埃及和下埃及的法老，并统治了大约 20 年，大约从公元前 1479 年到前 1457 年。（开罗博物馆）

期最重要的事件之一。每年美丽山谷节之际都会造访位于第三层阶台上的供奉阿蒙的祈祷室，举行一年一度的宗教仪式。那时，鲜花被带到祈祷室，一旦它们被神圣的精神浸透，就会被放置在墓地的死者坟墓前，以使死者的灵魂恢复活力。

哈特谢普苏特神庙同样遭受到了人类和时间的摧残，尽管程度比孟图霍特普的要轻。几乎在女王去世后不久，她的继任者图特摩斯三世就污损了大部分哈特谢普苏特画像，在阿蒙诺菲斯四世（埃赫那吞）统治期间哈特谢普苏特神庙进一步被破坏，他只保留了日轮的图像。日轮在他统治期间被尊为唯一的神。

1962 年，考古学家发现了第三座神庙，之前完全没有人知道它的存在，它由图特摩斯三世建造，位于哈特谢普苏特神庙和孟图霍特普神庙之间。目前，波兰考古团队正在对整个建筑群进行修复，试图恢复其往日的辉煌。

A 梅凯特墓
B 代尔巴哈里"王室秘窖"
C 孟图霍特普神庙
D 图特摩斯三世神庙
E 哈特谢普苏特神庙
F 墓地

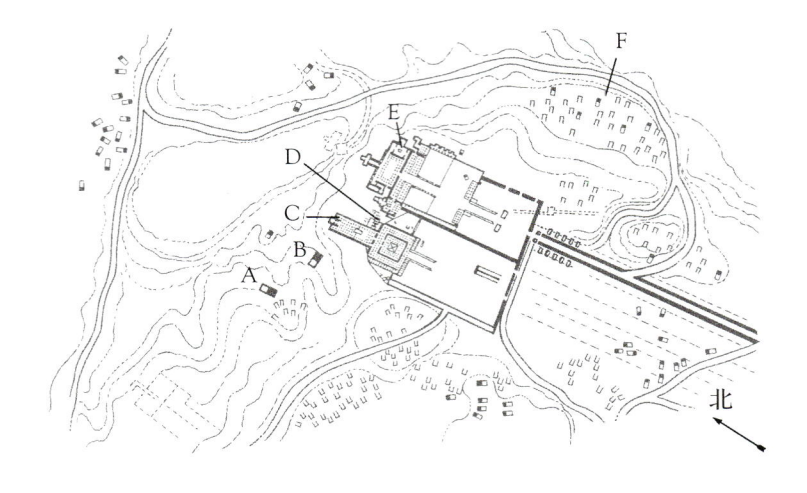

下图 1881年,加斯顿·马斯伯乐在代尔巴哈里西南部的一个圆形岩石凹地中发现了著名的王室木乃伊秘窖。由于王室墓地中的陵墓不断被毁坏,最杰出法老的遗体被第二十一王朝的祭司极其秘密地运送到这里。

下页图 代尔巴哈里秘窖的木乃伊中有拉美西斯二世的木乃伊,被放置在一个简单的木制棺材中。这具木乃伊与其他所有木乃伊一起被移至开罗博物馆,由于受到寄生虫和微生物的侵袭,1968年它被带到巴黎进行过一次复杂的修复。(开罗博物馆)

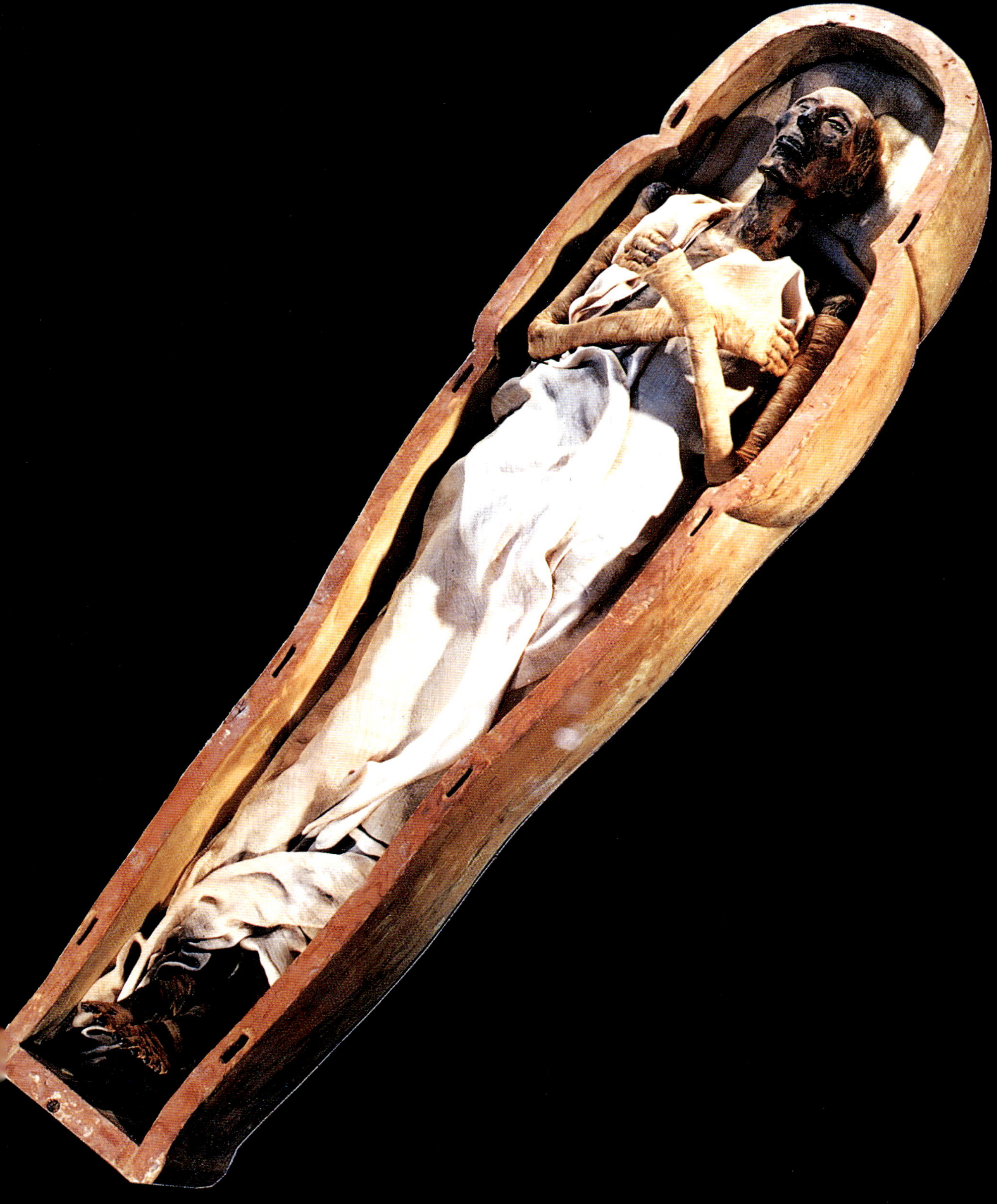

本页图与下页图　在底比斯山的一侧、代尔巴哈里和谢赫·阿卜杜勒·库尔纳山的西坡之间一个被称为森赫卡拉（Seankh-kare）谷的地方，一座陵墓于1919年在纽约大都会艺术博物馆开展的一项挖掘活动中被发现。该墓属于公元前2000年左右第十一王朝的一位高官，他的名字叫梅凯特（Meketra）。陵墓的墙壁没有装饰，其中有25个木制模型，工艺精湛，描绘了4000年前埃及日常生活的所有细节。（底比斯墓地280号墓）

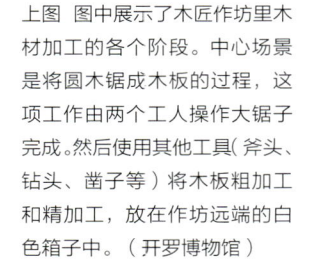

上图　图中展示了木匠作坊里木材加工的各个阶段。中心场景是将圆木锯成木板的过程，这项工作由两个工人操作大锯子完成。然后使用其他工具（斧头、钻头、凿子等）将木板粗加工和精加工，放在作坊远端的白色箱子中。（开罗博物馆）

下图　墓葬主人在他的一处房产的院子里，坐在由四根柱子支撑的门廊中，在他的儿子和一些抄写员的陪同下检查农民赶来的牛群。

下页图　织布室里，一群年轻女子正围着两台横织机忙着纺纱。（开罗博物馆）

下一跨页图　渔民在尼罗河上捕鱼。渔民乘坐两艘由桨手推动的纸莎草船，正在努力吊起两艘船之间装满鱼的渔网，其他船只紧随其后，运送墓葬主人及其随行人员。（开罗博物馆）

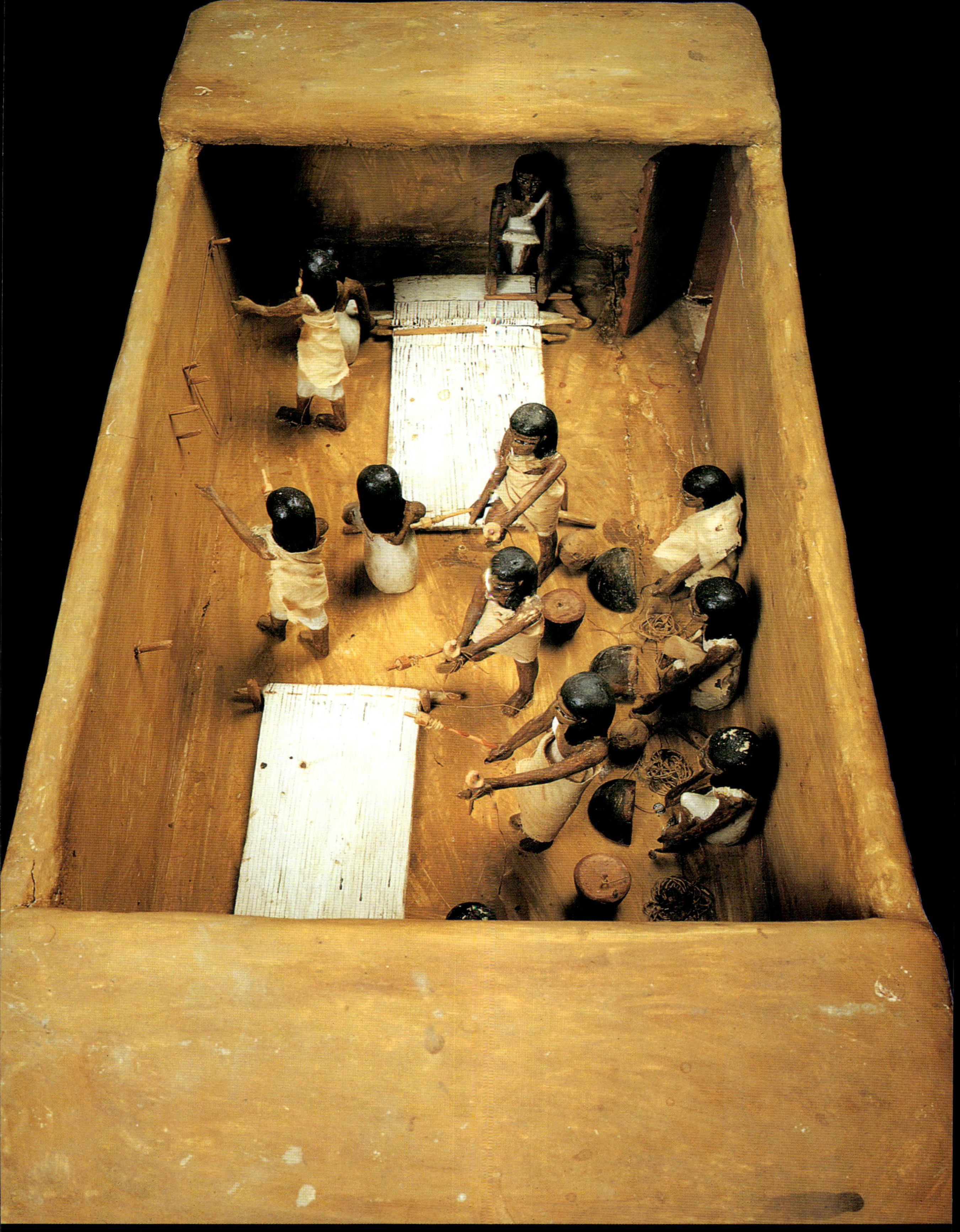

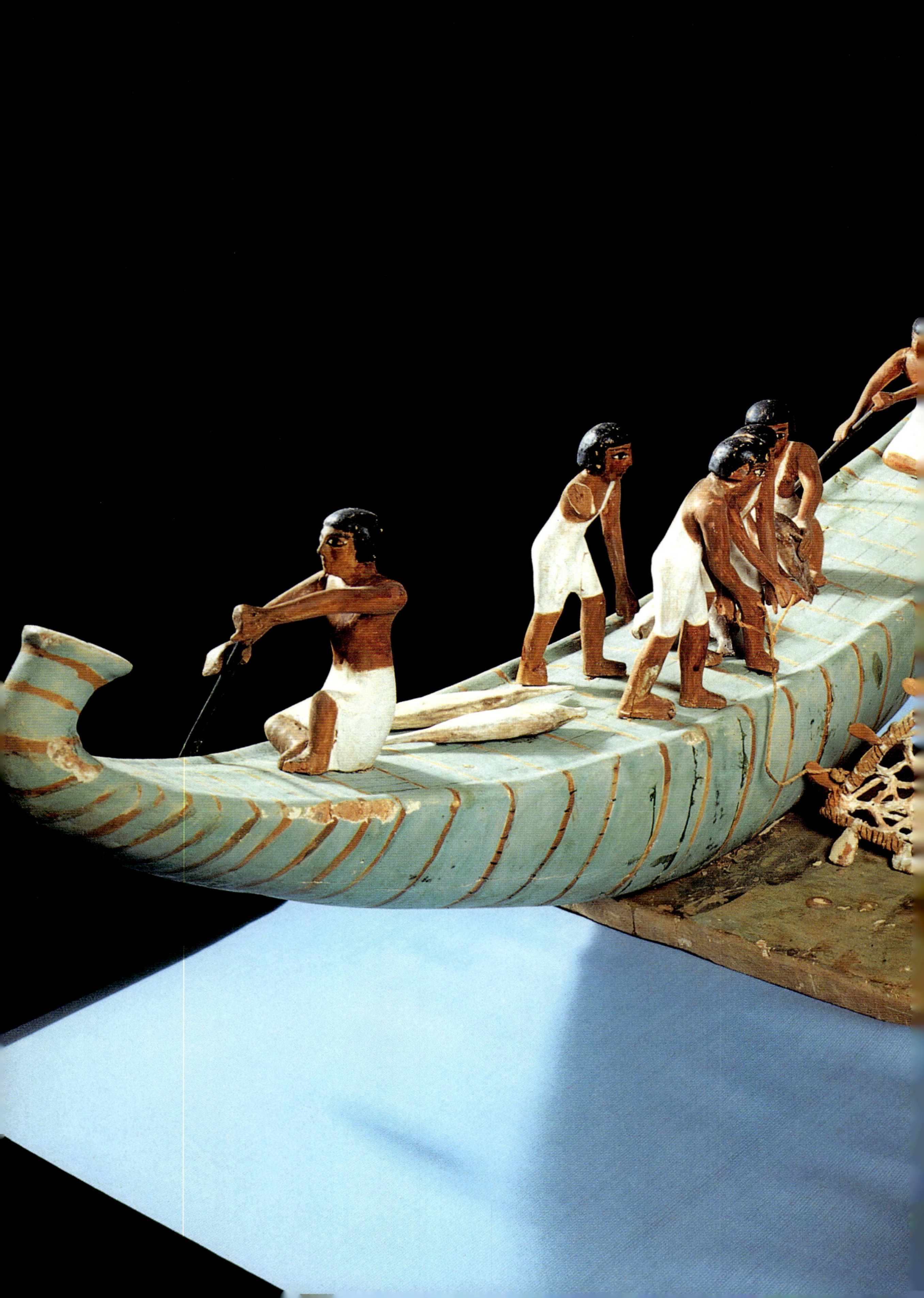

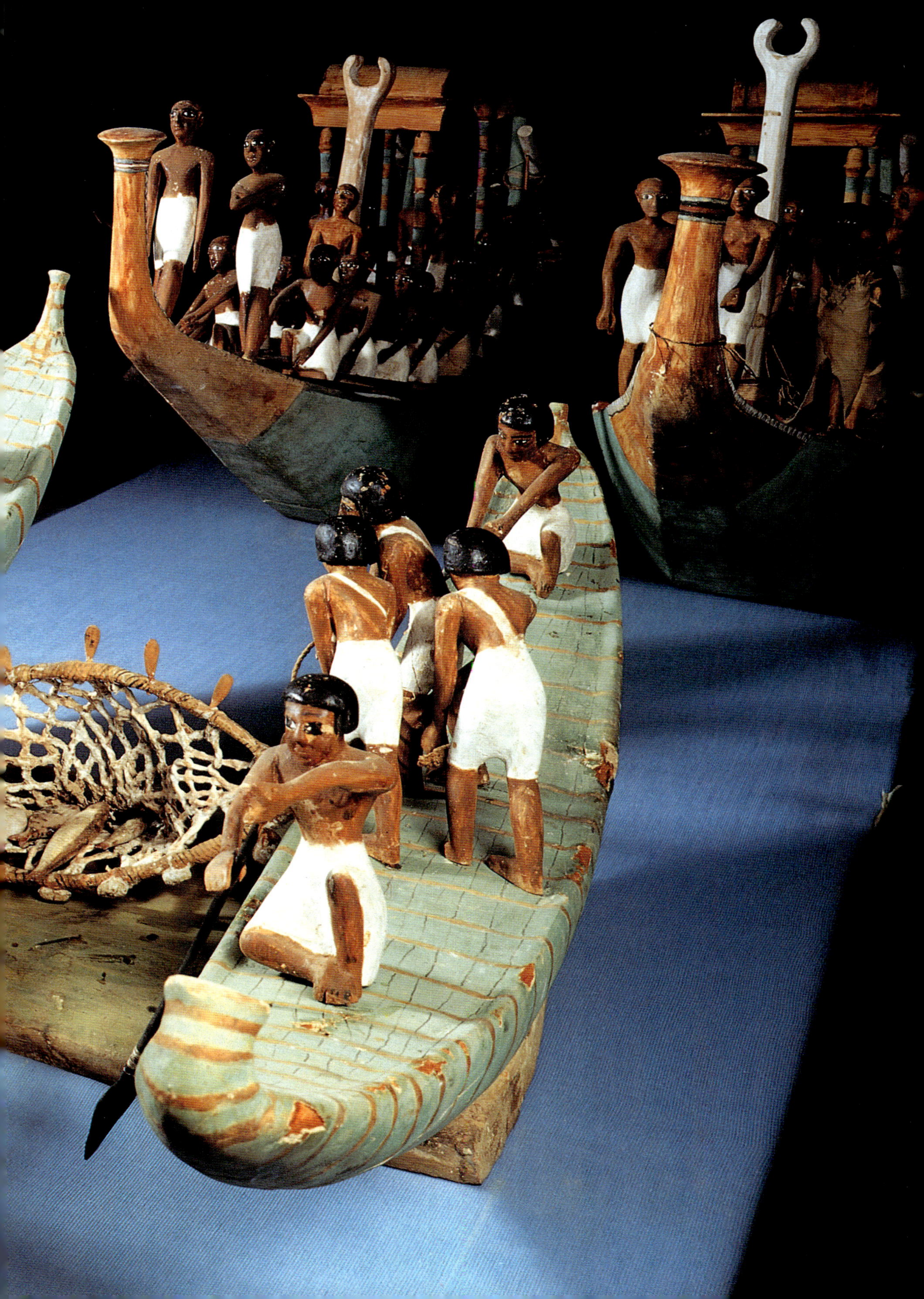

伊斯纳和陶工之神克奴姆崇拜

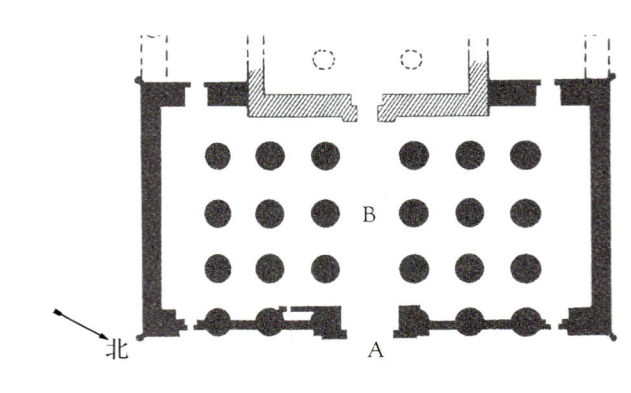

跨页图 伊斯纳神庙建于托勒密时代，用于供奉在陶轮上塑造人类的陶工之神克奴姆神，还供奉奈斯女神和魔法的人格化身赫卡（Heka）女神。它现在位于现代城市中间的一条沟渠中，因为几个世纪以来，现代城市的各种人造建筑结构层累叠加，地面也随之逐渐上升。这座神庙的遗迹只剩下建于1世纪克劳迪乌斯皇帝统治期间的巨大柱式大厅，这个大厅天花板由总共24根柱子支撑，非常优雅，并装饰着极其精致的柱头。

A 入口
B 柱式大厅

　　伊斯纳被古人称为尤尼特,现在是尼罗河左岸卢克索以南约50千米的一个农业小镇。在这里,一种尼罗河特有的尼罗河尖吻鲈(*Lates*)被认为是神圣的,这种信仰是这座城市的希腊名称拉托波利斯(*Latopolis*)的来源。这里供奉的主神是克努姆——神圣的公羊头陶工,克奴姆与奈斯和赫卡(魔法的人格化身)有关。1世纪伊斯纳的托勒密神庙专门供奉这些神灵,原来的建筑除了克劳迪乌斯皇帝统治时期建造的柱式大厅外,什么也没有幸存下来。该大厅保存完好,尽管它被改造成科普特教堂,并且在最近一些时期被用作储存棉花的仓库。由于城市居住区的地平面逐渐上升,寺庙的遗迹现在位于深9米的沟渠底部,完全被现代城市的房屋所包围。

　　这个大厅的天花板上有天文图和黄道十二宫图,由两组各九根柱子支撑,这些柱子旁边是六根与两个入口对齐的大柱子,柱头特别精致优雅。刻在神庙墙壁和柱子上的文字不仅包含对克奴姆、赫卡和奈斯的赞美诗和连祷文,还提供了有关节日和重要庆典的宝贵信息,这吸引着周边地区的人民。

右图　伊斯纳神庙柱式大厅的天花板上装饰着天文图和标有主要宗教节日的日历。

埃德夫，猎鹰神领地

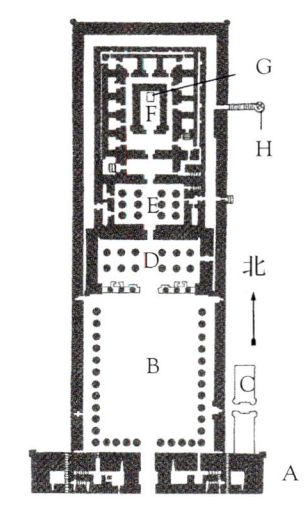

A 第一塔门
B 庭院
C 拉美西斯三世神庙
D 门廊（第一柱式大厅）
E 第二柱式大厅
F 神殿
G 花岗岩神龛
H 尼罗河水位测量标尺

上图 著名的猎鹰是荷鲁斯神的象征。它头戴上埃及和下埃及的**双冠**(*Pschent*)，站在埃德夫神庙门廊巨大的入口旁。

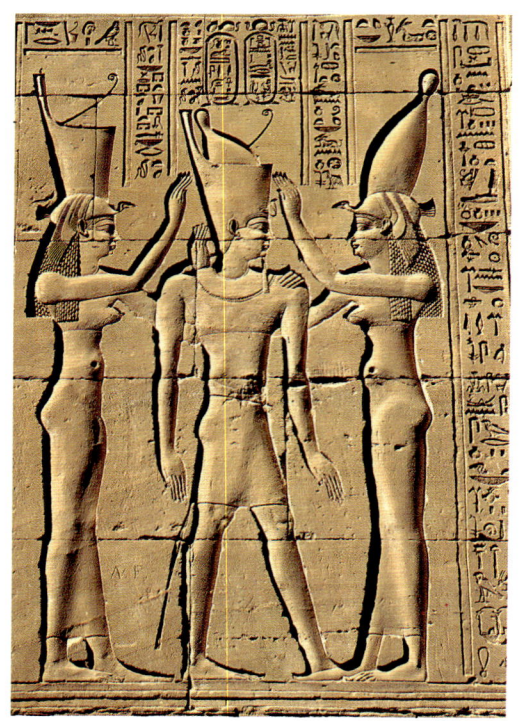

埃德夫位于尼罗河左岸，靠近尼罗河的流水，是上埃及第二诺姆的首府。古希腊人将荷鲁斯与阿波罗等同，他们将埃德夫称为阿波罗波利斯-马格纳（Apollinopolis Magna），早在最早的王朝开始，埃德夫就是猎鹰神荷鲁斯的崇拜中心，它的这一重要性也已被证实。公元前237年，在托勒密三世·欧厄尔葛忒斯一世[1]统治期间，荷鲁斯大神庙开始建造，建在先前存在的神庙废墟上。在托勒密四世·菲罗帕托[2]统治时期工作继续进行，公元前124年托勒密八世·欧厄尔葛忒斯二世在位时才完成外层柱式大厅，直到公元前57年，即开始施工后180年的托勒密十二世·尼奥斯·戴奥尼索斯[3]统治期间才完成装饰。这座神庙是一个占地十分广阔的宗教区域（这个区域延伸到现在有人居住的城镇下方）的一部分，它的不同之处在于它面向南方，而不是像大多数神庙一样遵循东西轴线。这种不寻常的方向可能是因为该地点的特定地理构造。

这座神庙包括一座巨大的塔门，一个被柱廊环绕的庭院，通向第一柱式大厅或称门廊，大厅入口前有一尊猎鹰形象的荷鲁斯雕像。第二柱式大厅通往供品室，供品室之后是前厅，最后到达神庙最里

---

1 欧厄尔葛忒斯（Euergetes）即"施惠者"。——译者注
2 菲罗帕托（Philopator）即"爱父者"。——译者注
3 尼奥斯·戴奥尼索斯（Neos Dionysos）即"新酒神"。——译者注

上页下图　女神瓦吉特和奈赫贝特，分别戴着下埃及的**红冠**（*Deshret*）和上埃及的白冠，她们将双冠戴在法老头上。神庙墙壁上镌刻着冗长复杂的圣书字，让这座神庙实际上成为一座石头图书馆，其中仔细抄录了古埃及的宗教仪式和神学教义。

面的神殿，其中矗立着一个宏伟的神龛。这个神龛可追溯到内克塔内布二世统治时期，那时里面放着神像。

围绕这个中心轴有许多敞开的房间，每个房间都有特定的功能，完全覆盖房间墙壁的大段铭文描述了这些房间的功能。埃德夫神庙仍然是埃及最大、保存最完好的神庙之一，整个建筑群由奥古斯特·马里埃特发掘。

埃德夫神庙供奉荷鲁斯神，是埃及仅次于卡纳克神庙的最大神庙。它也是保存最完好的神庙，今天依然矗立着的这座建筑建在另一座更古老神庙的遗迹之上，始建于公元前 237 年托勒密三世·欧厄尔葛忒斯一世统治期间，并于公元前 57 年在托勒密十二世·尼奥斯·戴奥尼索斯统治期间完工。

283

跨页图 考姆翁布神庙的平面图在许多方面与埃德夫神庙相似，但它的一个显著特点是它具有双重结构：两个入口通向两个具有平行轴线的神龛，但它们沿着纵向轴线相互连通。这座神庙位于尼罗河右岸河边，供奉着两个独立的神灵：鳄鱼头神索贝克和**哈洛里斯(Haroeris)**，也被称为"年长荷鲁斯"。

下图 刻在考姆翁布神庙一块砂岩上的浮雕，展现了这座建筑供奉的两个神灵：鳄鱼头神索贝克和猎鹰头神哈洛里斯。哈洛里斯是一个希腊名字，源于埃及名字荷鲁–乌尔（*Heru-our*），意思是年长荷鲁斯，是荷鲁斯的一种形式，在考姆翁布被尊为众神之父。

考姆翁布神庙，
鹰与鳄鱼神庙

A 塔门　　　　　　　E 供品大厅
B 庭院　　　　　　　F 索贝克和哈洛里斯神殿
C 门廊（外柱式大厅）　G 外围墙
D 内柱式大厅　　　　H 内围墙

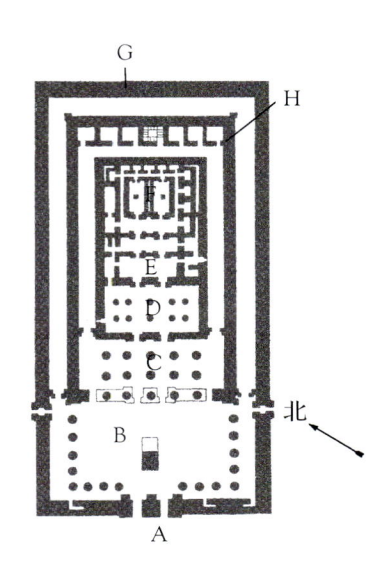

　　由于这座城市在贵金属交易中的作用，考姆翁布（Kom Ombo，希腊语中称为翁布斯〔Ombos〕）被称为努伯特（Nubt），即黄金之城，因为传说中这里有金矿。它位于埃德夫以南约 65 千米处，距离尼罗河和东部沙漠之间的要道哈马马特干河的河口不远。考姆翁布神庙始建于第十八王朝图特摩斯三世统治期间，但今天看到的建筑是在托勒密六世·菲洛墨托尔[1]统治时期开始建造的，并在托勒密八世·欧厄尔葛忒斯二世时期继续建造，在罗马皇帝提比略、图密善和卡拉卡拉统治时期建造完成。他们下令建造了两个外部祈祷室，分别供奉哈索尔和索贝克。考姆翁布神庙与其他埃及神庙的不同之处在于它是一座双神庙，纵向分开，供奉两个独立的神灵：鳄鱼头神索贝克和猎鹰头神哈洛里斯，或称年长荷鲁斯。两条平行轴都有自己的入口，但它们之间有很多互通的通道。根据当地的宗教信仰，哈洛里斯与妻子泰丝诺芙瑞（Tasenetnofret，好妹子）和儿子潘尼布塔威（Panebtawy，两地之主）组成一组三柱神，就像索贝克与哈索尔和孔苏组成另一组三柱神一样。然而，这种划分并不是很严格，有时这两个母亲或这两个儿子在极其复杂的信仰结构中相互混淆或合二为一。此外，索贝克和哈洛里斯这两个主神极有可能与赫利奥波利斯神系中最古老的两个神——盖布和舒有关。

　　在神庙泥砖围墙的外部是托勒密时代一口井的遗迹、一个玛米西庙和一个哈索尔祈祷室，现在祈祷室里面存放着数百具鳄鱼木乃伊。这种动物对索贝克来说是神圣的，它们来自附近一个神圣的墓地。

---

[1] 菲洛墨托尔（Philometor）即"爱母者"。——译者注

阿斯旺和菲莱，
努比亚之珍宝

阿斯旺

A 高坝
B 新卡拉布萨
C 黑萨岛（Island of el-Hesa）
D 旧坝
E 塞黑勒岛（Island of Sehel）
F 象岛
G 古王国时期石窟陵墓
H 未完成的方尖碑
I 花岗岩采石场
J 阿吉尔基亚岛（Island of Agilkia，新的菲莱岛）
K 毕佳岛（Island of Biga）

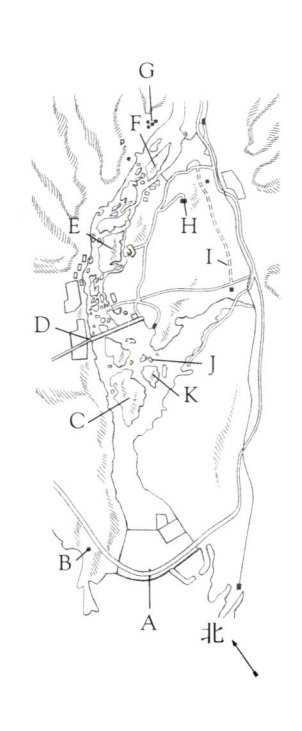

阿斯旺，即古代的赛伊尼，来自埃及语斯韦内特（*suenet*），意为贸易，位于尼罗河右岸，紧邻延伸到努比亚的第一瀑布下游。在古代，阿斯旺是重要的贸易城市，也是上埃及第一诺姆的首府。它是一个商业中心，主要市场位于象岛，是埃及与赤道非洲地区之间的联系枢纽。象岛之所以如此命名是因为它是象牙贸易的中心。公元前230年在阿斯旺，希腊数学家埃拉托色尼（Eratosthenes）考虑到这座城市的具体位置——正好在北回归线上，以惊人的准确度计算出了地球的周长。

古代赛伊尼的痕迹留存至今的很少，其中包括由托勒密三世·欧厄尔葛忒斯一世建造的神庙的零散废墟，该神庙用于供奉"军队之首伊希斯"，这是该统治者在宗教信仰上的创新，这个信仰特别适合这座处于边境的城市。象岛上有许多考古遗迹证明了该地点的重要性；内克塔内布二世（第三十王朝）统治时期的克奴姆神庙；图特摩斯三世建造的**沙提（Satis）女神庙**的遗迹；用于测量尼罗河泛滥高度的分级楼梯——**尼罗河水位测量标尺（Nilometer）**位于该岛的东南端，

上页上图 著名的阿斯旺尼罗河水位测量标尺，位于象岛东南岸。这种结构使祭司能够确定每年尼罗河泛滥开始的确切日期及其范围，埃及的土地和人民都依赖这泛滥生存。尼罗河水流过一个缺口，沿着狭窄的阶梯上涨，阶梯壁刻着刻度。

跨页图 在第一瀑布中的塞黑勒岛上有一块名为"饥荒石碑"的石碑，托勒密时代刻在花岗岩巨石上。文字讲述了一场持续七年的大饥荒，法老左塞尔统治期间，由于尼罗河泛滥程度有限，大饥荒降临在这片土地上。据说，国王的祈祷引起了"瀑布之王"克努姆神的干预，最终饥荒结束，情况恢复正常。

用于预测泛滥的时间和程度。人们将尼罗河的泛滥现象归因于哈匹神，他是一位与丰饶概念相关的仁慈神灵，而且人们认为洪水起源于瀑布本身。事实上，人们认为瀑布是洞穴所在，水从洞穴中涌出，流入河流，导致季节性泛滥。象岛上王子的石窟陵墓刻进河流西岸边的石墙里，可以追溯到古王国和中王国之间的时期，并证明了象岛自这个时代之后的重要性。几个世纪后，在希腊罗马时代，象岛和赛伊尼达到最辉煌的时期，当时

上图　在菲莱伊希斯神庙最里面是神殿，沉浸在不完全的黑暗中，只有一侧墙上高处的两个小开口透光。来自托勒密三世和他的妻子贝勒尼丝统治时期的花岗岩基座上安放着伊希斯圣船。在菲莱，伊希斯与索提斯联系在一起，索提斯是天狼星的名字，它的出现标志着尼罗河水位开始上升，对伊希斯的崇拜与尼罗河水泛滥有着密切的关系。

下图　伊希斯神庙的东侧，中间是柱式大厅前的两个塔门，左侧是图拉真凉亭。这是一座比例非常优雅的建筑，包括一个柱廊，柱廊内有14根钟形柱头的柱子。在古代，它应该有木屋顶覆盖，而且可能在伊希斯圣船抵达或离开该岛时的宗教仪式中使用。

下页图　伊希斯神庙的第二塔门标志着柱式大厅的入口，这是该建筑最神圣的区域开始的地方。它装饰着法老托勒密十二世·尼奥斯·戴奥尼索斯屠杀敌人的仪式的场景。

菲莱的神庙建在尼罗河这段湍急河段的另一个岛屿上。菲莱岛上的建筑包括一座供奉伊希斯的神庙，另一座供奉哈索尔的神庙，以及一个图拉真凉亭——凉亭是个开放式建筑，用于在游行或庆祝活动暂停期间临时存放神像。这些建筑物已被拆除，并在较高的阿吉尔基亚岛上重建。

阿斯旺高坝位于阿斯旺上游约6千米处，是有史以来最壮观的水利工程之一。它长3600米，所需的材料数量惊人，相当于奇阿普斯大金字塔的17倍，因大坝而形成的纳赛尔湖在其外延伸约480千米。

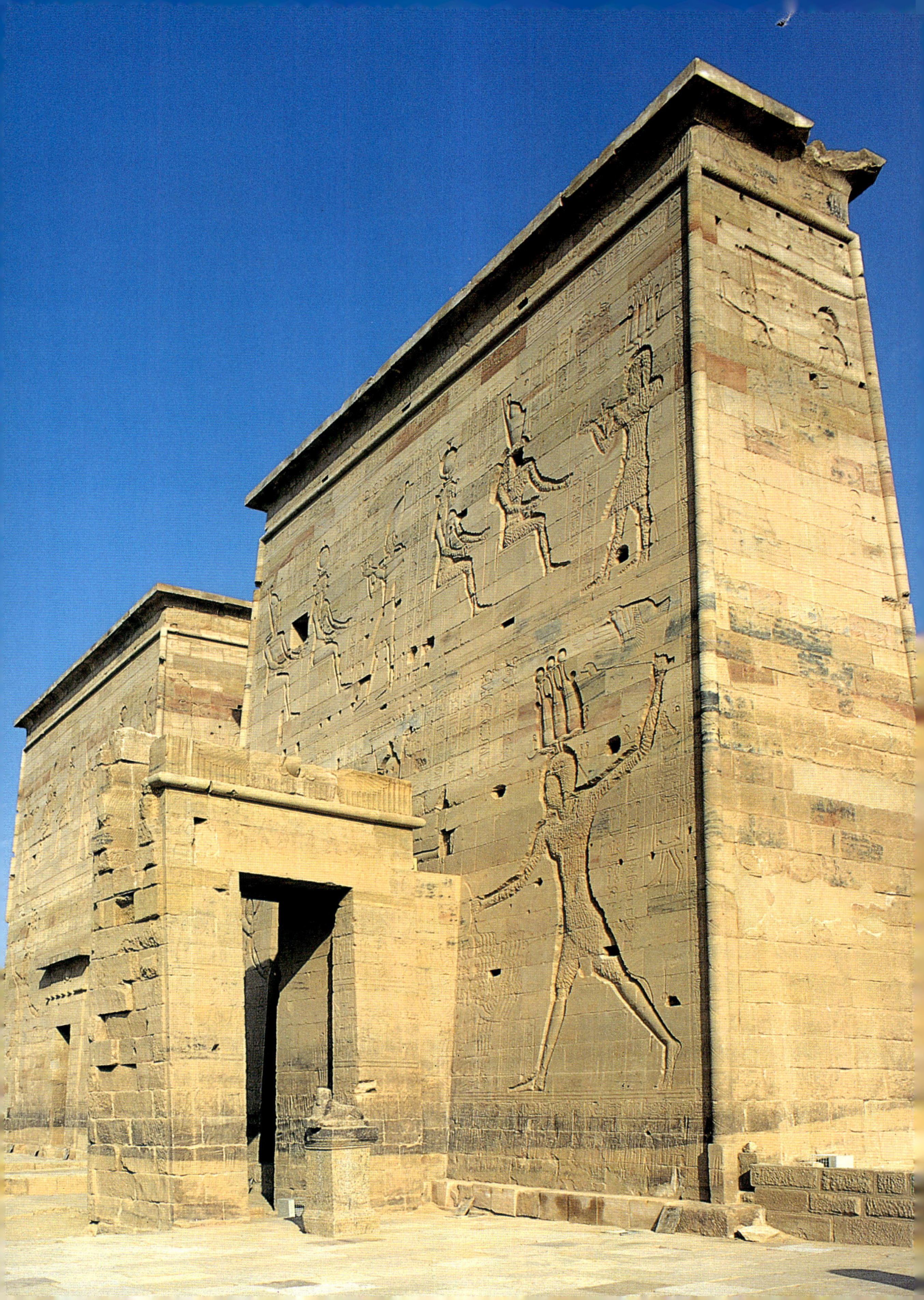

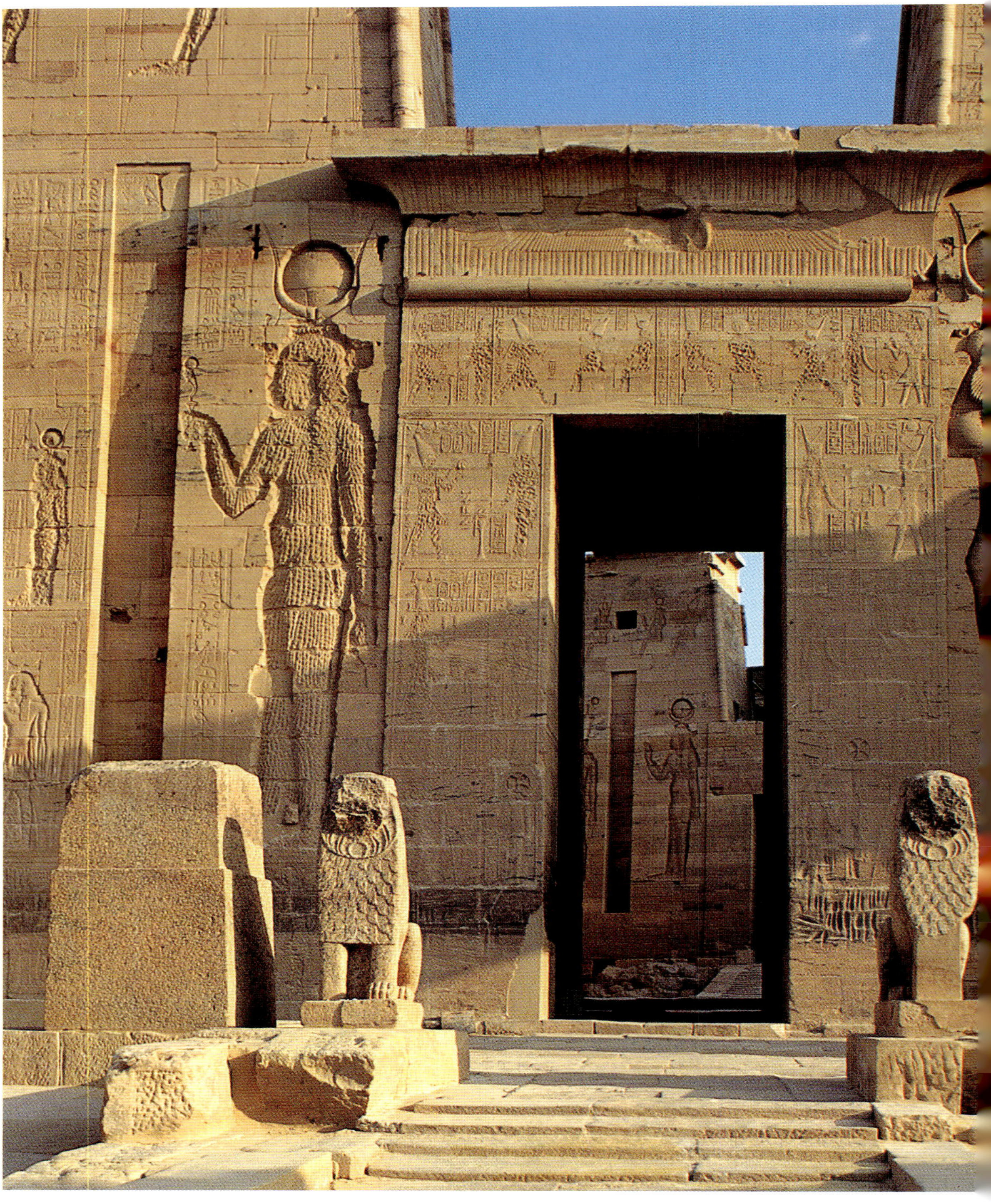

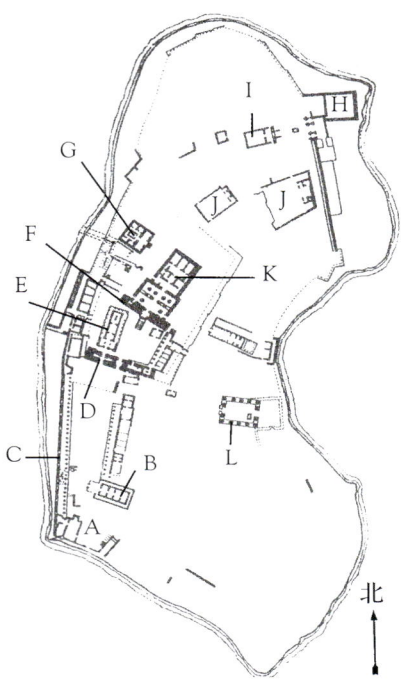

菲莱

A 内克塔内布一世大门
B 阿司努菲斯
 （Arsenuphis）神庙
C 西柱廊
D 第一塔门
E 玛米西庙
F 第二塔门
G 哈伦多特斯神庙
H 戴克里先之门
I 奥古斯都神庙
J 科普特教堂
K 伊希斯神庙
L 图拉真修道院

跨页图 伊希斯神庙的第一塔门，建于托勒密十二世·尼奥斯·戴奥尼索斯统治时期（1世纪），包括可追溯到内克塔内在一世（第三十王朝）统治时期的大门，也标志着通往神庙圣域的入口，前面是两只五官被毁的狮子。大门右侧是这里崇拜的三位主神：伊西斯、荷鲁斯和哈索尔。当神庙的中庭被用作科普特基督教堂时，大门左侧的伊希斯形象几乎完全被凿掉了。

跨页图　位于第一瀑布的菲莱岛被壮观的托勒密伊希斯神庙占据，这座神庙旁边矗立着其他宗教建筑，如阿司努菲斯神庙、哈索尔神庙、哈伦多特斯神庙和可以在东侧看到的图拉真凉亭。伊希斯神庙左边是一条长长的柱廊，由 32 根柱子组成。阿斯旺大坝建成后，所有这些古迹都面临着完全被水位上涨的尼罗河淹没的威胁，于是一场拯救努比亚神庙的国际运动组织起来，由联合国教科文组织领导。1972 年至 1980 年间，这些建筑被拆除，移至附近的阿吉尔基亚岛，并在这个更高的地方重新组装。

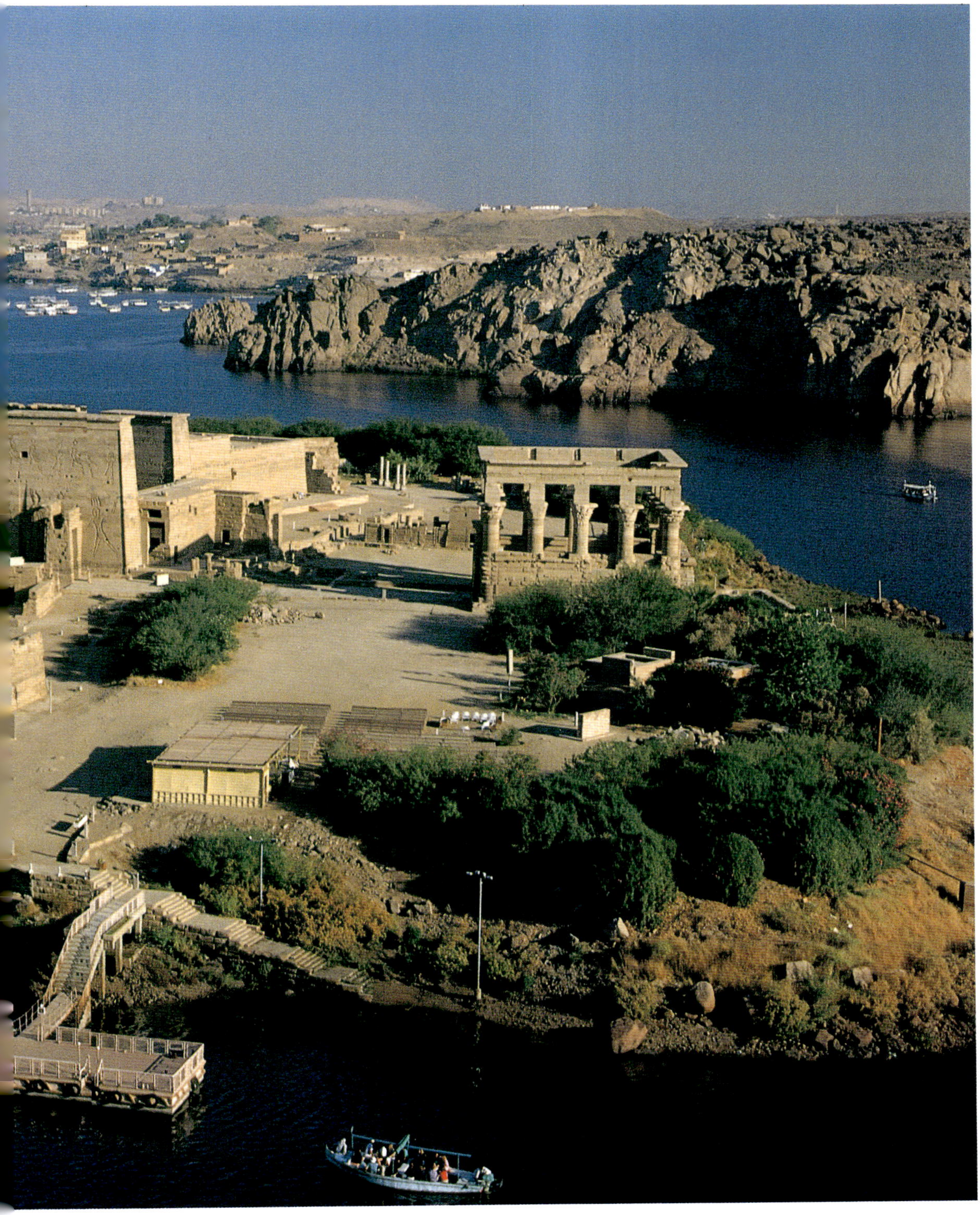

努比亚，
拯救神庙

随着阿斯旺高坝的建设，曾经矗立在努比亚尼罗河畔第一和第二瀑布之间的神庙面临着淹没在纳赛尔湖水下的威胁。为了拯救这些建筑瑰宝，联合国教科文组织发起了一场国际运动，最终拯救了抢救计划范围内的几乎所有古迹。

较小的神庙由埃及捐赠给为救援行动慷慨解囊的国家（意大利、西班牙、荷兰、美国、德国）。他们分别在都灵（埃勒西亚神庙，the temple of Ellesiya）、马德里（达博神庙，the temple of Dabod）、莱顿（塔菲神庙，the temple of Tafa）、纽约（丹铎神庙，the temple of Dendur）和柏林（卡拉布萨门）重新组装。

较大的几个努比亚神庙被完全拆除，并在三个不同的地点重新组装。第一个地点是新卡拉布萨，是唯一一个可以轻松到达的地点。它位于高坝的最西端附近，卡拉布萨神庙和贝特瓦利（Beit el-Wali）神庙在这里重建。卡拉布萨神庙原由奥古斯都皇帝建造，供奉努比亚神曼杜利斯（Mandulis）；它最初位于南边 40 千米处，1961 年至 1963 年间被运送到现在的位置。贝特瓦利悬崖神庙可追溯至拉美西斯二世时期，用于供奉阿蒙 – 拉神。

第二个地点位于距离高坝约 135 千米的开阔沙漠中，达卡神庙、瓦迪塞布阿神庙和马哈拉卡神庙在这里重建。达卡神庙可以追溯到罗马 – 托勒密时代，而由拉美西斯二世建造的瓦迪塞布阿大神庙则用于供奉阿蒙 – 拉神、拉 – 哈拉克提神以及神化的拉美西斯二世。罗马神庙马哈拉卡用于供奉伊希斯和塞拉比斯。第三个地点在第二个地点以南约 40 千米处，阿玛达（Amada）神庙和德尔（el-Derr）神庙，以及阿尼巴（Aniba）遗址的彭努特（Penniut）石窟陵墓都迁移到了这里。阿玛达神庙由图特摩斯三世始建，由图特摩斯四世、塞索斯一世和拉美西斯二世完成，用于供奉阿蒙 – 拉神和拉 – 哈拉克提神。由拉美西斯二世建造的德尔悬崖神庙供奉同样的两位神、神化的法老以及普塔。尽管付出了巨大的努力，但并非所有的努比亚神庙都得救了：位于瓦迪塞布阿的荷鲁斯小神庙、塔菲的两座神庙之一格夫·侯赛因（Gerf Hussein）神庙、第十二王朝的库班（Quban）堡垒、中王国时期的堡垒和阿尼巴第十八王朝的伊布里姆堡（Qasr Ibrim）神庙都永远消失了。

哈拉卡神庙现已与获救的达卡神庙和瓦迪塞布阿神庙在同一地点重新组装。这座建于阿玛纳时期的建筑最初位于帝国南部边境的"神圣的无花果之城"希拉西卡米诺斯（Hierasycaminos）所在地，位于当前位置以北约 40 千米处。

阿布辛贝神庙：
藏在沙中的神庙

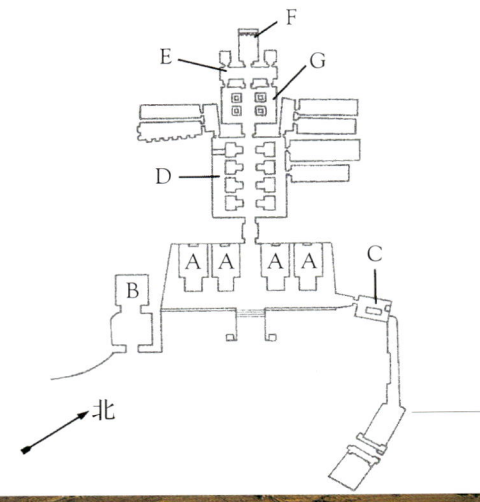

阿布辛贝岩石神庙群鸟瞰图，现在位于保护神庙的两座人造山丘中。北面是哈索尔和尼斐尔泰丽小神庙，南面是宏伟的拉美西斯二世大神庙，供奉着阿蒙－拉、拉－哈拉克提、普塔和法老本人。整个建筑群以及所有其他努比亚神庙都面临着完全淹没在纳赛尔湖水域中的危险。阿布辛贝是联合国教科文组织救援任务的主要目标，在短短四年内，即 1964 年至 1968 年之间，整个建筑群被拆除并转移到距离其原始位置约 200 米的地点。为了完成这一令人难以置信的壮举，这座神庙被切割成一千多块石块，其中最大的重约 33 吨。1972 年，包括所有细节在内的救援工作终于完成。。

A 拉美西斯二世巨像
B 南祈祷室
C 北祈祷室
D 大柱式大厅（门廊）
E 前厅
F 神殿
G 第二柱式大厅

　　阿布辛贝位于尼罗河西岸，距开罗约850千米，离第二瀑布不远，与苏丹努比亚接壤。著名探险家、东方学家约翰·路德维希·布克哈特曾在约旦发现佩特拉城。1813年3月，他在阿布辛贝发现了一座巨大的神庙，其巨大的正面有一部分被埋在沙子中，它由第十九王朝（前1279—前1212）最重要的法老拉美西斯二世建造。第二座神庙供奉哈索尔和拉美西斯二世的妻子尼斐尔泰丽王后，就在不远处。

　　1815年10月，英国旅行家兼文物收藏家威廉·约翰·班克斯（William John Bankes）在他雇用的来自费拉拉（意大利）的乔瓦尼·菲纳蒂（Giovanni Finati）的陪同下拜访了阿布辛贝，两人进入了那座较小的神庙。然而，较大的神庙只能看到装饰神庙正面的四尊巨大的法老坐像其中之一的半身像。1816年3月，法国领事贝纳迪诺·德罗韦蒂（Bernardino Drovetti）在他的代理人弗雷德里克·卡约（Frederic Cailliaud）和让－雅克·里福的陪同下，也访问了阿布辛贝，但没能成功雇用足够的工人来清理沙子。当初班克斯也曾考虑过这个计划。只有乔瓦尼·巴蒂斯塔·贝尔佐尼在英国海军军官厄比（Irby）和曼格斯（Mangles）的陪同下，经过一个月的艰苦努力，成功地清除了堵塞神庙入口的大量沙子。他于1817年8月1日进入神庙。如果说贝尔佐尼可能对没有找到他所希望的宝藏感到失望（神庙几乎是空的），但是他着实为描绘了拉美西斯二世在叙利亚、利比亚和努比亚的军事行动的浮雕之美，以及柱式大厅雕绘了法老的大柱子的气势之恢宏而兴奋。为了纪念这一事件，贝尔佐尼和他的同事将他们的名字和日期刻在了神殿的北墙上，至今仍然可以看到。

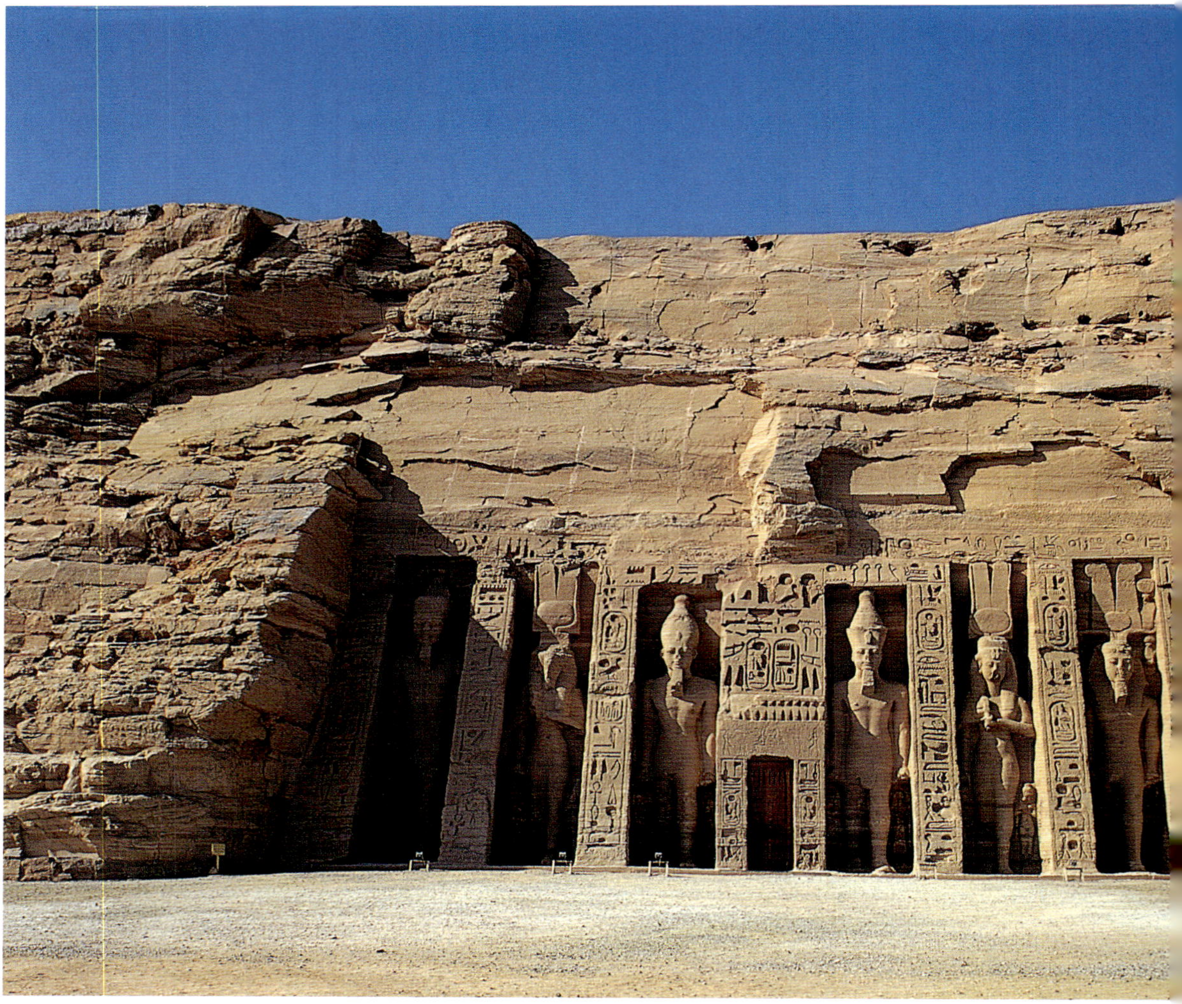

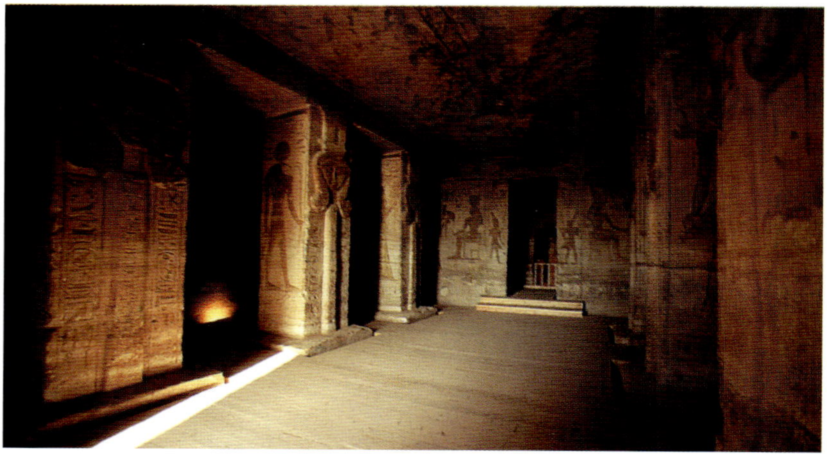

跨页图　阿布辛贝小神庙建在大神庙北部一个高高的突起上，供奉哈索尔和尼斐尔泰丽，哈索尔在努比亚被认为是鹰神、王室保护者荷鲁斯的新娘。神庙正面的雕像高 10 米，被安置在一系列壁龛中，它们描绘了拉美西斯二世和哈索尔 - 尼斐尔泰丽。两尊女王雕像与哈索尔相关，它们两侧是四尊拉美西斯二世雕像，与王室雕像的所有惯例形成鲜明对比的是，女王雕像的尺寸与法老雕像相同，以彰显这位王室妻子的威望和重要性。王后与荷鲁斯的新娘哈索尔融为一体，法老是荷鲁斯的尘世代表，因此，王室血统的明确合法性和连续性得到了形象表达。

　　神庙正面雕刻进岩石中，高约 30 米，宽约 35 米，四个巨大的坐像高约 21 米。在法老腿边有一些尼斐尔泰丽王后以及王子和公主的立像，神庙入口上方中央位置是鹰头神拉的雕像，正面的上檐口则装饰着一排共 23 尊狒狒雕像。

　　在内部，前厅之后是由八根奥西里斯柱支撑的巨大柱式大厅，这个柱式大厅通向一个较小的柱式大厅，最后连接第二个通向神殿的前厅。神殿中的一个神龛里矗立着四尊雕像，分别是孟菲斯的普塔神、底比斯的阿蒙 - 拉神、赫利奥波利斯的拉 - 哈拉克提神和被神化的法老本人：一年两次，阳光穿过一长串大厅，照亮神殿里的雕像。1964 年至 1968 年间，阿布辛贝的救援工作拆除并重建了这两座神庙，将它们转移到距原址约 200 米的地方，并抬高了约 65 米以确保安全。

上页下图　在阿布辛贝小神庙的入口大门外，是一个方形门廊，它的天花板由六根哈索尔柱支撑，这些柱子上雕刻着崇拜的祷文，用于供奉六位神祇：哈索尔、**阿努基斯（Anukis）**、伊希斯、沙提、穆特和韦赖特 - 赫卡乌（Weret-hequu）。门廊的墙壁上装饰着拉美西斯二世供奉贡品和尼斐尔泰丽王后供奉贡品的场景。门廊后面是前厅，前厅通向神殿，神殿里描绘了一个正从山上出现的具有母牛形象的哈索尔。

下图 阿布辛贝大神庙门廊的奥西里斯巨像之一的细节图。南侧四尊法老头戴上埃及白冠，双臂交叉，手持弯钩权杖和连枷，而北侧的巨像则头戴上下埃及双冠，似乎是为了强调上埃及相对于其他土地占主导地位。贝尔佐尼1817年8月1日进入神庙内部，是第一个进入神庙内部的欧洲人。他用下面这段话描述了这些巨像："每根柱子旁边都立着一座雕像，这些雕像雕工精湛，几乎没有受岁月摧残；它们与哈布城的雕像没什么不同，王冠的尖端碰到了天花板，天花板足有30英尺（约9米）高。"

下页图 拉美西斯二世神庙的门廊由天然岩石切割而成，长18米，装饰有8个高10米的巨像，这些巨像将拉美西斯二世描绘为奥西里斯。这座神庙于1813年由瑞士东方学家约翰·路德维希·布克哈特发现，但1817年贝尔佐尼才成为第一个清理干净沙子并进入神庙的欧洲人。

下一跨页图 阿布辛贝神庙雄伟的正面装饰着四个拉美西斯二世巨像，南边的第一座巨像在大门左边，很久以前就倒塌了。在每尊雕像的身侧和它们的双腿之间，都站着一些较小的雕像，代表着法老的妻子和母亲，以及王子和公主。大门上方是一个壁龛，里面有拉－哈拉克提神的雕像，他的右边有一个圣书字标志，转写过来就是乌瑟（user）这个词，而在他的左边是女神玛阿特（Maat）的形象，代表了拉美西斯二世的第一名字乌瑟玛特瑞（Usermaatre）。

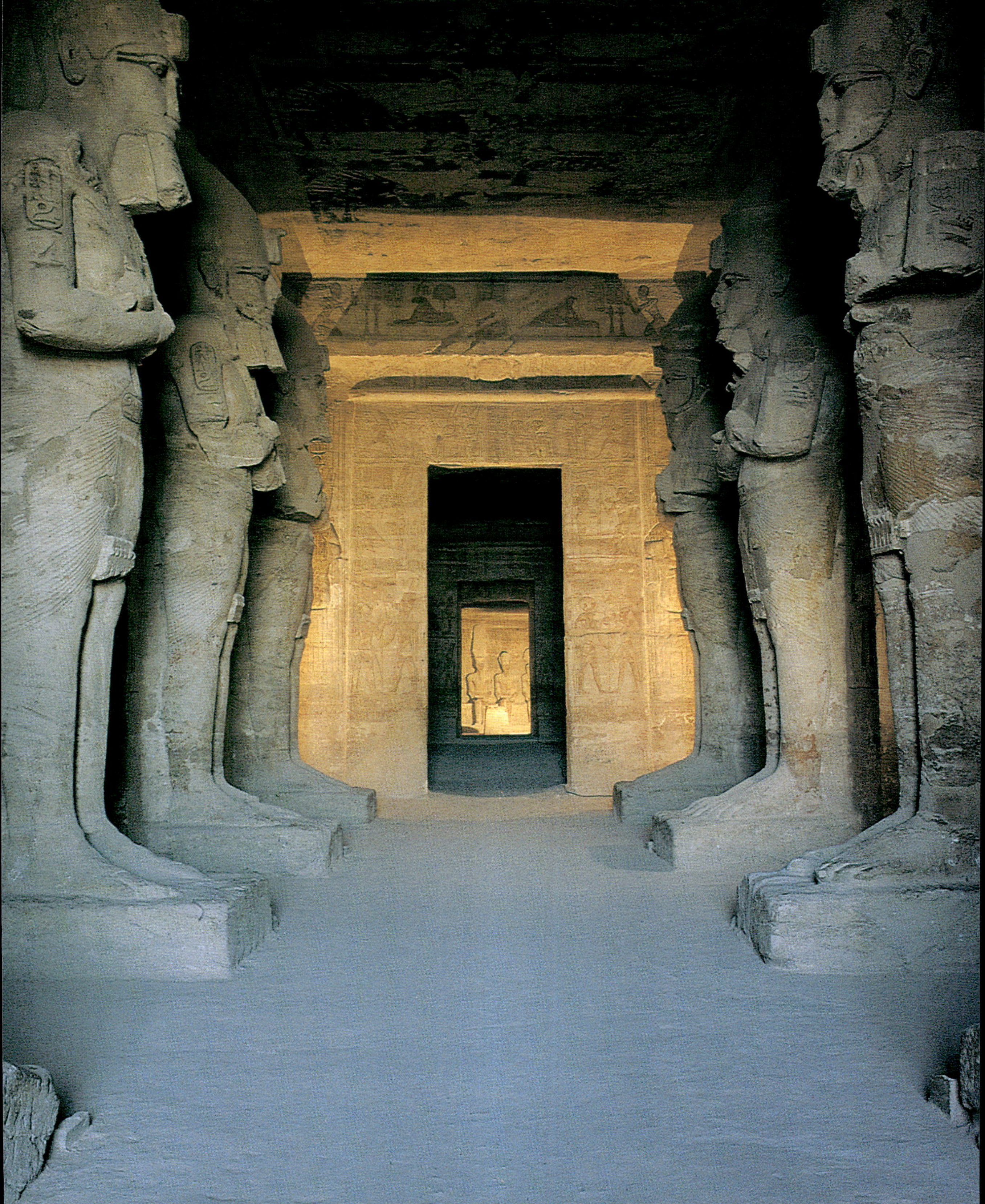

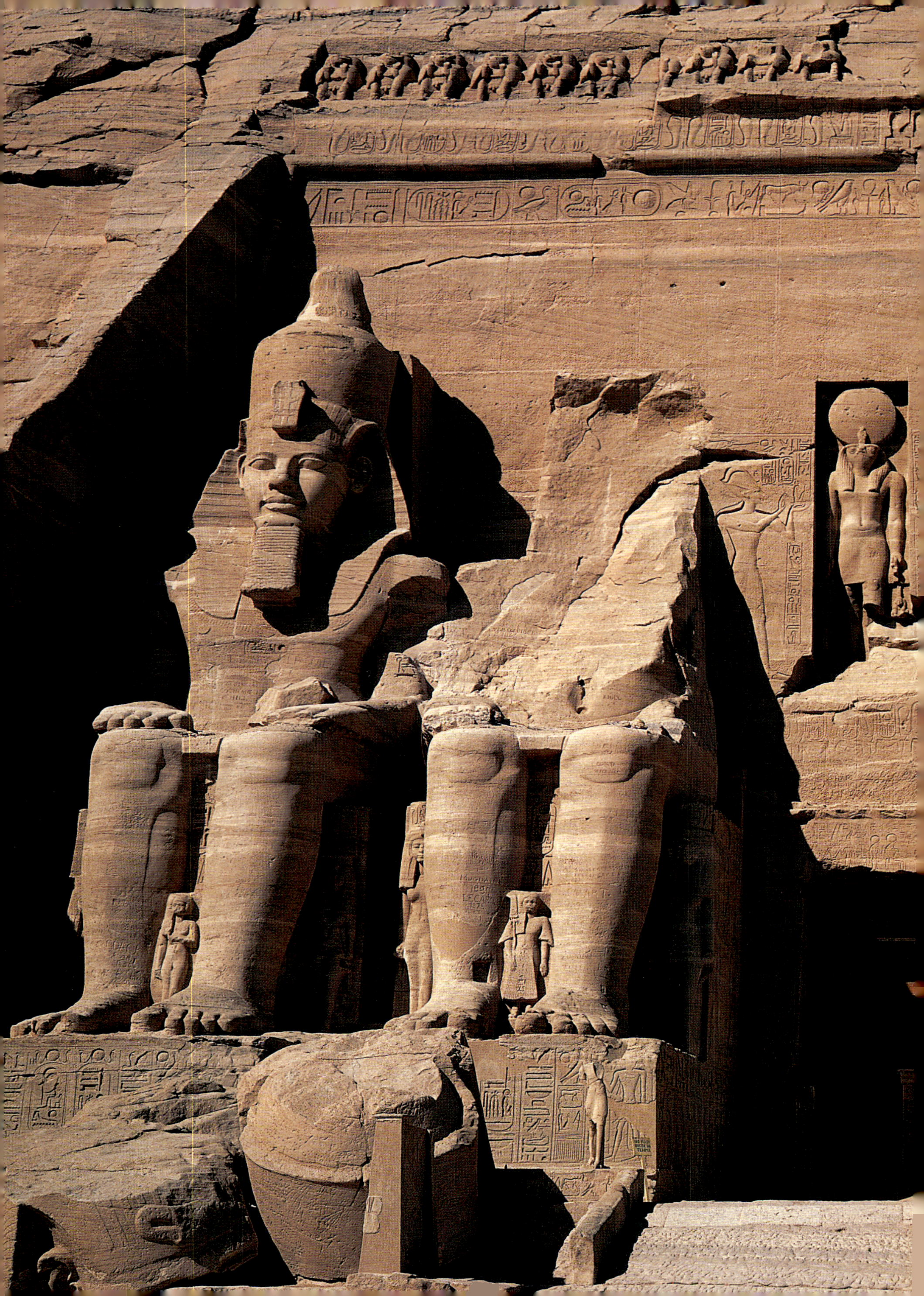

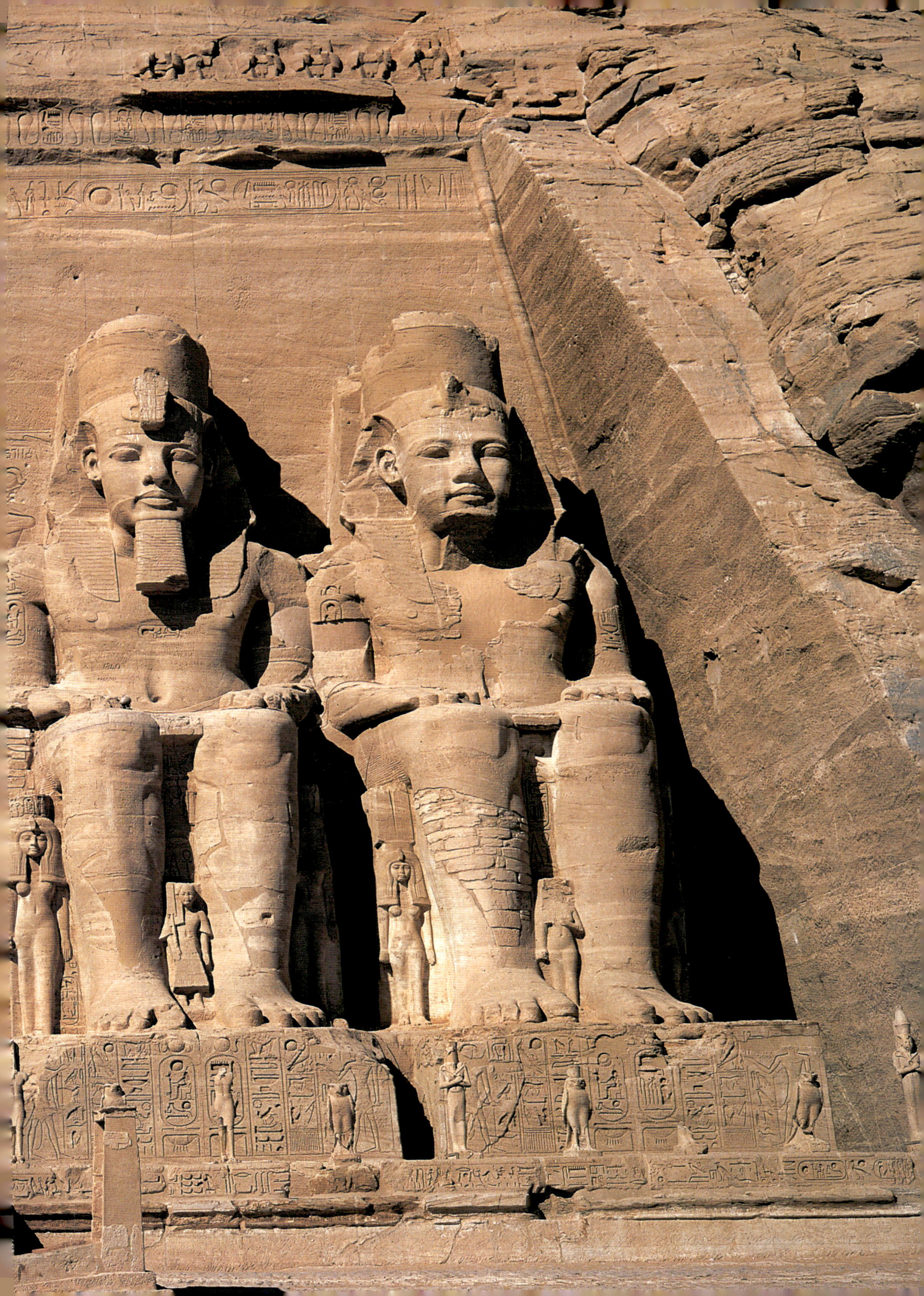

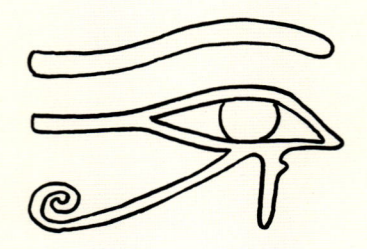

术语表 | GLOSSARY

护身符 AMULETS
护身符在人们生前起保护作用,并在人死后放在身旁,以确保他们能够维持身体机能并在死后保持某些品质(健康、美丽、学识等)。

阿蒙 AMUN
在新王国时期被视为"众神之王",有时被描绘成人的样子(有时阴茎勃起),在头饰上方竖起两根高高的羽毛;有时被描绘成公羊,公羊是阿蒙的神圣动物。他与穆特女神和孔苏神一起组成"底比斯三柱神",还与拉神联系在一起,并被尊为阿蒙–拉。阿蒙崇拜的主要中心是底比斯。

安卡 ANKH
象征生命的圣书字;它被认为是个非常强大的护身符。

阿努比斯 ANUBIS
胡狼头神,主持防腐过程并在来世陪伴死者。

阿努基斯 ANUKIS
在阿斯旺附近的塞黑勒岛上被崇拜的女神,她和沙提一起被认为是克奴姆的两个妻子。

阿匹斯 APIS
在孟菲斯被崇拜的神圣公牛,象征着男子气概和生育能力。据信,"已故的阿匹斯"(奥西里斯+阿匹斯=塞拉比斯)被埋在塞加拉的塞拉比尤姆神庙的地下建筑中。

阿波菲斯 APOPHIS
东方地平线上恶毒的蛇,每天早上都会重新升起,对抗冉冉升起的太阳,但总是被征服。

阿泰夫(王冠) ATEF (CROWN)
奥西里斯神的典型头饰之一,由一个顶着日轮的尖顶帽组成,两边各有一支鸵鸟羽毛。

阿吞 ATEN
日轮,在异教法老阿蒙诺菲斯四世(埃赫那吞)统治期间被提升为唯一神(一神教)。

阿图姆 ATUM
该神作为阿图姆–拉代表着太阳;更确切地说,这个神被认为是夕阳。

巴 BA
人类灵魂的一个元素,被描绘成一只人头鸟;灵魂其他组成元素是阿克(akh)和卡("生命力")。

巴斯泰托 BASTET
欢乐和音乐女神,常被描绘为猫头神(或

在某些情况下是母狮头神），也是守护神。

贝斯 BES
披着狮子皮作为伪装的仁慈恶魔，孕妇和婴儿的保护神；他凶恶的样子可以吓跑邪灵。

《地狱之书》BOOK OF GATES
指引逝者通过冥界之门和守门人的指南书。

《亡灵书》BOOK OF THE DEAD
大约190个"章节"，包含魔法和仪式咒语，附图说明，旨在帮助死者在冥界中生存。从新王国时期开始流行，既定的章节写在纸莎草纸上，放在死者附近；在晚王国时期，也可以在包裹木乃伊的亚麻布条上看到咒语和图画。

布西里斯 BUSIRIS
来自埃及语，即"奥西里斯之城"，下埃及的一座城市，奥西里斯崇拜的起源地。

卡诺皮克罐 CANOPIC JARS
用于容纳木乃伊化过程中从死者身上取出的肝、肺、胃和肠的容器。这些内脏受到荷鲁斯四个儿子（艾姆谢特〔Imsety〕、哈匹、多姆泰夫〔Duamutef〕和凯布山纳夫〔Qebhsenuef〕）的保护，罐子用盖子密封，从拉美西斯时代开始，盖子就采用四个神的头像：人头、狒狒头、胡狼头和鹰头，还与罗盘的四个方位相关。

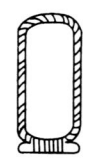

王名圈 CARTOUCHE
最初是一种底部有结的绳环，上面写着法老的名字。王名圈象征太阳神的普遍力量，因而也象征法老的普遍力量，上面只写法老拥有的五个名字中最重要的两个，即第二名字（出生名，前面是头衔——"拉神之子"）和第一名字（最常用的名字，前面是头衔——"上下埃及国王"）。

衣冠冢 CENOTAPH
没有死者尸体的空墓。其中一个著名的衣冠冢由塞索斯一世在阿比多斯建造，以便他象征性地在奥西里斯墓附近长眠。

棺文 COFFIN TEXTS
一系列旨在确保死者在冥界中生存的魔法和仪式咒语，在第一中间期和中王国时期绘制在棺材侧面。

柱 COLUMNS
埃及建筑中存在许多不同类型的柱式，按柱头形状分为：凹槽或多棱柱（或原始陶立克柱式，柱顶是简单的平行六面体）、棕榈柱式（柱头为海枣树叶形状）、莲花柱式（顶部是含苞未放的莲花花蕾）、纸莎草柱式（柱头像捆成束的纸莎草）和哈索尔柱式（柱头为哈索尔女神的头部）。

创世说 COSMOGONY
创世神话。根据赫利奥波利斯祭司的宗教神话，在创世之初，有一片名为努恩的原始海洋，从中诞生了万物的创造者太阳神阿图姆，太阳神创造了两个神（舒：干燥的空气，泰芙努特：潮湿的空气），他们又创造了盖布（地球）和努特（天空）；盖布和努特的孩子是奥西里斯、伊希斯、塞特和奈芙蒂斯（参见九柱神〔ENNEAD〕）。

王冠（阿泰夫、白冠、蓝冠、双冠、红冠）CROWN (ATEF, WHITE, BLUE, DOUBLE, RED)
分别参见阿泰夫（ATEF）、海德捷（HEDJET）、凯普雷什（KHEPRESH）、普斯肯特（PSCHENT）、戴什瑞特（DESHRET）。

腕尺 CUBIT
古埃及的长度测量单位：一腕尺为 52.3 厘米，分为 7 个手掌长或 28 个手指长。

戴什瑞特 / 红冠 DESHRET
象征对下埃及的权力和统治的红色王冠。

神圣胡须 DIVINE BEARD
固定在法老、神或被神化的人的下巴上的假胡须。它可能是不加装饰的胡须或者编起来的胡须，当神灵佩戴时，末尾卷曲。

杰德柱 DJED-PILLAR
象征稳定和耐力的柱子，代表了奥西里斯的脊柱，是一种护身符。

九柱神 ENNEAD
赫利奥波利斯创世说中的九位神：阿图姆、舒、泰芙努特、盖布、努特、奥西里斯、伊希斯、塞特和奈芙蒂斯（参见创世说〔COSMOGONY〕）。

彩陶 FAIENCE
通过加热二氧化硅、碱、石灰和氧化铜混合物获得的人造釉料，一般为深蓝色，外观与玻璃无异。

物神 FETISH
藏在一根棍子上的动物，是奥西里斯和阿努比斯的象征之一。

雅卢平原 FIELDS OF IARU
死者可以劳作的冥界平原。

盖布 GEB
地球的化身，努特的兄弟及丈夫。

格尼乌斯 / 护神 GENIUS
护神通常以木乃伊的形式出现，可能是仁慈的，也可能是恶毒的。

哈匹 HAPY
参见荷鲁斯之子（SONS OF HORUS）和卡诺皮克罐（CANOPIC JARS）。

哈匹－尼罗 HAPY-NILE
尼罗河这条埃及大河的化身，被描绘成一个雌雄同体的人，有乳房和突出的腹部，象征着繁荣和生育。

哈拉克提 HARAKHTY
参见拉－哈拉克提（RE-HARAKHTY）。

哈马西斯 HARMACHIS
太阳神（地平线上的荷鲁斯），冥界之门的守卫者，被描绘成狮身人面像的样子。

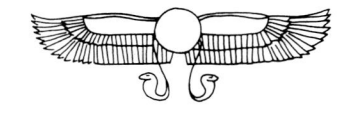

哈洛里斯 HAROERIS
荷鲁斯的一种形式：年长荷鲁斯；等同于猎鹰神。哈洛里斯的崇拜中心是埃德夫。

哈尔波克拉特斯 HARPOCRATES
孩童荷鲁斯，荷鲁斯神的年轻形态；可以防止被保护者被有毒动物咬伤。

哈索尔 HATHOR
拥有牛头（或只是牛耳朵）的女神，她是女性和音乐的保护神，当她与西方女神同化时，也是死者的保护神。

海德捷 / 白冠 HEDJET
白色王冠，上埃及统治权的象征。

海奎特 HEKET
被描绘为青蛙的女性神；生育和分娩女神。

赫利奥波利斯 HELIOPOLIS
位于下埃及的城市，其古埃及名字是尤努（Iunu），即《圣经》中的安（On）；它是太阳崇拜的中心。

"叫喊"冠 HEMHEM
由三个连接在一起的阿泰夫王冠组成的王冠。

弯钩权杖 HEQA (SCEPTRE)
又译赫卡权杖，是王室的象征，与奥西里斯神有关。

赫斯 HES
用来盛装圣水的椭圆形瓶子。

荷鲁斯 HORUS
鹰神或鹰头神。天空之神、法老的保护者，法老被认为是这个神。作为奥西里斯和伊希斯的儿子，荷鲁斯经常被描绘成一个吮手指的孩子（哈尔波克拉特斯）。

雅卢 IARU
参见雅卢平原（FIELDS OF IARU）。

朱鹭 IBIS
托特神的圣鸟；晚王国时期，人们认为朱鹭是托特神的化身。

伊门泰忒 IMENTIT
迎接死者的西方女神。

伊姆霍特普 IMHOTEP
设计法老左塞尔（第三王朝）陵墓的建筑师；他在晚王国时期被神化为治疗师，然后被希腊人等同于药神阿斯克勒庇俄斯。

艾姆谢特 IMSETY
参见荷鲁斯之子（SONS OF HORUS）。

伊希斯 ISIS
女神，奥西里斯神的妻子和妹妹，荷鲁斯的母亲。

卡 KA
人的灵魂中代表生命力的部分。它也被定义为"双生之灵体"。它与主人同时被创造出来，但却是不朽的，并提供在冥界生存所需的力量。

凯普雷什 / 蓝冠 KHEPRESH
仪式王冠，蓝色，饰有圆盘，由法老佩戴。

凯普里 KHEPRI
初升的太阳，被描绘为圣甲虫的形式。

克奴姆 KHNUM
公羊头的陶工之神，用陶轮创造生命和所有生物的神，他是象岛和第一瀑布周

308

围地区的保护神。

孔苏 KHONSU
以孩童形式出现的月神；在底比斯，孔苏被认为是阿蒙和穆特的孩子。他经常被描绘成鹰头神，头上装饰着一轮新月，上面有一个月轮。

伊希斯结 KNOT OF ISIS
参见泰特（TIT）。

库施 KUSH
古埃及人用来指代今苏丹地区（上努比亚）的名称。

莲花 LOTUS
作为创造的象征，这种花在仪式和节日中被广泛使用。莲花柱式在埃及建筑中被广泛使用。

玛阿特 MAAT
代表宇宙秩序的女神，也与真理和正义的概念有关。她头戴鸵鸟羽毛，这也是她名字的一种写法。

玛米西庙 MAMMISI
诞生房，为庆祝其崇拜中心的神祇诞生而建造的小庙宇。

马斯塔巴 MASTABA
阿拉伯语，意为长凳。坟墓，平面图为长方形，通常侧面倾斜、平顶，由砖或石头制成，里面有一个或多个用于礼拜的房间和一个通向墓室的竖井，墓室通常在地下。

孟菲斯 MEMPHIS
下埃及的城市，古王国时期的首都，根据传说，由美尼斯建立。

麦纳特 MENAT
一种用于平衡沉重项链的护身符。

麦里特塞盖尔 MERETSEGER
女性神，被描绘为眼镜蛇，崇拜中心是位于底比斯大墓地的代尔麦地那工匠村。

敏 MIN
一个人形或木乃伊形的神，被描绘为阴茎勃起的样子，右臂举起，手持连枷，头戴饰有两根羽毛的帽子。敏被认为是生育和沙漠旅行的保护神，崇拜中心在科普托斯（今吉夫特〔Qift〕）和艾赫米姆。

姆奈维斯 MNEVIS
与太阳崇拜有关的神圣公牛，在赫利奥波利斯被崇拜。

孟图 MONTU
鹰头人身的战神，头上通常饰有日轮，顶部有两根羽毛；对他的崇拜集中在底比斯地区。

木乃伊 MUMMY
干枯的尸体，内脏被取出，身体用窄布条包裹，这个词来自阿拉伯语 *mumiyah*，意思是沥青，尽管沥青仅在罗马时代用于木乃伊制作。

穆特 MUT
最初被描绘成秃鹫，后来被描绘成人形的女神。阿蒙的妻子，对她的崇拜以底比斯为主。

内殿 NAOS
石制或木制的神龛，神像被安置在内。

尼布 NEB
可以翻译为"全部"的圣书字；也用于指称贵金属。

奈夫顿 NEFERTUM
男性神，原始莲花的化身，原始莲花在世界之初创造了太阳。

奈斯 NEITH
一位女神，最初在三角洲的塞易斯被崇拜，与战争和纺织有关；她扮演保护角色，因此与伊希斯、奈芙蒂斯和塞尔基斯一起在葬礼崇拜中发挥重要作用。自新王国时期开始，她就被认为是造物主，太阳之母。她戴着下埃及的红色王冠，在某些情况下，头戴一个带有两支交叉箭头的盾牌。

连枷 NEKHAKHA
由交织的皮革制成，象征权威，与奥西里斯神有关。

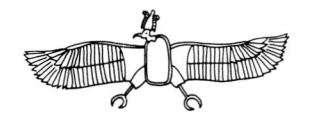

奈赫贝特 NEKHBET
被描绘成秃鹫的女神，在尼可布（Nekheb，今卡布〔El-Kab〕）被崇拜；上埃及的保护神。

内梅什巾冠 NEMES
古埃及统治者佩戴的一种条纹头巾：它包裹头部并垂在脸的两侧。

奈芙蒂斯 NEPHTYS
伊希斯女神的妹妹，塞特的妻子。

尼罗河水位测量标尺 NILOMETER
该仪器建在最重要的神庙附近，用于测量尼罗河泛滥的水位高度，埃及的宗教和经济生活都依赖于尼罗河泛滥。

诺姆 NOME
一个希腊语词源词，用于表示古埃及的各个行政省（数量从 38 到 42 个不等，具体取决于所处时代）。埃及的这种行政区划制度大概是从早王朝时期开始的，一直保存到罗马时代。

努比亚 NUBIA
从第一瀑布延伸到第四瀑布间的区域，分为下努比亚和上努比亚，下努比亚位于第一和第二瀑布之间（古埃及人称之为瓦瓦特〔Wawat〕），上努比亚被称为库施。

努恩 NUN
代表原始海洋的神，原始海洋即创世开始时的原始混乱状态（参见创世说〔COSMOGONY〕）。

努特 NUT
天穹的化身，地神盖布的妻子，舒和泰芙努特的女儿，被描绘成拱形身体上镶嵌着星星的女人，经常被描绘成王室陵墓或棺材盖上的保护神形象。

方尖碑 OBELISK
希腊语词源词——"小烧烤扦"——表示一块有四个面的巨石，向顶点逐渐变细，顶部是方尖锥（参见方尖锥〔PYRAMIDION〕），通常成对排列在神庙的塔门前，可能被认为是太阳的象征。

西方 OCCIDENT, OR WEST
这代表了死者王国，因为它是太阳落山

的地方，也是死者灵魂所在的地方。

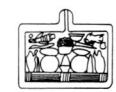

供桌 OFFERING-TABLE
石桌或赤陶桌，绘有浮雕，描画或雕刻了为死者提供的各种供品；这些桌子被放置在坟墓里，这样它们就可以神奇地永远为死者提供饮食。

开口 OPENING OF THE MOUTH
一个重要的仪式，通过它象征性地赋予雕像和木乃伊生命，只需轻轻一按即可，是墓葬中经常描绘的场景。

欧佩特 OPET
洪水（海奎特）季的第二个月和第三个月在卢克索举行的盛大宗教节日。在此期间，阿蒙神的形象离开卡纳克神庙，并被运送到卢克索的伊佩特－雷西特神庙进行宗教访问。

奥西里斯 OSIRIS
埃及最伟大的神之一，冥界的统治者，崇拜中心在阿比多斯。他被他的兄弟塞特谋杀，并被他的妻子和妹妹伊希斯复活，他们的儿子是荷鲁斯。

奥斯特拉孔 OSTRACON
赤陶瓶碎片或石头碎片，用于书写。

纸莎草 PAPYRUS
水生植物，拉丁学名为 *cyperus papyrus*；它的茎纤维被用来制作书写纸。

法老 PHARAOH
这个词来源于埃及语 *Per-a*，意思是大房子，用来指代王宫，于公元前 1 千纪成为描述国王的词。

门廊 PRONAOS
神庙或陵墓的前厅。

普斯肯特 / 双冠 PSCHENT
象征着对上埃及和下埃及统治权的双冠，由白冠镶嵌在红冠内组成（参见海德捷 / 白冠〔HEDJET〕和戴什瑞特 / 红冠〔DESHRET〕）。

普塔 PTAH
孟菲斯的造物神，母狮女神塞赫麦特的丈夫，被描绘成手持瓦斯权杖的木乃伊人，随后与孟菲斯的另一位陪葬神索卡里斯重合，并以普塔－索卡里斯的融合形式被崇拜。

塔门 PYLON
神庙的巨大入口，由两座梯形的巨大塔楼组成，位于大门两侧。

金字塔 PYRAMID
包含法老墓的墓葬建筑，实际起保护作用，但象征意义上代表通往天堂的阶梯或太阳光线的角度。最早的金字塔是阶梯金字塔（第三王朝时期），真正的金字塔（第四王朝时期）由此发展而来。金字塔建筑南侧是一座或多座卫星金字塔（其中一些是王后的金字塔），而在东侧通常矗立着祭庙，通过一条游行坡道与山谷中的神庙相连，供法老葬礼时举行仪式使用。

方尖锥 PYRAMIDION
小型石头金字塔，象征太阳，放置在方尖碑的顶端或用作金字塔的尖端，通常覆有金箔或琥珀金箔——一种琥珀色的金银合金。

金字塔铭文 PYRAMID TEXTS
法老专用的丧葬仪式咒语，最早在第五王朝末和第六王朝时刻在金字塔中墓室的墙壁上。

凯布山纳夫 QEBHSENUEF
参见荷鲁斯之子（SONS OF HORUS）。

拉 RE
代表太阳的极其古老的神祇，与许多其他神祇（阿图姆、凯普里、荷鲁斯、哈拉克提）融为一体，崇拜中心是赫利奥波利斯。拉被描绘成猎鹰头神，头顶日轮，或是在夜间航行中为公羊头神。从第四王朝开始，法老被称为"拉神之子"。

拉－哈拉克提 RE-HARAKHTY
太阳神——地平线的荷鲁斯，被描绘成带日轮的鹰，结合了拉和荷鲁斯的特质。

画带 REGISTER
墓葬和庙宇以及石碑等物件上的水平方向壁饰。

列涅努忒特 RENENUTET
女性神，眼镜蛇头女人身，农业和生育的保护神。在中王国时期，麦地纳马地的法尤姆地区对她的崇拜有留下历史记录。

沙提 SATIS
在阿斯旺象岛被崇拜的女性神，她和阿努基斯被认为是克奴姆的两个妻子。

圣甲虫 SCARAB
与太阳重生有关的甲虫（从语音来看，它的符号表示"出生"或"成为"）；代表初升的太阳（参见凯普里〔KHEPRI〕）。

权杖 SCEPTRE
参见弯钩权杖（HEQA）、赛汉姆（SEKHEM）、瓦吉（WADJ）、瓦斯（WAS）。

塞德 SED
庆祝法老"周年庆典"的节日，在统治三十年结束时第一次庆祝，此后每三年庆祝一次。

赛汉姆 SEKHEM
象征权威的权杖。

塞赫麦特 SEKHMET
被描绘成母狮头神的女性神，有时头顶日轮，法老王权的保护者，与哈索尔、巴斯泰托和伊希斯融为一体。

塞尔基斯 SELKIS
如伊希斯、奈芙蒂斯和奈斯一般，在葬礼崇拜中起保护作用的女神，头上有一只蝎子，代表着她的名字。

塞拉比斯 SERAPIS
托勒密时代的神祇，结合了埃及奥西里斯－阿匹斯的特征和希腊的宙斯－普鲁托的特征，位于塞加拉和亚历山大港的塞拉比尤姆神庙是用于供奉塞拉比斯的建筑，非常有名。

塞尔达布 SERDAB
马斯塔巴内的封闭式雕像室，保存着死者的雕像。

塞拉赫 SEREKH
王宫正面非写实的、风格化的描绘，法老五个名字中的第一名字写在里面。

塞特 SETH
混沌之神，奥西里斯的兄弟，谋杀了奥西里斯，荷鲁斯的对手，被描绘成一种不明类型的动物。

沙比提俑 / 沙瓦比提俑 SHABTI OR SHAWABTI
放置在古埃及坟墓中的小雕像，作为死者灵魂的奴隶或替代死者的灵魂进行强迫劳动。这个名字取自动词沙布提 *shwbty*，意思是回应，因为每天它都要回应召唤进行劳动。

舒 SHU
阳刚之神，干燥空气的化身，赫利奥波利斯创世说中提到的泰芙努特的孪生哥哥。

西斯特尔叉铃 SISTRUM
一种古埃及打击乐器，手柄上的部分是一个神龛模样的盒子，或者一个环状的金属框架，框架里装有松动的横杆，摇动时会发出声响，对女神哈索尔和巴斯泰托来说是神圣的。

索贝克 SOBEK
鳄鱼神，动物头动物身或动物头人身，头上戴着阿泰夫王冠，崇拜中心是考姆翁布和法尤姆。

荷鲁斯之子 SONS OF HORUS
这是四个木乃伊形式的神，分别是人头神（艾姆谢特）、狒狒头神（哈匹）、胡狼头神（多姆泰夫）和鹰头神（凯布山纳夫）。他们保护死者的内脏。这些内脏保存在放置在坟墓中的四个卡诺皮克罐中（参见卡诺皮克罐〔CANOPIC JARS〕）。

斯芬克斯像 SPHINX
通常以人头狮身的形式出现，是王权的化身和神庙大门的守卫者。最著名的斯芬克斯像是吉萨大狮身人面像。它可能是齐夫林国王（第四王朝）的肖像，后来也被认为是哈马西斯神（地平线的荷鲁斯）。

碑 STELA
各种形状的石板或木板，带有装饰和铭文，用于葬礼或法老的政治宣传（"王室石碑"或边界石碑）。

西卡莫无花果树 SYCAMORE
又译桑叶无花果树，对哈索尔女神和努特女神来说是神圣的树，木质极其坚硬，用于制造家具、棺材和其他陪葬品。

泰芙努特 TEFNUT
女性神，湿润空气的化身，舒的孪生妹妹。

泰特 TIT
护身符，也被称为"伊希斯结"。通常由碧玉（jasper）等红色半宝石制成。《亡灵书》第156章中提到了这一护身符，其中描述了将这个护身符正确放置在死者脖子上以保护尸体的仪式。虽然尚不完全清楚这个护身符的形状有何意义，但据说它代表了女神伊希斯打了结的腰带。

托特 THOTH
学识和智慧之神，被描绘成朱鹭，或者鹭头人身，或者被描绘成一只狒狒。作为文

313

字和科学的发明者，托特是抄写员的保护神，他的崇拜中心在赫尔莫波利斯。

乌加特眼 UDJAT
天鹰神荷鲁斯的眼睛；它的意思是"处于良好状态的东西"。乌加特图案通常作为护身符刻在饰牌上，饰牌放置在木乃伊的防腐切口上。

乌赖乌斯 URAEUS
象征光明和王室的王室眼镜蛇，它被发现在大多数神灵和法老的额头上，呈直立状态。它对瓦吉特女神和太阳神来说是神圣的，被认为是后者的眼睛。

维齐尔 VIZIER
古埃及拥有最高行政权力的管理层的头衔；维齐尔在国家行政管理的各个方面为法老效劳。

瓦吉 WADJ
以纸莎草茎形式出现的权杖，是女性神祇的特征。

瓦吉特 WADJET
被描绘为乌赖乌斯的女神，在三角洲的布陀（Buto，今泰勒法兰〔Tell el-Farain〕）被崇拜，是下埃及王室权威的保护神。

瓦斯 WAS
男性神祇的特有权杖。

称心重 WEIGHING OF THE HEART
人死后，代表死者灵魂的心脏要在天平上称重：如果它和放在天平另一边的羽毛（真理和正义的象征）一样重，则被允许获得永生；否则就会被怪物阿米特吞噬。

古埃及行省

　　出现在每一页顶部的圣书字表示在本书的特定部分中讨论的遗址所属的诺姆。在行政方面，古埃及被划分为许多不同的地区，古埃及人将其称为赛帕特（sepat），古希腊人则称之为诺姆。每个诺姆都有一个标志（与动物、守护神、物神或带有魔法特质的象征物有关），可能是埃及统一之前最初居住在相关领土上的人们的识别标准。正如圣书字所表明的那样，诺姆的划分与农业、经济和税收有关，而且最初一定是基于对特定领土的灌溉而产生。这个圣书字出现在所有诺姆的名称中，它代表了一个运河系统。每个诺姆都有自己的首府，并由一个诺姆长统治，在古代被描述为"挖运河的人"。古王国时期有38个诺姆，但后来增加到42个（下埃及22个，上埃及20个），这个数字也与埃及的神学信仰有一定关系，当死者的灵魂来到奥西里斯法庭进行评估时，有42名法官。第一瀑布上游的法尤姆绿洲和努比亚不计入42个诺姆中，它们被视为独立的领土。

下埃及

第一诺姆：阿内布 – 赫奇（*ineb heg*），"白墙"，吉萨、塞加拉、孟菲斯

第十九诺姆：阿姆 – 佩胡（*imety pehu*），"北方王子"，塔尼斯

上埃及

第一诺姆：塔塞提（*taseti*），"努比亚之地"，象岛、考姆翁布、菲莱

第二诺姆：特肖尔（*utches-tor*），"荷鲁斯王座"，埃德夫

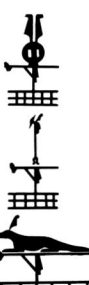

第三诺姆：尼肯（*nekhen*），"乡村"（？），伊斯纳

第四诺姆：瓦塞特（*waset*），"权杖"，底比斯、卢克索、哈布城、帝王谷、王后谷

第六诺姆：伊克尔（*iker*），"鳄鱼"，丹德拉

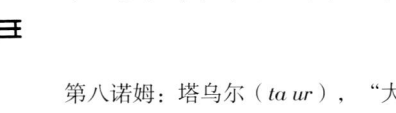

第八诺姆：塔乌尔（*ta ur*），"大地"，阿比多斯

第十五诺姆：乌努（*unu*），"兔子"，阿玛纳

第二十一诺姆：阿特夫 – 佩胡（*naret pehetet*），"北梧桐树"，代赫舒尔、美杜姆

梅尔 – 维尔，"大湖"，法尤姆

努比亚，阿布辛贝

萨玛·塔维（*Sama Tawy*）：一个表示两地联合的符号，"两地"即上埃及和下埃及

主要统治者译名对照[1]

第一王朝

阿哈（美尼斯）Aha (Menes)

哲尔 Djer

杰特（蛇王）Djet (Serpent King)

卡 Qaa

第二王朝

霍特普塞海姆威 Hetepsekhemiwy

伯里布森 Peribsen

卡塞凯姆威 Khasekhemwy

第三王朝

萨那赫特 Sanakht

左塞尔 Djoser

塞汉赫特 Sekhemkhet

第四王朝

斯尼夫鲁 Snefru

奇阿普斯 Cheops

齐夫林 Chephren

美塞里努斯 Mycerinus

第五王朝

乌瑟卡夫 Userkaf

萨胡拉 Sahure

内弗尔卡拉 Neferirkare

纽塞拉 Nyuserre

伊塞西 Isesi

乌尼斯 Unas

第六王朝

特提 Teti

佩皮一世 Pepy I

莫润尔 Merenre

佩皮二世 Pepy II

第十二王朝

阿蒙涅姆赫特一世 Amenemhat I

塞索斯特利斯一世 Sesostris I

阿蒙涅姆赫特三世 Amenemhat III

第十八王朝

阿摩西斯 Amosis

图特摩斯一世 Tuthmosis I

图特摩斯三世 Tuthmosis III

哈特谢普苏特 Hatshepsut

阿蒙诺菲斯二世 Amenophis II

阿蒙诺菲斯三世 Amenophis III

图特摩斯四世 Tuthmosis IV

阿蒙诺菲斯四世 / 埃赫那吞 Amenophis IV/Akhenaten

图坦卡蒙 Tutankhamun

阿伊 Ay

霍朗赫布 Horemheb

第十九王朝

拉美西斯一世 Ramesses I

---

[1] 此处对应前文年表中所提到的主要统治者。——编者注

塞索斯一世 Sethos I
拉美西斯二世 Ramesses II
麦伦普塔赫 Merneptah

第二十王朝
拉美西斯三世 Ramesses III
拉美西斯四世 Ramesses IV
拉美西斯九世 Ramesses IX
拉美西斯十世 Ramesses X
拉美西斯十一世 Ramesses XI

第二十一王朝
斯门代斯 Smendes
普苏森尼斯一世 Psusennes I
普苏森尼斯二世 Psusennes II

第二十二王朝
舍顺克一世 Sheshonq I
奥索尔孔一世 Osorkon I
舍顺克二世 Sheshonq II

第二十四王朝
特弗纳赫特 Tefnakhte
波克霍利斯 Bocchoris

第二十五王朝
努比亚与底比斯：
卡施塔 Kashta

皮耶 Piye
努比亚与埃及：
沙巴卡 Shabaka
塔哈尔卡 Taharqa

第二十六王朝
尼科一世 Necho I
普萨美提克一世 Psammetichus I
尼科二世 Necho II
阿普里斯 Apries
阿摩西斯 Amasis
普萨美提克三世 Psammetichus III

第二十七王朝
冈比西斯 Cambyses
大流士一世 Darius I
薛西斯一世 Xerxes I
阿尔塔薛西斯一世 Artaxerxes I
大流士二世 Darius II

第三十王朝
内克塔内布一世 Nectanebo I
内克塔内布二世 Nectanebo II

马其顿王朝
亚历山大大帝 Alexander the Great
腓力·阿里达乌斯（腓力三世）Philip Arrhidaeus
亚历山大四世 Alexander IV

参考文献 | BIBLIOGRAPHY

地理学与地形学

Baines, J., Malek, J., *Atlas of Ancient Egypt*, Oxford and New York 1980

Porter, B. and Moss, R.L.B., *Topographical Bibliography of Ancient Egyptian Hieroglyphic Texts, Reliefs and Paintings I–VII*, Oxford 1927

考古挖掘、旅游行纪和探险笔记

Belzoni, G.B., *Narrative of the Operations and Recent Discoveries within the Pyramids...*, London 1820

Burckhardt, J.L., *Travels in Nubia*, London 1819

Carter, H., The Tomb of Tut.ankh. Amen, London 1922–1933

Clayton, P.A., *The Rediscovery of Ancient Egypt. Artists and Travellers in the the 19th Century*, London 1982

Schiapparelli, E., *Relazione dei lavori della Missione archeologica italiana in Egitto: I, la tomba intatta dell'architetto Kha*, Turin 1922; 11, *L'esplorazione della Valle delle Regine*, Turin 1927

Siliotti, A. (ed.), *Belluno e l'Egitto*, Verona 1986

Siliotti, A. (ed.), *Padova e l'Egitto*, Florence 1987

Siliotti, A. (ed.), *Viaggiatori Veneti alia scoperta dell' Egitto*, Venice 1985

Vercoutter, J., The Search for Ancient Egypt, London and New York 1992

历史与文明

Aldred, C. *Egypt to the End of the Old Kingdom*, London 1965

Clayton, P.A., *Chronicle of the Pharaohs. The Reign-by-Reign Record of the Rulers and Dynasties of Egypt*, London and New York 1994

Dawson, W.R. and Uphill, E.P., *Who Was Who in Egyptology*, London 1972

Gardiner, A.H., *Egypt of the Pharaohs*, Oxford 1974

Grimal, N., *A History of Ancient Egypt*, Oxford and New York 1992

Hobson, C., *Exploring the World of the Pharaohs. A Complete Guide*, London and New York 1987

Kemp, B.J., *Ancient Egypt. Anatomy of a Civilization*, London and New York 1989

Posener, G., Sauneron, S., Yoyotte, J., *Dictionary of Egyptian Civilisation*, London 1962

Quirke, S. and Spencer, A.J. (eds), *The British Museum Book of Ancient Egypt*, London and New York 1992

Spencer, A.J., *Early Egypt. The Rise of Civilisation in the Nile Valley*, London 1993

宗教与巫术

Aldred, C., Akhenaten, *King of Egypt*, London and New York 1988

Andrews, C.A.R., *Egyptian Mummies*, London 1984

Andrews, C.A.R., *Amulets of Ancient Egypt*, London 1994

Cerny, J., *Ancient Egyptian Religion*, London 1952

D'Auria, S., Lacovara, P., Roehrig, C.H., *Mummies* and *Magic. The Funerary Arts of Ancient Egypt*, Boston 1988

Davis, A.R., *The Ancient Egyptians, Religious*

Beliefs *and Practices*, London 1982

Dawson, W.R. and Gray, P.H.K., *Catalogue of Egyptian Antiquities in the British Museum I: Mummies and Human Remains*, London 1968

El Mahdy, C., *Mummies. Myth and Magic in Ancient Egypt*, London and New York 1989

Faulkner, R.O., *The Ancient Egyptian Book of the Dead*, rev. ed., London 1985

Goyon, J.C., *Rituels funiraires de Vancienne Égypte*, Paris 1972

Hamilton-Paterson, J. and Andrews, C., *Mummies: Death and Life in Ancient Egypt*, London 1978

Hart, G., *Egyptian Myths*, London 1990

Lurker, M., *The Gods and Symbols of Ancient Egypt: An Illustrated Dictionary*, London and New York 1982

Quirke, S. *Ancient Egyptian Religion*, London 1992

Roccati, A. and Siliotti, A., *La magia in Egitto ai tempi dei faraoni* (papers of an international conference), Milan 1987

Spencer, A.J., *Death in Ancient Egypt*, London 1982

Wilkinson, R.H., *Symbol and Magic in Egyptian Art*, London and New York 1994

艺术与建筑

Aldred, C. *Egyptian Art*, London and New York 1980

Curto, S. and Roccati, A. (eds), *Tesori dei faraoni, exhibition catalogue*, Milan 1984

Edwards, I.E.S., *The Pyramids of Egypt*, rev. ed., Harmondsworth 1991

James, T.G.H., *Egyptian Painting*, London 1984

James, T.G.H. and Davies, W.V., *Egyptian Sculpture*, London 1983

Lucas, A. and Harris, J.R., *Ancient Egyptian Materials and Industries*, London 1962

Robins, G. *Egyptian Painting and Reliefs*, Aylesbury 1986

Robins, G. *Proportion and Style in Ancient Egyptian Art*, Austin and London 1994

Schafer, H., *Principles of Egyptian Art*, Oxford 1974

Wilkinson, R.H., *Reading Egyptian Art. A Hieroglyphic Guide to Ancient Egyptian Painting and Sculpture*, London and New York 1992

文献

Gardiner, A.H., *Egyptian Grammar*, Oxford 1957

Lichtheim, M., *Ancient Egyptian Literature*, Berkeley 1973–1980

Parkinson, R.B., *Voices from Ancient Egypt*, London 1991

考古遗址：
塔尼斯 TANIS

Montet, P., *La Nécropole royale de Tunis, I, Les constructions et le tombeau d'Osorkon II à Tanis*, Paris 1947

Montet, P., *La Nécropole royale de Tanis, II, Les constructions et le tombeau d'Psousennés à Tanis*, Paris 1951

Montet, P., *Les enigmes de Tanis. Douze annees de fouilles dans une capitale oubliée du delta egyptien*, Paris 1952

Montet, P., *La Nécropole royale de Tanis, III, Les constructions et le tombeau d'e Chéchanq III à Tanis*, Paris 1960

Stierlin, H., and Ziegler, C., *Tanis. Trésors des Pharaons*, Paris 1987

吉萨 GIZA

Curto, S., *Gli scavi italiani a El Ghiza*, Rome 1962

Dunham, D. and Simpson, W.K., *The Mastaba of Queen Mersyankh III*, Boston 1974

Junker, H., *Giza*, I–XII, Vienna and Leipzig 1929–1955

Reisner, G.A., *Mycerinus. The Temple of the Third*

Pyramid at Giza, Cambridge 1931

Reisner, G.A., *A History of the Giza Necropolis*, I–II, Cambridge 1942–1955

Simpson, W.K., *The Mastabas of Kawab, Khafkhufu I and II*, Boston 1978

Zivie, C.M., *Giza au deuxième millénaire*, Cairo 1976

阿布古拉卜 ABU GHURAB

Edel, E.and Wenig, S., *Die Jahreszeitenreliefs aus dem Sonnenheiligtum des Königs Ne-user-Re*, Berlin 1974

阿布西尔 ABUSIR

Borchardt, L., *Das Grabdenkmal des Königs S'ahu-rel*, I–II, Leipzig 1910–1913

Ricke, H. et al., *Das Sonnenheiligtum Des Königs Userkaf* I–II, Cairo 1965

塞加拉 SAQQARA

Bresciani, E., *La tomba di Ciennehebu, capo della flotta del Re*, Pisa 1977

Duell, P. et al., *The Mastaba of Mereruka*, I–II, Chicago 1938

Goneim, M.Z., *Horus Sekhem-khet. The Unfinished Step Pyramid at Saqqara*, I, Cairo 1957

Lauer, J.P., *Saqqara. Royal Cemetery of Memphis*, London 1979

Martin, G. T., *The Hidden Tombs of Memphis*, London and New York 1991

代赫舒尔 DAHSHUR

de Morgan, J., *Fouilles a Dàhchour*, I–II, Vienna 1895–1903

Fakhry, A., *The Monuments of Sneferu at Dahshur*, I–II, Cairo 1959–1961

美杜姆 MEIDUM

Petrie, W.M.F., *Medum*, London 1892

法尤姆 THE FAIYUM

Bresciani, E., *Rapporto preliminare delle campagne di scavo 1966 e 1967*, Milan and Varese 1968

Vogliano, A., *Rapporto degli scavi... Medinet Madi*, I–II, Milano 1936–1937

拉罕 EL-LAHUN

Petrie, W.M.F., *Kahun, Gurob and Hawara*, London 1890

Petrie, W.M.F., *Illahun, Kahun and Gurob 1889-1890*, London 1891

贝尼哈桑 BENI HASAN

Newberry, P.E., Griffith, F.L. et al., *Beni Hasan*, I–IV, London 1893–1900

阿什穆宁 EL-ASHMUNEIN

Roeder, G., *Hermopolis 1929-1939*, Hildesheim 1959

图纳贾巴勒 TUNA EL-GEBEL

Gabra, S. and Drioton, E., *Peintures à fresques et scènes peintes à Hermopolis Ouest (Touna el-Gebel)*, Cairo 1954

阿玛纳 EL-AMARNA

Aldred, C. *Akhenaten. King of Egypt*, London and New York 1991

Davies, N. de G., *The Rock Tombs of El Amarna*, I–VI, London 1903–1908

Martin, G.T., *The Royal Tombs at el-Amarna*, I, London 1974

Peet, T.E., Woolley, C.L., Pendlebury, J.D.S., *The City of Akhenaten*, I–III, London 1923–1951

阿比多斯 ABYDOS

Calverley, A.M. et al., *The Temple of King Sethos I at Abydos*, I, London and Chicago 1933

Mariette, A., *Abydos*, I–II, Paris 1869

Petrie, W.M.F., *The Royal Tomb of the First Dynasty...*, London 1900

丹德拉 DENDERA

Chassinat, E. and Daumas, F., *Le temple de Dendara*, I, Cairo 1934

Daumas, F., *Dendara et le Temple d'Hathor*, Cairo 1969

Mariette, A., *Denderah*, I–IV, Paris 1870–1873

卢克索和卡纳克 LUXOR AND KARNAK

Barguet, P., *Le Temple d'Amon-Re a Karnak. Essai d'exégèse*, Cairo 1962

Brunner, H., *Die südlichen Räume des Tempels von Luxor*, Magonza 1977

Golvin, J.C. and Goyon, J.C., *Les bâtisseur de Karnak*, Paris 1988

西底比斯 WEST THEBES

Carter, H., *The Tomb of Tut.ankh.Amen*, London 1923–1933

Hornung, E., *Valley of the Kings*, New York and London 1990

Leblanc, C., *Ta Set Neferou*, Cairo, 1989

Naville, E., *The Temples of Deir el Bahari*, I–VI, London 1894–1908

Reeves, N. *The Complete Tutankhamun*, London and New York 1990

Reeves, N. *Valley of the Kings*, London 1990

Schiaparelli, E., *L'esplorazione della Valle delle Regine*, Turin 1927

Siliotti, A. and Leblanc, C., *La tomba di Nefertari e la Valle delle Regine*, Florence 1993

伊斯纳 ESNA

Downes, D., *The Excavations at Esna 1905-1906*, Warminster 1974

Sauneron, S., *Esna*, I, Cairo 1959

埃德夫 EDFU

de Rochemonteix, M. and Chassinat, E., *Le Temple d'Edfou*, I–XIV, Paris 1892

考姆翁布 KOM OMBO

De Morgan, J. et al., *Kom Ombos*, I–II, Vienna 1909

阿斯旺和象岛 ASWAN AND ELEPHANTINE

Bresciani, E. and Pernigotti, S., *Assuan. Il tempio tolemaico di Isi. I blocchi decorati e iscritti*, Pisa 1977

Edel, E., *Die Felsengräber der Qubbet el-Hawa bei Assuan*, I, Wiesbaden 1968

菲莱 PHILAE

Junker, H. and Winter, E., *Philä*, I, Vienna 1958

Giammarusti, A., Roccati, A., *File. Storia e vita di un santuario egizio*, Novara 1980

贝特瓦利 BEIT EL-WALI

Ricke, H. et al., *The Beit el-Wali Temple of Ramesses II*, Chicago 196

卡拉布萨 KALABSHA

Siegler, K.G., *Kalabsha. Architektur und Baugeschichte des Tempels*, Berlin 1970

阿布辛贝 ABU SIMBEL

Desroches–Noblecourt, Ch., Kuentz C., *Le Petit Temple d'Abou Simbel*, I–II, Cairo 1968

Save–Soderbergh, T. (ed.). *Temples and Tombs of Ancient Nubia*, London and New York 1987

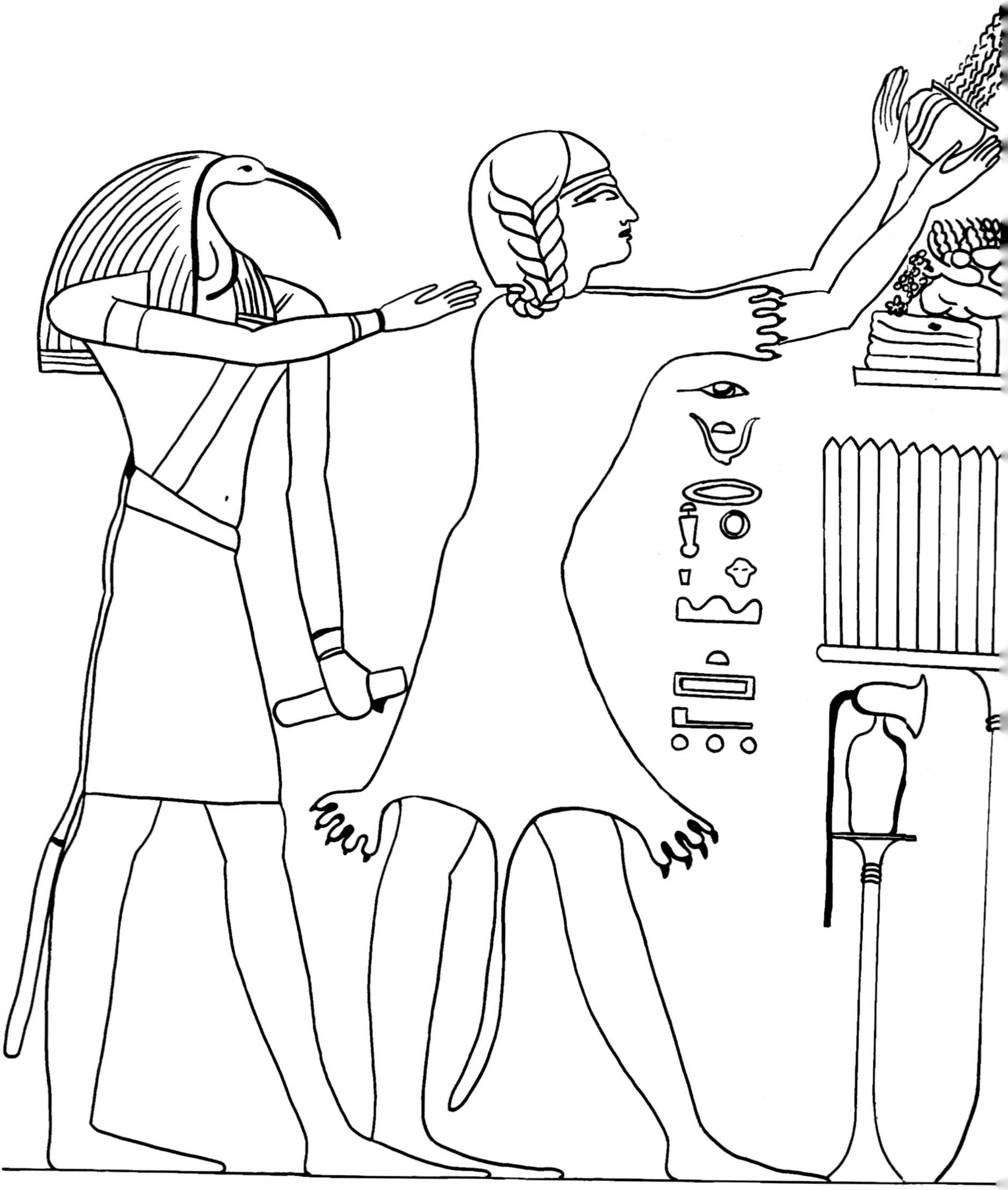

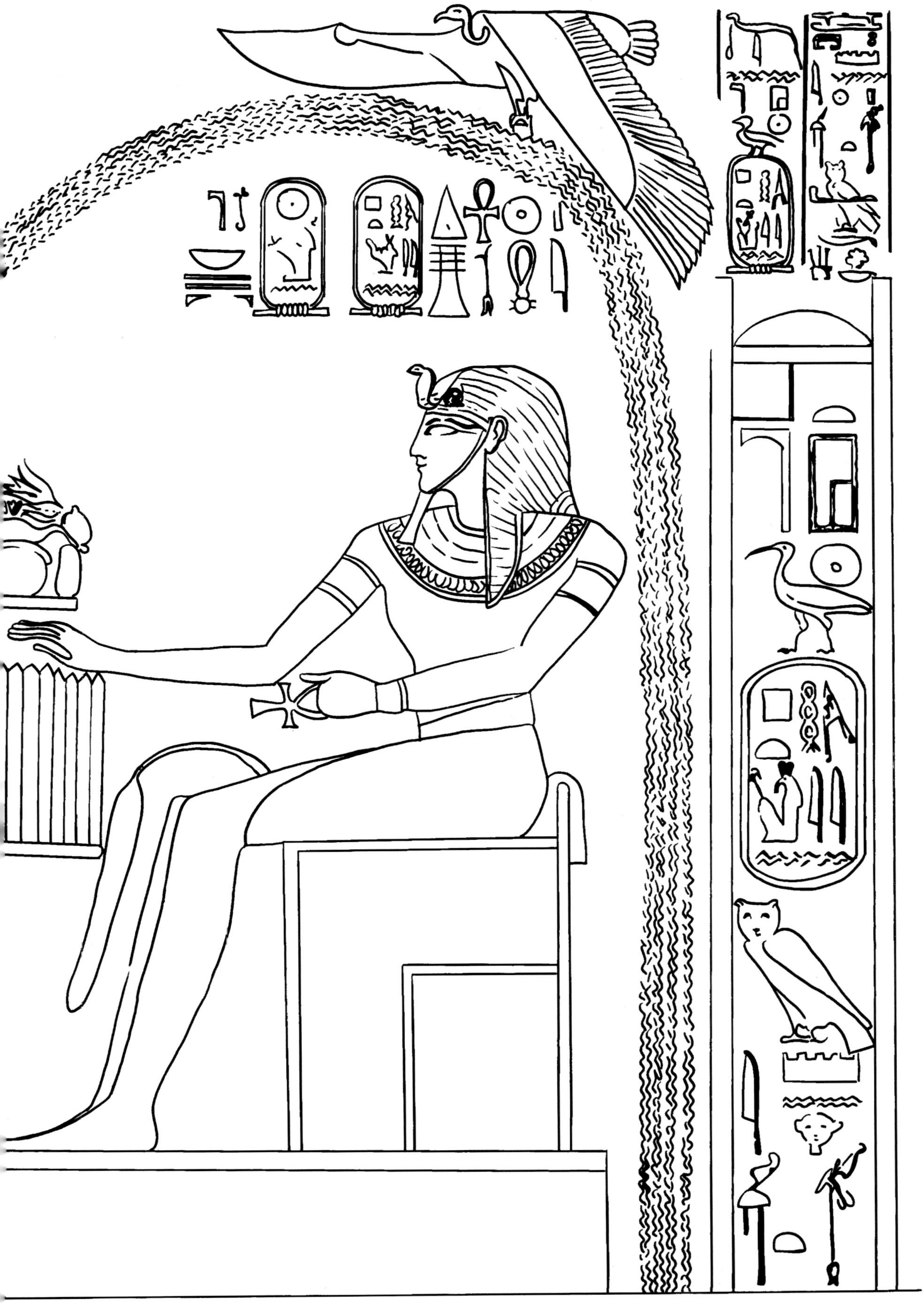

图书在版编目（CIP）数据

古埃及 /（意）阿尔贝托·西廖蒂著；陈小红译
. -- 北京：中国友谊出版公司，2023.9（2024.5重印）
ISBN 978-7-5057-5656-4

Ⅰ．①古… Ⅱ．①阿… ②陈… Ⅲ．①埃及-古代史
Ⅳ．①K411.2

中国国家版本馆CIP数据核字(2023)第106977号

著作权合同登记号 图字：01-2023-0563

White Star Publishers® is a registered trademark property of White Star s.r.l.
© 1994 White Star s.r.l.
Piazzale Luigi Cadorna, 6
20123 Milan, Italy
www.whitestar.it
本书经由中华版权代理总公司授权北京创美时代国际文化传播有限公司。

书名	古埃及
作者	[意] 阿尔贝托·西廖蒂
译者	陈小红
出版	中国友谊出版公司
发行	中国友谊出版公司
经销	新华书店
印刷	北京中科印刷有限公司
规格	787毫米×1092毫米　16开
	20.5印张　298千字
版次	2023年9月第1版
印次	2024年5月第2次印刷
书号	ISBN 978-7-5057-5656-4
定价	198.00元
地址	北京市朝阳区西坝河南里17号楼
邮编	100028
电话	（010）64678009

如发现图书质量问题，可联系调换。质量投诉电话：（010）59799930-601

出 品 人：许　永
出版统筹：海　云
责任编辑：许宗华
　　　　　张乘萱
特邀编辑：蒋运成
封面设计：张传营
版式设计：万　雪
印制总监：蒋　波
发行总监：田峰峥

发　　行：北京创美汇品图书有限公司
发行热线：010-59799930
投稿信箱：cmsdbj@163.com